IP 网络技术

主　编　王成敏　曾　斌
副主编　袁秋明　杨　林
　　　　张金霞　易伟东

北京理工大学出版社
BEIJING INSTITUTE OF TECHNOLOGY PRESS

内 容 简 介

本书基于任务驱动的教学模式，紧扣全国网络系统管理大赛最新大纲编写而成。全书分为 9 个大项目，23 个任务，结构清晰、内容丰富、通俗易懂、实例众多。本书包含初识计算机网络、认识网络协议框架、IP 地址规划、网络基础设备操作、搭建局域网、实现网络间互连、常用的技术研究、技术进阶、网络典型综合案例等内容。通过学习本书，学习者可提高对网络的认识，并通过案例教学和项目实训培养综合运用知识的初步能力，为从事各种网络管理、维护及设计等相关工作打下基础。

本书由多年从事计算机网络与安全技术教学工作的教师及工程师编写，可以作为计算机网络相关专业的教学用书，也可作为 IT 培训或工程技术人员的自学参考用书。

图书在版编目（C I P）数据

IP 网络技术／王成敏，曾斌主编．－－ 北京 ：北京
理工大学出版社，2024.7
　ISBN 978 － 7 － 5763 － 3401 － 2

　Ⅰ．①Ⅰ… Ⅱ．①王… ②曾… Ⅲ．①计算机网络 － 通
信协议 Ⅳ．①TN915.04

　中国国家版本馆 CIP 数据核字（2024）第 032624 号

责任编辑：王玲玲　　　文案编辑：王玲玲
责任校对：刘亚男　　　责任印制：施胜娟

出版发行／北京理工大学出版社有限责任公司
社　　址／北京市丰台区四合庄路 6 号
邮　　编／100070
电　　话／（010）68914026（教材售后服务热线）
　　　　　　（010）68944437（课件资源服务热线）
网　　址／http://www.bitpress.com.cn

版 印 次／2024 年 7 月第 1 版第 1 次印刷
印　　刷／河北盛世彩捷印刷有限公司
开　　本／787 mm×1092 mm　1/16
印　　张／15.75
字　　数／351 千字
定　　价／85.00 元

前言

随着移动互联网、云计算、物联网和大数据等技术的迅速发展，在这个数字化的时代，网络已经成为连接世界的"桥梁"，而 IP（Internet Protocol，互联网协议）则是构建这座"桥梁"的基石。IP 网络技术在人们的日常生活、商业活动及全球通信中发挥着无可替代的作用。无论是使用智能手机浏览网页、通过社交媒体与朋友交流，还是在远程办公时访问企业网络，都离不开 IP 网络的支持。了解 IP 网络技术的工作原理、协议体系及安全机制，已经成为每个现代人的基本能力要求。

本书的编写旨在提供全面而深入的 IP 网络技术学习资源，为计算机相关领域的学生、网络工程师、IT 专业人士及对网络技术感兴趣的个人提供有关 IP 网络技术的核心知识和实用技能。

在本书中，采用任务驱动的方式引导学习，将探索以下内容：

IP 网络基础知识：将从 IP 网络的基本概念开始，介绍 IP 地址、子网掩码、路由和交换等核心概念，帮助你建立对 IP 网络的基本理解。

IP 协议体系：深入探讨 IPv4 和 IPv6 协议，介绍它们的区别、特点及如何实现跨网络通信，帮助你了解 IP 数据包的结构、数据传输过程以及地址分配。

网络层和路由：详细介绍网络层在数据通信中的作用，解释路由选择的原理和算法，帮助你理解数据在复杂网络中的传输路径。

网络安全与管理：探讨网络安全的重要性，介绍防火墙、虚拟专用网络（VPN）及入侵检测系统（IDS）等安全机制，帮助你构建安全的网络环境。

未来发展趋势：简要展望 IP 网络技术的未来，涵盖 5G 网络、边缘计算及新兴的互联网应用趋势，让你对网络技术的发展方向有更清晰的认识。

希望本书能够成为你学习和掌握 IP 网络技术的重要伙伴。无论是初学者还是有一定经验的专业人士，通过这本书的学习，都将能够更加自信地面对和应用日益复杂的 IP 网络技术。

本书由江西环境工程职业学院与北京华晟经世信息技术有限公司校企联合开发，共分 9 个项目，其中，项目 1、项目 5、项目 6 由江西环境工程职业学院王成敏编写，项目 2 由江西环境工程职业学院张金霞、易伟东编写，项目 3 由江西环境工程职业学院袁秋明编写，项目

4 由江西环境工程职业学院杨林编写，项目 7、项目 8 由江西环境工程职业学院曾斌编写，项目 9 综合案例由北京华晟经世信息技术有限公司邓增懿、赖卫东编写，全书由江西环境工程职业学院王成敏、曾斌负责统稿工作。最后，衷心感谢你选择阅读本书。限于作者的业务水平及实践经验，书中难免有疏漏和不足之处，恳请读者提出宝贵意见和建议，以便今后改进和修正。作者 E – mail 地址为 1042435499@ qq. com。

目 录

项目 1

初识计算机网络

【项目导读】

在人类社会的起源和发展过程中，通信就一直伴随着我们。从20世纪七八十年代开始，人类社会已进入信息时代，对于生活在信息时代的我们，通信的必要性更是不言而喻的。

本项目所说的通信，是指借助数据通信网络进行连接的通信。本项目主要介绍计算机网络的概念，信息传递的过程，网络设备及其作用，网络类型及拓扑类型。

【项目目标】

➢ 识记计算机网络的概念与分类。

➢ 掌握不同的网络类型及拓扑类型。

➢ 区分不同的网络设备并了解其基本作用。

【项目地图】

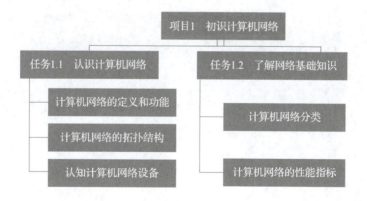

任务 1.1 认识计算机网络

【任务工单】

任务名称	认识计算机网络				
组别		成员		小组成绩	
学生姓名				个人成绩	
任务情境	计算机网络是计算机技术与现代通信技术相结合的产物，向综合化高速化发展，同时出现了多媒体智能化网络，发展到现在，已经是第四代了。局域网技术发展成熟。第四代计算机网络就是以千兆位传输速率为主的多媒体智能化网络				
任务目标	识记计算机网络的概念与分类，掌握不同的网络类型及拓扑类型，区分不同的网络设备并了解其基本作用				
任务要求	按本任务后面列出的具体任务内容，认识计算机网络				
知识链接					
计划决策					
任务实施	1. 识记计算机网络的概念与分类 2. 掌握不同的网络类型及拓扑类型 3. 区分不同的网络设备并了解其基本作用				
检查	1. 认识计算机网络；2. 计算机网络拓扑结构；3. 计算机网络常用设备				
实施总结					
小组评价					
任务点评					

【前导知识】

数据是指在传输时可以用离散的数字信号逐一、准确地表示，并赋予一定意义的文字、符号和数码等。简单来说，就是能被计算机处理的一种信息编码（或消息）形式。例如，二进制编码的字母、数字符号、操作代码、控制代码等。

数据通信
网络基础

数据通信就是依照通信协议，利用数据传输技术在两个功能单元之间传递数据信息，它可以实现计算机与计算机、计算机与终端以及终端与终端之间的数据信息传递。

数据通信传递数据不仅为了交换，还为了利用计算机对数据进行处理。

【任务内容】

1. 识记计算机网络的概念与分类。
2. 掌握不同的网络类型及拓扑类型。
3. 区分不同的网络设备并了解其基本作用。

【任务实施】

1. 计算机网络的定义和功能

（1）计算机网络的定义

计算机网络是指将地理位置不同的具有独立功能的多台计算机及其外部设备，通过通信线路连接起来，在网络操作系统、网络管理软件及网络通信协议的管理和协调下，实现资源共享和信息传递的计算机系统。

要更好地理解定义，应掌握以下几个概念。

计算机之间相互独立：首先，从数据处理能力方面来看，计算机既可以单机工作，也可以联网工作，并且计算机在联网工作时，网内的一台计算机不能强制性地控制另一台计算机；其次，从计算机分布的地理位置来看，计算机是独立的个体，可以"远在天边"，也可以"近在眼前"。

网络协议：处于计算机网络的各台计算机在通信过程中必须共同遵守统一的网络规定，这样才能够实现各个计算机之间的互相访问。

通信线路：计算机网络必须使用传输介质和互连设备将各个计算机连接起来，其中的传输介质可以是同轴电缆、双绞线、光纤以及无线电波等，这些设备和传输介质共同组成了计算机网络中的通信线路。

资源共享：处于计算机网络中的任一台计算机，都可以将计算机本身的资源共享给其他处于该网络中的计算机使用，这些被共享的资源可以是硬件，也可以是软件和信息资源等。

（2）计算机网络功能

数据通信：数据通信是计算机网络的最主要的功能之一。数据通信是依照一定的通信协议，利用数据传输技术在两个终端之间传递数据信息的一种通信方式和通信业务。它可实现计算机和计算机、计算机和终端以及终端与终端之间的数据信息传递，是继电报、电话业务之后的第三大的通信业务。数据通信中传递的信息均以二进制数据形式来表现。数据通信的另一个特点是总与远程信息处理相联系，包括科学计算、过程控制、信息检索等内容的广义的信息处理。

资源共享：资源共享是人们建立计算机网络的主要目的之一。计算机资源包括硬件资源、软件资源和数据资源。硬件资源的共享可以提高设备的利用率，避免设备的重复投资，如利用计算机网络建立网络打印机；软件资源和数据资源的共享可以充分利用已有的信息资源，减少软件开发过程中的劳动，避免大型数据库的重复建设。

集中管理：计算机网络技术的发展和应用，使现代的办公手段、经营管理等发生了变化。目前，已经有了许多管理信息系统、办公自动化系统等，通过这些系统可以实现日常工作的集中管理，提高工作效率，增加经济效益。

实现分布式处理：网络技术的发展，使分布式计算成为可能。对于大型的课题，可以分为许许多多小题目，由不同的计算机分别完成，再集中起来解决问题。

负荷均衡：负荷均衡是指工作被均匀地分配给网络上的各台计算机系统。网络控制中心负责分配和检测，当某台计算机负荷过重时，系统会自动转移到负荷较轻的计算机系统去处理。

由此可见，计算机网络可以大大扩展计算机系统的功能，扩大其应用范围，提高可靠性，为用户提供方便，同时也减少了费用，提高了性能价格比。

2. 计算机网络的拓扑结构

拓扑学是数学中一个重要的、基础性的分支。它最初是几何学的一个分支。它是把实际生活中的物体抽象为与其大小、形状无关的点，再将这些点之间的连接抽象为线段，以方便研究它们之间的关系。

在计算机网络中，通常也借用这种方法来描述节点之间的连接方式：将处于网络中的计算机和通信设备抽象成节点，将节点之间的通信线路抽象成链路线条，这种由节点和线路连接组成的几何图形称为计算机网络拓扑结构。总的来说，计算机网络拓扑是指一种网络形状，或者是指计算机网络在物理上的连通性。

网络的拓扑结构主要有星型拓扑、总线型拓扑、环型拓扑、树型拓扑和网状拓扑。

1）星型拓扑

星型拓扑是由中央节点和通过点到点通信链路连接到中央节点的各个站点组成，其结构如图 1-1 所示。

星型拓扑结构具有以下优点：

（1）控制简单

图 1-1　星型拓扑结构

在星型网络中，任意站点只和中央节点相连接，因而媒体访问控制方法和访问协议十分简单。

（2）故障诊断和隔离容易

在星型网络中，中央节点对连接线路可以逐一地隔离开来进行故障检测和定位，单个连接点的故障只影响一个设备，不会影响全网，从而方便故障诊断和隔离。

（3）方便服务

在星型网络中，中央节点可方便地对各个站点提供服务和网络重新配置。

星型拓扑结构的缺点有：

（1）电缆长度和安装工作量大

因为每个站点都要和中央节点直接连接，需要耗费大量的电缆，安装、维护的工作量也骤增。

（2）中央节点的负担较重，形成瓶颈

一旦中央节点发生故障，则全网受影响，因而对中央节点的可靠性和冗余度方面的要求很高。

（3）各站点的分布处理能力较低

星型拓扑结构广泛应用于网络智能集中于中央节点的场合。从目前的趋势看，计算机的发展已从集中的主机系统发展到大量功能很强的微型机和工作站，在这种形势下，传统的星型拓扑的使用会越来越少。

2）总线型拓扑

总线型拓扑结构采用一个信道作为传输媒体，所有站点都通过相应的硬件接口直接连到这一公共传输媒体上，该公共传输媒体即称为总线。任何一个站点发送的信号都沿着传输媒体传播，而且能被所有其他站点所接收。总线型拓扑结构如图 1-2 所示。

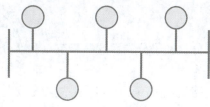

图 1-2 总线型拓扑结构

（1）总线型拓扑结构的优点

①总线型拓扑结构所需的电缆数量少。

②总线型拓扑结构简单，又是无源工作，有较高的可靠性。

（2）总线型拓扑结构的缺点

①总线的传输距离有限，通信范围受到限制。

②故障诊断和隔离较困难。

③分布式协议不能保证信息的及时传输，不具有实时功能。站点必须是智能的，要有媒体访问控制功能，从而增加了站点的硬件和软件开销。

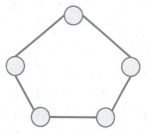

图 1-3 环型拓扑结构

3）环型拓扑

环型拓扑网络由站点和连接站点的链路组成一个闭合环，其结构如图 1-3 所示。

环型拓扑结构的优点如下：

（1）电缆长度短

环型拓扑网络所需的电缆长度和总线型拓扑网络的相似，比星型拓扑结构的短。

（2）可使用光纤

光纤的传输速率很高，适用于环型拓扑的单方向传输。

环型拓扑结构的缺点如下：

（1）节点的故障会引起全网故障

因为环上的数据传输要通过接在环上的每一个节点，一旦环中某一节点发生故障，就会引起全网的故障。

（2）故障检测困难

这与总线型拓扑相似，因为不是集中控制，故障检测需在网上各个节点进行，因此就不容易进行故障检测和隔离。

（3）信道利用率低

环型拓扑结构的媒体访问控制协议都采用令牌传递的方式，在负载很轻时，信道利用率相对来说就比较低。

4）树型拓扑

树型拓扑像一棵倒置的树，顶端是树根，树根以下带分支，每个分支还可再带子分支，其结构如图 1-4 所示。树根接收各站点发送的数据，然后广播发送到整个网络。树型拓扑的特点大多与总线型拓扑的特点相同，但也有一些特殊之处。

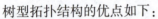

图 1-4　树型拓扑结构

树型拓扑结构的优点如下：

（1）易于扩展

这种结构可以延伸出很多分支和子分支，这些新节点和新分支都能容易地加入网络。

（2）故障隔离较容易

如果某一分支的节点或线路发生故障，很容易将故障分支与整个系统隔离开来。

树型拓扑结构的缺点是：各个节点对根的依赖性太强，如果根节点发生故障，则整个网络都不能正常工作。从这一点来看，树型拓扑结构的可靠性有点类似于星型拓扑结构。

5）网状拓扑

网状拓扑结构如图 1-5 所示。这种结构在广域网中得到了广泛的应用，它的优点是不受瓶颈问题和失效问题的影响。由于节点之间有许多条路径相连，可以为数据流的传输选择适当的路由，从而绕过失效的部件或过忙的节点。这种结构由于可靠性高，受到用户的欢迎。

计算机网络拓扑结构的选择往往与传输媒体的选择及媒体访问控制方法的确定紧密相关。在选择网络拓扑结构时，应该考虑的主要因素有以下几点。

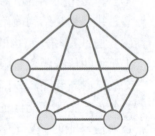

图 1-5　网状拓扑结构

可靠性：尽可能提高可靠性，以保证所有数据流能准确接收；还要考虑系统的可维护性，使故障检测和故障隔离较为方便。

费用：在组建网络时，需要考虑适合特定应用的信道费用和安装费用。

灵活性：需要考虑系统在今后扩展或改动时，能容易地重新配置网络拓扑结构，能方便地处理原有站点的删除和新站点的加入。

响应时间和吞吐量：要为用户提供尽可能短的响应时间和最大的吞吐量。

3．认知计算机网络设备

不论是局域网、城域网还是广域网，在物理上通常都是由网卡、集线器、交换机、路由器、网线、RJ45 接头等网络连接设备和传输介质组成的。网络设备及部件是连接到网络中的物理实体，种类繁多，基本的网络设备有计算机（无论是个人计算机或服务器）、中继器、集线器、路由器、交换机、防火墙、网桥、网关、网卡（NIC）、打印机、调制解调器、光纤收发器、光缆等。

（1）服务器

服务器是计算机网络上最重要的设备。服务器，指的是在网络环境下运行相应的应用软件，为网络中的用户提供共享信息资源和服务的设备。服务器的构成，与 PC 机（个人计算机）基本相似，有处理器、内存、硬盘、网卡、系统总线等。但服务器是针对具体的网络应用特别制定的，因此，服务器与 PC 机（个人计算机）在处理能力、稳定性、可靠性、安全性、可扩展性、可管理性等方面存在着很大的差异。

通常情况下，服务器比 PC 机（个人计算机）拥有更强的处理能力、更多的内存和硬盘空间。服务器上的网络操作系统，不仅可以管理网络上的数据，还可以管理用户、用户组、安全组和应用程序等。

服务器是网络的中枢和信息化的核心，具有高性能、高可靠性、高可用性、I/O 吞吐能力强、存储容量大、联网和网络管理能力强等特点。

服务器的分类标准比较多，按照应用层次进行划分，可分为入门级、工作组级、部门级、企业级；按照体系架构来划分，可分为 x86 服务器、非 x86 服务器；按服务器所采用的指令系统划分，可分为 CISC（复杂指令集）、RISC（精简指令集）、VLIW（超长指令集）；按用途进行划分，可分为通用型和专用型；按服务器的机箱架构进行划分，可分为塔式服务器、机架式服务器、机柜式服务器、刀片式服务器，如图 1-6 所示。

图 1-6　服务器

服务器的选择：

①性能要稳定。为了保证网络能正常运转，所选择的服务器首先要确保稳定性。另外，性能稳定的服务器意味着能为公司节省维护费用。

②要考虑扩展性。为了减少更新服务器带来的额外开销和降低对工作的影响，服务器应当具有较高的可扩展性，可以及时升级或调整配置来适应发展。

③便于操作和管理。

④能满足特殊要求。

⑤硬件搭配要合理。为了能使服务器更加高效地运行，要确保所购买的服务器的内部配件的性能合理搭配。

（2）中继器

中继器如图 1-7 所示，是局域网互连的最简单设备，它工作在 OSI（开放系统互连）体系结构的物理层，接收并识别网络信号，然后再生信号并将其发送到网络的其他分支上。要保证中继器能够正确工作，首先要保证每一个分支中的"数据包"和"逻辑链路协议"是相同的。例如，在 802.3 以太局域网和 802.5 令牌环局域网之间，中继器是无法使它们通信的。

图 1-7　中继器

中继器可以用来连接不同的物理介质，并在各种物理介质中传输数据包。某些多端口的中继器，很像多端口的集线器，它可以连接不同类型的介质。

中继器是用于扩展网络最廉价的方法。当扩展网络的目的，是要突破距离和节点的限制，并且连接的网络分支都不会产生太多的数据流量，成本又不能太高时，就可以考虑选择中继器。采用中继器连接网络分支的数目，受具体的网络体系结构限制。

中继器没有隔离和过滤功能，它不能阻挡含有异常的数据包从一个分支传送到另一个分支。这意味着，如果一个分支出现故障，可能会影响到其他的每一个网络分支。

集线器，是有多个端口的中继器，简称"hub"。

（3）网桥

如图 1-8 所示，网桥工作于 OSI（开放互连系统）体系的数据链路层。因此，OSI 模型数据链路层以上各层的信息，对网桥来说是毫无作用的。所以，协议的理解依赖各自的计算机。

网桥包含了中继器的功能和特性，不仅可以连接多种介质，还能连接不同的物理分支，如"以太网"和"令牌网"，能将数据包在更大的范围内进行传送。网桥的典型应用是，将局域网分段成子网，从而降低数据传输的瓶颈，这样的网桥叫"本地"桥，用于广域网上的网桥叫作"远地"桥。两种类型的网桥执行同样的功能，只是所用的网络接口不同。

（4）路由器

路由器如图 1-9 所示，工作在 OSI（开放互连系统）体系结构中的网络层，这意味着它可以在多个网络上交换和路由数据包。路由器通过在相对独立的网络中交换具体协议的信息来实现这个目标。

图 1-8　网桥

图 1-9　路由器

比起网桥，路由器不但能过滤和分隔网络信息流、连接网络分支，还能访问数据包中更多的信息，并且用来提高数据包的传输效率。

路由表包含有网络地址、连接信息、路径信息和发送代价等。路由器比网桥要慢，主要用于广域网或广域网与局域网的互连。

桥由器是网桥和路由器的合并。

（5）网关

网关如图 1-10 所示，又称为网间连接器、协议转换器。网关在网络层以上实现网络互连，是复杂的网络互连设备，仅用于两个高层协议不同的网络互连。网关既可以用于广域网互连，也可以用于局域网互连。网关是一种担任转换重任的计算机系统或设备，使用在不同的通信协议、数据格式或语言之间，甚至体系结构完全不同的两种系统之间。

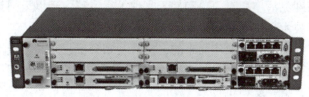

图 1 - 10　网关

网关是一个翻译器，与网桥只是简单地传达信息不同，网关对收到的信息进行重新打包，以适应目的系统的需求。网关较为常见的用途是，在局域网的微型机和小型机或大型机之间作翻译。

（6）防火墙

防火墙（Firewall），在网络设备中，指硬件防火墙，如图 1 - 11 所示。

图 1 - 11　防火墙

硬件防火墙是指把防火墙程序做到芯片里面，由硬件执行这些功能，能减少 CPU 的负担，使路由更稳定。

硬件防火墙是保障内部网络安全的一道重要屏障。它的安全和稳定，直接关系到整个内部网络的安全。因此，日常例行的检查对于保证硬件防火墙的安全是非常重要的。系统中存在的很多隐患或故障，在爆发前都会出现这样或那样的苗头，例行检查的任务就是发现这些安全隐患，并尽可能地将问题定位，方便问题的解决。

（7）交换机

交换机是按照通信两端传输信息的需要，用人工或设备自动完成的方法，把要传输的信息送到符合要求的相应路由上的技术的统称。交换机根据工作位置的不同，可以分为"广域网交换机"和"局域网交换机"，如图 1 - 12 所示。

图 1 - 12　交换机

广义的交换机，就是一种在通信系统中完成信息交换功能的设备，它应用在数据链路层。交换机有多个端口，每个端口都具有桥接功能，可以连接一个局域网、一台高性能服务器或工作站。实际上，交换机有时候被称为"多端口网桥"。

网络交换机，是一个扩大网络的器材，能为子网络提供更多的连接端口，以便连接更多的计算机。随着通信业的发展及国民经济信息化的推进，网络交换机市场呈稳步上升态势。它具有高性价比、高度灵活、相对简单和易于实现等特点。由于以太网技术已成为当今最重要的一种局域网组网技术，网络交换机也就成为最普及的交换机。

交换机是由原集线器的升级换代而来的，从外观来分析，它和集线器没有太大区别。由于通信两端需要传输信息，而通过设备或者人工来把要传输的信息送到符合要求标准的、对应的路由器上的技术，就是交换机技术。从广义来分析，在通信系统里，实现信息交换功能的设备，就是交换机。

还有其他的一些网络设备，像网卡（NIC）、调制解调器（Modem）、打印机，在这里就不做进一步介绍了，有兴趣了解的用户，可以自行上网查阅。

任务 1.2　了解网络基础知识

【任务工单】

任务名称	了解网络基础知识				
组别		成员		小组成绩	
学生姓名				个人成绩	
任务情境	计算机网络分类的方法很多，对计算机网络进行分类时，根据其强调的网络特性不同，分类方法也不同				
任务目标	熟悉计算机网络分类，掌握计算机网络的性能指标				
任务要求	按本任务后面列出的具体任务内容，理解计算机网络分类，熟悉网络的性能指标				
知识链接					
计划决策					
任务实施	1. 理解计算机网络分类 2. 熟悉网络的性能指标				

续表

任务名称	了解网络基础知识				
组别		成员		小组成绩	
学生姓名				个人成绩	
检查	1. 计算机网络分类；2. 网络的性能指标				
实施总结					
小组评价					
任务点评					

【前导知识】

计算机网络，其实就是利用通信设备和线路将地理位置不同的、功能独立的多个计算机系统互连起来，以功能完善的网络软件（即网络通信协议、信息交换方式及网络操作系统等）实现网络中资源共享和信息传递的系统。它的功能主要表现在两个方面：一是实现资源共享（包括硬件资源和软件资源的共享）；二是在用户之间交换信息。计算机网络的作用是：不仅使分散在网络各处的计算机能共享网上的所有资源，并且为用户提供强有力的通信手段和尽可能完善的服务，从而极大地方便用户。从网管的角度来讲，就是运用技术手段实现网络间的信息传递，同时为用户提供服务。

【任务内容】

1. 计算机网络分类。
2. 网络的性能指标。

【任务实施】

一、计算机网络分类

1. 按网络覆盖范围分类

计算机网络根据覆盖的地域范围与规模，可以分为 3 类：局域网（Local Area Network，LAN）、城域网（Metropolitan Area Network，MAN）和广域网（Wide Area Network，WAN）。

1）局域网

局域网是指在有限的地域范围内（一般不超过几十千米），把分散的计算机、终端、大容量存储器的外围设备、控制器、显示器等相互连接起来，进行高速数据通信的计算机网络。

从功能的角度来看，局域网的服务用户个数有限，但是局域网的配置容易，速率高，一般可达 4 Mb/s~2 Gb/s，使用费用也低。

2）城域网

城域网所覆盖的地域范围限在一座城市的范围内，即 10~100 km 的区域。早期的城域网采用光纤作为主干，在整个城市中分布，即为光纤分布式数据接口（Fiber Distributed Data

Interface，FDDI），目前正转向采用光纤作为主要的传输介质，通常采用基于 IP 交换的高速路由交换机或者采用 ATM 交换机作为交换节点的传输方案。

城域网的数据传输速率较高，一般可达 50～100 Kb/s。现在已有主干带宽为千兆的光纤宽带城域网，可提供 10/100/1 000 Mb/s 的高速连接。

3）广域网

广域网在地域上可以覆盖跨越国界、洲界，甚至全球范围。Internet 是现今世界上最大的广域计算机网络，它是一个横跨全球、供公共商用的广域网络。除此之外，许多大型企业以及跨国公司和组织也建立了属于内部使用的广域网络。如原邮电部的 CHINANET、CHINAPAC 和 CHINADDN 网。

广域网利用公用分组交换网、卫星通信网和无线分组交换网，将分布在不同地区的局域网或计算机系统互连起来，从而达到资源共享的目的，其速率为 9.6 Kb/s～45 Mb/s。

2. 按网络传输方式分类

计算机网络按传输方式分类，可以分为广播式网络（Broadcast Networks）和点 – 点式网络（Point – to – Point Networks）两类，下面分别进行介绍。

1）广播式网络

广播式网络即网络中所有节点采用一个共用的通信信道来"广播"数据和"收听"数据。从发送方发出的数据中，会附带发送节点的地址（源地址）和接收节点的地址（目的地址），在网络中所有节点"收听"到发送出来的数据后，都需要将数据中带有的目的地址与自己节点本身的地址进行比较，假如该数据的目的地址与本节点地址相同，则表示是发给本站的数据，从而进行接收；其他所有"收听"的节点将自动丢弃该数据。

2）点 – 点式网络

点 – 点式网络即计算机网络中的每条链路连接一对节点。现在对两种情况进行分析：假如两个节点之间存在直接链路，则可以在两者中直接进行发送和接收数据；假如两个节点之间没有直接链路，则它们之间需要通过中间节点来转发数据。

点 – 点式网络采用数据分组存储、转发与路由选择技术，而广播式网络不需要。

3. 按服务方式分类

按服务方式分类，可以将计算机网络分为对等网络和客户机/服务器网络两类。

1）对等网络

对等网中没有专用的服务器，网络中的每一台计算机的地位都是平等的，即每一台计算机既是服务器，又是客户机。网络中的每台计算机都可以与其他计算机对话，共享彼此的信息资源和硬件资源，一般而言，参与组网的计算机类型几乎相同，如图 1 – 13 所示。

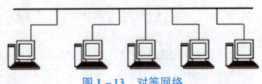

图 1 – 13　对等网络

2）客户机/服务器网络

在计算机网络中，如果只有 1 台或者几台计算机作为服务器为网络上的用户提供共享资源，而其他的计算机仅作为客户机访问服务器中提供的各种资源，这样的网络就是客户机/服务器网络。服务器是指专门提供服务的高性能计算机或专用设备，根据服务器所提供的资源的不同，又可以把服务器分为文件服务器、应用程序服务器和通信服务器等。客户机是指用户计算机。采用这种网络方式，其特点是安全性较高，计算机的权限、优先级易于控制，监控容易实现，网络管理能够规范化。服务器的性能和客户机的数量决定了该网络的性能。图1-14所示为客户机/服务器网络。

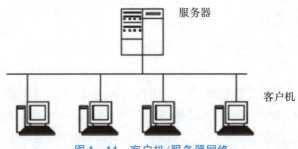

图1-14 客户机/服务器网络

4. 按网络的拓扑结构分类

网络的拓扑结构是指网络中通信线路、计算机以及其他设备的物理布局。选择哪种拓扑结构与具体的网络要求相关，网络拓扑结构主要影响网络设备的类型、设备的能力、网络的扩张潜力、网络的管理模式等。在前面已经学习了网络拓扑结构，按网络拓扑结构，可将计算机网络分为总线型网络、环型网络、星型网络、树型网络。

5. 按网络传输介质分类

计算机网络按传输介质分类，可以分为有线网络和无线网络两种。

1）有线网络

有线网络是指网络通过某种线形传输介质连接而成，如同轴电缆、双绞线及光纤等。采用同轴电缆连网的特点是：经济实惠、传输率和抗干扰能力一般、传输距离较短。采用双绞线连网的特点是：价格低、安装方便，但易受干扰、传输率较低、传输距离比同轴电缆短。采用光纤连网的特点是：传输距离长、传输速率高、抗干扰性强。

2）无线网络

无线网络是指采用空气中的电磁波作为载体来传输数据的网络。如今，无线网络的特点有连网费用较高、数据传输率高、安装方便、传输距离长、抗干扰性不强等。无线网包括无线电话、无线电视网、微波通信网、卫星通信网等。

6. 按网络的交换方式分类

网络的交换方式是指一种转接的方式。在计算机网络中，需要通过交换设备，在用户需要时提供数据传输的通道。计算机网络按网络的交换方式分类，可以分为以下几种：

1）线路交换网络

线路交换网络是由电话线路系统演变而来的，早期的计算机网络就是采用线路交换的方式来进行数据传输的。

2）报文交换网络

报文交换是指当计算机之间开始通信时，发送端发出的一个报文被存储在计算机网络中的一个交换器中，交换器根据报文的目的地址选择合适的路径发送报文。采用这种交换方式的网络，通常称为报文交换网络。

3）分组交换网络

分组交换是将一个长的报文划分为许多定长的报文分组，以分组作为传输的基本单位，以实现网络中数据的传输。采用这种方式的网络称为分组交换网络，它大大简化了对计算机存储器的管理，而且也加速了信息在网络中的传播速度。

二、计算机网络的性能指标

计算机网络的性能指标主要包括速率、带宽、吞吐量、时延等。

1. 速率

计算机发送出的信号都是数字形式的。比特（bit）是计算机中数据量的单位，也是信息论中使用的信息量的单位。英文单词 bit 来源于 binary digit，意思是"二进制数字"，因此，一个比特就是二进制数字中的一个 1 或 0。计算机网络中的速率指的是连接在计算机网络上的主机在数字信道上传送数据的速率，它也称为数据率（datarate 或 bit rate）。速率是计算机网络中最重要的性能指标。速率的单位是 b/s（比特每秒）（或 b/s，即 bit per second）。当数据率较高时，就可以用 kb/s（$k = 10^3 = $千）、Mb/s（$M = 10^6 = $兆）、Gb/s（$G = 10^9 = $吉）或 Tb/s（$T = 10^{12} = $太）来表示。现在人们常用更简单的但很不严格的记法来描述网络的速率，如 100M 以太网，省略了单位中的 b/s，它的意思是速率为 100 Mb/s 的以太网。上面所说的速率往往是指额定速率或标称速率。

在通信领域和计算机领域，应特别注意数量单位"千""兆"和"吉"等的英文缩写所代表的数值。如计算机中的数据量往往用字节作为度量的单位。1 字节（byte，记为大写的 B）代表 8 比特。"千字节"的"千"用大写 K 表示，它等于 2^{10}，即 1 024，而不是 10^3。同样，在计算机中，1 MB 和 1 GB 也并非表示 10^6 字节和 10^9 字节，而是表示 2^{20}（1 048 576）字节和 2^{30}（1 073 741 824）字节。在通信领域，k 表示 10^3 而不是 1 024。但有的书也不这样严格区分，大写 K 有时表示 1 000，而有时又表示 1 024，作者认为从概念上还是区分为好。

2. 带宽

"带宽"（bandwidth）有以下两种不同的意义：

①带宽本来是指某个信号具有的频带宽度。信号的带宽是指该信号所包含的各种不同频率成分所占据的频率范围。例如，在传统的通信线路上传送的电话信号的标准带宽是 3.1 kHz（从 300 Hz 到 3.4 kHz，为话音的主要成分的频率范围）。这种意义的带宽的单位是 Hz（或 kHz、MHz、GHz 等）。在过去很长的一段时间内，通信的主干线路传送的是模拟信号（即连续变化的信号）。因此，表示通信线路允许通过的信号频带范围就称为线路的带宽（或通信频带）。

②在计算机网络中，带宽用来表示网络的通信线路传送数据的能力，因此，网络带宽表示在单位时间内从网络中的某一点到另一点所能通过的"最高数据率"。本书中提到"带宽"主要是指这个意思。这种意义的带宽的单位是"比特每秒"，记为 b/s。在这种单位的前面也常常加上千（K）、兆（M）、吉（G）或太（T）这样的倍数。

在"带宽"的两种表述中，前者为频域称谓，而后者为时域称谓，其本质是相同的。也就是说，一条通信链路的"带宽"越宽，其所能传输的"最高数据率"也越高。

3. 吞吐量

吞吐量（throughput）表示在单位时间内通过某个网络（或信道、接口）的数据量。吞吐量更经常地用于对现实世界中的网络的测量，以便知道实际上到底有多少数据量能够通过网络。显然，吞吐量受网络的带宽或网络的额定速率的限制。例如，对于一个 100 Mb/s 的以太网，其额定速率是 100 Mb/s，那么这个数值也是该以太网吞吐量的绝对上限值。因此，对于 100 Mb/s 的以太网，其典型的吞吐量可能只有 70 Mb/s。请注意，有时吞吐量还可用每秒传送的字节数或帧数来表示。

4. 时延

时延（delay 或 latency）是指数据（一个报文或分组，甚至比特）从网络（或链路）的一端传送到另一端所需的时间。时延是一个很重要的性能指标，它有时也称为延迟或迟延。

需要注意的是，网络中的时延是由以下几个不同的部分组成的。

（1）发送时延

发送时延（transmission delay）是主机或路由器发送数据帧所需的时间，也就是发送数据帧的第一个比特算起，到该帧的最后一个比特发送完毕所需的时间。因此，发送时延也叫作"传输时延"。发送时延的计算公式是：

$$发送时延 = 数据帧长度（b）/发送速率（b/s）$$

由此可见，对于一定的网络，发送时延并非固定不变，而是与发送的帧长（单位是比特）成正比，与发送速率成反比。

（2）传播时延

传播时延（propagation delay）是电磁波在信道中传播一定的距离需要花费的时间。传播时延的计算公式是：

$$传播时延 = 信道长度（m）/电磁波在信道上的传播速率（m/s）$$

电磁波在自由空间的传播速率是光速，即 3×10^5 km/s。电磁波在网络传输媒体中的传播速率比在自由空间略低一些：在铜线电缆中的传播速率约为 2.3×10^5 km/s，在光纤中的传播速率约为 2.0×10^5 km/s。例如，1 000 km 长的光纤线路产生的传播时延大约为 5 ms。

以上两种时延不要弄混。只要理解这两种时延发生的地方，就不会把它们弄混。发送时延发生在机器内部的发送器中，而传播时延则发生在机器外部的传输信道媒体上。

（3）处理时延

主机或路由器在收到分组信息时，要花费一定的时间进行处理，例如分组的首部，从分组中提取部分数据、进行差错检验或查找适当的路由等，这就产生了处理时延。

（4）排队时延

分组在经过网络传输时，要经过许多路由器。但分组在进入路由器后，要先在输入队列中排队等待处理。在路由器确定了转发接口后，还要在输出队列中排队等待转发。这就产生了排队时延。排队时延的长短往往取决于网络当时的通信量。当网络的通信量很大时，会发生队列溢出，使分组丢失，这相当于排队时延为无穷大。

这样，数据在网络中经历的总时延就是以上四种时延之和：

$$总时延 = 发生时延 + 传播时延 + 处理时延 + 排队时延$$

5. 往返时间

在计算机网络中，往返时间（Round – Trip Time，RTT）也是一个重要的性能指标，它表示从发送方发送数据开始，到发送方收到来自接收方的确认（接收方收到数据后，便立即发送确认），总共经历的时间。对于上述例子，往返时间 RTT 是 40 ms，而往返时间和带宽的乘积是 4×10^5 bit。在互联网中，往返时间还包括各中间节点的处理时延、排队时延及转发数据时的发送时延。

【知识考核】

一、选择题

1. 下列（   ）拓扑结构网络的实时性较好。

A. 环型   B. 总线型   C. 星型   D. 蜂窝型

2. 当两个不同类型的网络彼此相连时，必须使用的设备是（   ）。

A. 交换机   B. 路由器   C. 收发器   D. 中继器

3. 下列（   ）不是 OSI 模型中物理层的主要功能。

A. 机械特性   B. 电气特性   C. 流量特性   D. 功能特性

4. 路由器上的每个接口属于一个（   ）域，不同的接口属于不同的域。

A. 路由   B. 冲突   C. 广播   D. 交换

5. 下列（   ）不是路由器的主要功能。

A. 网络互连   B. 隔离广播风暴

C. 均衡网络负载   D. 增大网络流量

二、填空题

1. 局域网的有线传输介质主要有＿＿＿＿＿＿、＿＿＿＿＿＿、＿＿＿＿＿＿等。

2. 计算机网络的基本功能可以大致归纳为＿＿＿＿＿＿、＿＿＿＿＿＿、＿＿＿＿＿＿、＿＿＿＿＿＿4 个方面。

3. 计算机网络可以划分为由＿＿＿＿＿＿和＿＿＿＿＿＿组成的二级子网结构。

4. 计算机网络按交换方式，可以分为＿＿＿＿＿＿、＿＿＿＿＿＿和＿＿＿＿＿＿三种类型。

5. 按使用的传输介质划分，信道可以分为＿＿＿＿＿＿和＿＿＿＿＿＿两类。

三、名词解释

1. 局域网主要特点。

2. 网络拓扑的概念。

项目 **2**

认识网络协议框架

【项目导读】

为了更好地促进互联网络的研究和发展，国际标准化组织 ISO 制定了网络互连的七层框架的一个参考模型，称为开放系统互连参考模型，简称 OSI/RM（Open System Internetwork/Reference Model）。

OSI 参考模型是一个具有 7 层协议结构的开放系统互连模型，是由国际标准化组织在 20 世纪 80 年代早期制定的一套普遍适用的规范集合，使全球范围的计算机可进行开放式通信。

【项目目标】

➢ 识记 OSI 参考模型的层次结构。
➢ 掌握 OSI 参考模型各层的功能。
➢ 熟悉 OSI 数据的封装过程。

【项目地图】

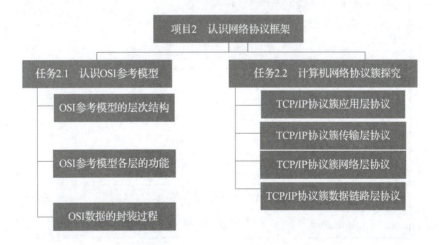

任务 2.1　认识 OSI 参考模型

【任务工单】

任务名称	认识 OSI 参考模型			
组别		成员		小组成绩
学生姓名				个人成绩
任务情境	OSI（Open System Interconnect），即开放式系统互连，一般称之为 OSI 参考模型，是 ISO 组织在 1985 年研究的网络互连模型。该体系结构标准定义了网络互连的七层框架（物理层、数据链路层、网络层、传输层、会话层、表示层和应用层）			
任务目标	识记 OSI 参考模型的层次结构，掌握 OSI 参考模型各层的功能，熟悉 OSI 数据的封装过程			
任务要求	按本任务后面列出的具体任务内容，认识 OSI 参考模型			
知识链接				
计划决策				
任务实施	1. 识记 OSI 参考模型的层次结构 2. 掌握 OSI 参考模型各层的功能 3. 熟悉 OSI 数据的封装过程			
检查	1. OSI 参考模型的层次结构；2. OSI 参考模型各层的功能；3. OSI 数据封装过程			
实施总结				
小组评价				
任务点评				

网络参考模型

【前导知识】

OSI 参考模型是一个具有七层结构的体系模型。发送和接收信息所涉及的内容及相应的设备称为实体。OSI 的每一层都包含多个实体，处于同一层的实体称为对等实体。

OSI 参考模型也采用了分层结构技术，把一个网络系统分成若干层，每一层都去实现不同的功能，每一层的功能都以协议形式正规描述，协议定义了某层同远方一个对等层通信所使用的一套规则和约定。每一层向相邻上层提供一套确定的服务，并且使用与之相邻的下层所提供的服务。从概念上来讲，每一层都与一个远方对等层通信，但实际上该层所产生的协议信息单元是借助相邻下层所提供的服务传送的。因此，对等层之间的通信称为虚拟通信。

【任务内容】

1. 识记 OSI 参考模型的层次结构。

2. 掌握 OSI 参考模型各层的功能。

3. 熟悉 OSI 数据的封装过程。

【任务实施】

1. OSI 参考模型的层次结构

1）层次划分原则

OSI 是分层的体系结构，每一层是一个模块，用于完成某种功能，并具有自己的通信协议。ISO 将整个 OSI 划分成 7 个层次，层次划分依据以下 5 个原则：

①网络中各节点具有相同的层次；

②网络中各节点同等层次功能相同；

③同一节点内相邻层通过接口通信；

④同一节点内底层向高层提供服务；

⑤网络中各节点同层通过协议通信。

OSI 划分的 7 个层次由高到低依次为 Application（应用层）、Presentation（表示层）、Session（会话层）、Transport（传输层）、Network（网络层）、Data Link（数据链路层）和 Physical（物理层）。其中，应用层、表示层和会话层可以视为应用层，而其余层则可视为数据流动层。

2）OSI 七层参考模型

OSI 将计算机网络体系结构划分为 7 层，如图 2-1 所示。

第 7 层：应用层

应用层（Application Layer）提供为应用软件而设的接口，以设置与另一应用软件之间的通信。例如，HTTP、HTTPS、FTP、TELNET、SSH、SMTP、POP3 等。

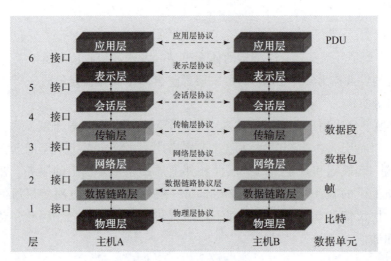

图 2 - 1　OSI 七层参考模型

第 6 层：表示层

表示层（Presentation Layer）把数据转换为能与接收者的系统格式兼容并适合传输的格式。

第 5 层：会话层

会话层（Session Layer）负责在数据传输中设置和维护计算机网络中两台计算机之间的通信连接。

第 4 层：传输层

传输层（Transport Layer）把传输表头（TH）加至数据以形成数据包。传输表头包含了所使用的协议等发送信息。例如，传输控制协议（TCP）等。

第 3 层：网络层

网络层（Network Layer）决定数据的路径选择和转寄，将网络表头（NH）加至数据包，以形成分组。网络表头包含了网络数据。例如，互联网协议（IP）等。

第 2 层：数据链路层

数据链路层（Data Link Layer）负责网络寻址、错误侦测和改错。当表头和表尾被加至数据包时，会形成帧。数据链表头（DLH）是包含了物理地址和错误侦测及改错的方法。数据链表尾（DLT）是一串指示数据包末端的字符串。例如，以太网、无线局域网（Wi - Fi）和通用分组无线服务（GPRS）等。

数据链路层分为两个子层：逻辑链路控制（Logic Link Control，LLC）子层和介质访问控制（Media Access Control，MAC）子层。

第 1 层：物理层

物理层（Physical Layer）在局域网上传送数据帧（Data Frame），它负责管理计算机通信设备和网络媒体之间的互通。其包含针脚、电压、线缆规范、集线器、中继器、网卡、主机适配器等。

2. OSI 参考模型各层的功能

1）物理层

物理层是 OSI 参考模型的最底层，也是在同级层之间能够直接进行信息交换的唯一层。物理层负责传输二进制位流，它的任务就是为数据链路层提供一个物理连接，以便在相邻节点之间无差错地传送二进制位流。

应该注意的是，传送二进制位流的传输介质，如双绞线、同轴电缆以及光纤等并不属于物理层要考虑的问题。实际上，传输介质并不在 OSI 的 7 个层次之内。

- 电气特性：电缆上什么样的电压表示 1 或 0。
- 机械特性：接口所用的接线器的形状和尺寸。
- 过程特性：不同功能的各种可能事件的出现顺序以及各信号线的工作原理。
- 功能特性：某条线上出现的某一电平的电压表示何种意义。

2）数据链路层

数据链路层负责在两个相邻节点之间无差错地传送以"帧"为单位的数据。每一帧包括一定数量的数据和若干控制信息。

数据链路的首要任务是建立、维持和释放数据链路的连接。在传送数据时，如果接收节点发现数据有错，要通知发送方重发这一帧，直到这一帧正确无误地送到为止。这样，数据链路层就把一条可能出错的链路转变成让网络层看起来就像是一条不出错的理想链路。

3）网络层

网络层的主要功能是为处在不同网络系统中的两个节点设备通信提供一条逻辑通路。其基本任务包括路由选择、拥塞控制与网络互连等。

4）传输层

传输层的主要任务是向用户提供可靠的端到端（end－to－end）服务，透明地传送报文。它向高层屏蔽了下层数据通信的细节，因而是计算机通信体系结构中最关键的一层。该层关心的主要问题包括建立、维护和中断虚电路，传输差错校验和恢复及信息流量控制机制等。

5）会话层

负责通信的双方在正式开始传输前的沟通，目的在于建立传输时所遵循的规则，使传输更顺畅、有效率。沟通的议题包括：是使用全双工模式还是半双工模式？如何发起传输？如何结束传输？如何设置传输参数？就像两国元首在见面会晤之前，总会先派人谈好议事规则，正式谈判时就根据这套规则进行一样。

6）表示层

表示层处理两个应用实体之间进行数据交换的语法问题，解决数据交换中存在的数据格式不一致以及数据表示方法不同等问题。例如，IBM 系统的用户使用 EBCD 编码，而其他用户使用 ASCII 编码。表示层必须提供这两种编码的转换服务。数据加密与解密、数据压缩与恢复等也都是表示层提供的服务。

7）应用层

应用层是 OSI 参考模型中最靠近用户的一层，它直接提供文件传输、电子邮件、网页浏览等服务给用户。在实际操作上，大多是化身为成套的应用程序，例如，Internet Explorer、

Netscape、Outlook Express 等，而且有些功能强大的应用程序，甚至涵盖了会话层和表示层的功能，因此，有人认为 OSI 模型上 3 层（5、6、7 层）的分界已经模糊，往往很难精确地将产品归类于哪一层。

3. TCP/IP 模型

TCP/IP 起源于 20 世纪 60 年代末美国政府资助的一个网络分组交换研究项目，TCP/IP 是发展至今最成功的通信协议，它被用于当今所构筑的最大的开放式网络系统 Internet 之上。TCP 和 IP 是两个独立且紧密结合的协议，负责管理和引导数据报文在 Internet 上的传输。二者使用专门的报文头定义每个报文的内容。TCP 负责和远程主机的连接，IP 负责寻址，使报文被送到其该去的地方。

TCP/IP 模型包括 4 个概念层次：应用层、传输层、网络层、网络接口层。

TCP/IP 与 OSI 参考模型的对应关系如图 2 – 2 所示。

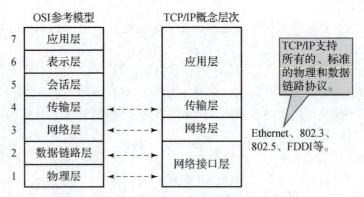

图 2 – 2　TCP/IP 与 OSI 参考模型的对应关系

OSI 参考模型和 TCP/IP 模型各自层与层之间关系相似。在 OSI 参考模型中，规定数据为协议数据单元（PDU），通常在该层的 PDU 前面增加一个字母前缀，标识为哪一层数据。如会话层通过传送会话层协议数据单元（SPDU）和对等的会话层进行通信。相应地，有应用层协议数据单元（APNJ）、表示层协议数据单元（PPDU）、段（Segment）、数据包（Packet）、帧（Frame）、比特流（Bit）。在网络通信中，通过传输层的 PDU 到对方的对等层，以实现通信。从逻辑上讲，对等层间的通信，是两个设备的同一层直接通信。而物理上，每一层都只与自己相邻的上下两层直接通信，下层通过服务访问点为上一层提供服务。当接收数据时，数据是自下而上传输；当发送数据时，数据则是自上向下传输的。在这一点上，TCP/IP 参考模型与 OSI 参考模型是一致的。只是 TCP/IP 参考模型比 OSI 参考模型少了会话层协议数据单元（SPDU）和表示层协议数据单元（PPDU）。

在层次间关系上，相同之处：都是对等的层间通信；不同之处：TCP/IP 参考模型比 OSI 参考模型层次更清晰、简练。

在功能上大致相同，在两个模型中，传输层及以上的各层都是为通信的进程提供点到点、与网络无关的传输服务；TCP/IP 参考模型比 OSI 参考模型有更好的网络管理功能。

把 TCP/IP 模型的数据传输原理分成几个步骤：

①当应用进程 A 的数据传送到应用层时，应用层为数据加上本层的控制报头后，将其

组织成应用层的数据服务单元，然后向下传输到传输层。

②传输层收到该数据单元后，加上本层的控制报头，构成传输层的数据服务单元。该数据服务单元被称为报文（message）。

③传输层将报文传送到网络层时，由于网络层数据单元的长度有限制，因此，传输层的长报文将被分为若干个较短的数据段。每个数据段再加上网络层的控制报头，就构成了网络层的数据服务单元，它被称为分组。

④网络层的分组传送到数据链路层时，加上数据链路层的控制信息后，构成数据链路层的数据服务单元，它被称为帧。

⑤数据链路层的帧传送到物理层后，物理层将以比特流的方式通过传输介质传输出去。当比特流到达目的节点主机 B 时，再从物理层依层上传，每层对其对应层的控制报头进行处理，将用户数据交给高层，最终将进程 A 的数据送给主机 B 的进程 B，实现了数据的透明传输。

4. OSI 数据封装过程

在 OSI 参考模型中，当一台主机需要传送用户的数据（DATA）时，数据首先通过应用层的接口进入应用层。在应用层，用户的数据被加上应用层的报头（AH），形成应用层协议数据单元，然后通过应用层与表示层的接口数据单元递交到表示层。

表示层并不"关心"应用层的数据格式，而是把整个应用层递交的数据报看成一个整体进行封装，即加上表示层的报头（PH），然后递交到会话层。

同样，会话层、传输层、网络层、数据链路层也都要分别给上层递交下来的数据加上自己的报头。它们是会话层报头（SH）、传输层报头（TH）、网络层报头（NH）和数据链路层报头（DH）。其中，数据链路层还要给网络层递交的数据加上数据链路层报尾（DT），形成最终的一帧数据。

当一帧数据通过物理层传送到目标主机的物理层时，该主机的物理层把它递交到数据链路层。数据链路层负责去掉数据帧的帧头部 DH 和尾部 DT（同时还进行数据校验）。如果数据没有出错，则递交到网络层。

同样，网络层、传输层、会话层、表示层、应用层也要做类似的工作。最终，原始数据被递交到目标主机的具体应用程序中。

数据由传送端的最上层（通常是指应用程序）产生，由上层往下层传送。每经过一层，都在前端增加一些该层专用的信息，这些信息称为报头，然后才传给下一层，可将加上报头想象为套上一层信封。因此，到了最底层时，原本的数据已经套上了 7 层信封，而后通过网线、双绞线、光纤等介质传送到接收端。

接收端接收到数据后，从最底层向上层传送，每经过一层就拆掉一层信封（即去除该层所认识的报头），直到最上层，数据便恢复成当初从传送端最上层产生时的原貌。

如果以网络的术语来说，这种每一层将原始数据加上报头的操作，便是数据的封装，而封装前的原始数据则称为数据承载。在传送端，上层将数据传给下层，下层将上层传过来的数据当成数据承载，再将数据承载封装成新的数据，继续传给更下层去封装，直到最底层为止，如图 2-3 所示。

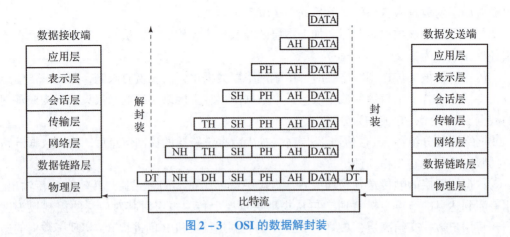

图 2 – 3 OSI 的数据解封装

任务 2.2 计算机网络协议簇探究

【任务工单】

任务名称	计算机网络协议簇探究				
组别		成员		小组成绩	
学生姓名				个人成绩	
任务情境	发送和接收之间需要一些共同遵守的约定，这些约定称为通信协议。数据通信协议定义了各种计算机和设备之间相互通信、数据管理和数据交换等的整套规则				
任务目标	熟悉 TCP/IP 协议簇应用层协议、TCP/IP 协议簇传输层协议、TCP/IP 协议簇网络层协议、TCP/IP 协议簇数据链路层协议				
任务要求	按本任务后面列出的具体任务内容，理解 TCP/IP 协议簇				
知识链接					
计划决策					
任务实施	1. 了解 TCP/IP 协议簇应用层协议 2. 理解 TCP/IP 协议簇传输层协议				

任务名称	计算机网络协议簇探究				
组别		成员		小组成绩	
学生姓名				个人成绩	
任务实施	3. 掌握 TCP/IP 协议簇网络层协议 4. 熟悉 TCP/IP 协议簇数据链路层协议				
检查	TCP/IP 协议簇				
实施总结					
小组评价					
任务点评					

【前导知识】

因为 OSI 协议栈比较复杂，并且 TCP 和 IP 两大协议在业界被广泛使用，所以，TCP/IP 参考模型成为互联网的主流参考模型。TCP/IP 协议栈定义了一系列的标准协议。

【任务内容】

1. 了解 TCP/IP 协议簇应用层协议。
2. 理解 TCP/IP 协议簇传输层协议。
3. 掌握 TCP/IP 协议簇网络层协议。
4. 熟悉 TCP/IP 协议簇数据链路层协议。

【任务实施】

一、TCP/IP 协议簇应用层协议

应用层为应用软件提供接口，使应用程序能够使用网络服务。应用层协议会指定使用相应的传输层协议及传输层所使用的端口等。应用层的 PDU 被称为 Data（数据）。

1）FTP

FTP（File Transfer Protocol）是一个用于从一台主机传送文件到另一台主机的协议，用于文件的"下载"和"上传"，它采用 C/S（Client/Server）结构，如图 2 –4 所示。

图 2-4　FTP 客户端/服务器结构

FTP 客户端：提供本地设备对远程服务器的文件进行操作的命令。用户在 PC 上通过应用程序作为 FTP 客户端，并与 FTP 服务器建立连接后，可以对 FTP 服务器上的文件进行操作。

FTP 服务器：运行 FTP 服务的设备。提供远程客户端访问和操作的功能，用户可以通过 FTP 客户端程序登录到服务器上，访问设备上的文件。

2）Telnet

Telnet 是数据网络中提供远程登录服务的标准协议。Telnet 为用户提供了在本地计算机上完成远程设备工作的能力。

用户通过 Telnet 客户端程序连接到 Telnet 服务器。用户在 Telnet 客户端中输入命令，这些命令会在服务器端运行，就像直接在服务端的控制台上输入一样。

3）HTTP

HTTP（HyperText Transfer Protocol）是互联网上应用最为广泛的一种网络协议。设计 HTTP 最初的目的是提供一种发布和接收 HTML 页面的方法。

二、TCP/IP 协议簇传输层协议

1. TCP

传输层协议接收来自应用层协议的数据，封装上相应的传输层头部，帮助其建立"端到端"（Port to Port）的连接。传输层的 PDU 被称为 Segment（段）。

传输层协议

1）TCP 报文格式

TCP 是一种面向连接的、可靠的传输层通信协议，由 IETF 的 RFC 793 定义，TCP 报文格式如图 2-5 所示。

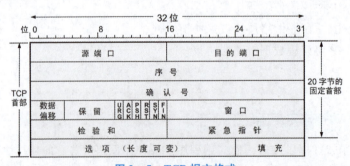

图 2-5　TCP 报文格式

16 位源端口号：16 位的源端口中包含初始化通信的端口。源端口和源 IP 地址的作用是标识报文的返回地址。

16 位目的端口号：16 位的目的端口域定义传输的目的。这个端口指明报文接收计算机

上的应用程序地址接口。

32 位序列号：32 位的序列号由接收端计算机使用，重新分段的报文成为最初形式。当 SYN 出现时，序列码实际上是初始序列码（Initial Sequence Number，ISN），而第一个数据字节是 ISN + 1。这个序列号（序列码）可用来补偿传输中的不一致。

32 位确认序号：32 位的序列号由接收端计算机使用，重组分段的报文成为最初形式。如果设置了 ACK 控制位，这个值表示一个准备接收的包的序列码。

4 位首部长度：4 位包括 TCP 头大小，指示从何处数据开始。

保留（6 位）：6 位值域，这些位必须是 0。为了将来定义新的用途而保留。

标志：6 位标志域。表示为：紧急标志、确认标志、推标志、复位标志、同步标志、结束标志。按照顺序排列是：URG、ACK、PSH、RST、SYN、FIN。

16 位窗口大小：用来表示想收到的每个 TCP 数据段的大小。TCP 的流量控制由连接的每一端通过声明的窗口大小来提供。窗口大小为字节数，起始于确认序号字段指明的值，这个值是接收端正期望接收的字节。窗口是一个 16 字节字段，因而窗口最大为 65 535 字节。

16 位校验和：16 位 TCP 报头。源机器基于数据内容计算一个数值，收信息机要与源机器数值结果完全一样，从而证明数据的有效性。其检验和覆盖了整个 TCP 报文段：这是一个强制性的字段，一定是由发送端计算和存储，并由接收端进行验证的。

16 位紧急指针：指向后面是优先数据的字节，在 URG 标志被设置了时才有效。如果 URG 标志没有被设置，紧急域作为填充。加快处理标示为紧急的数据段。

选项：长度不定，但长度必须为 1 字节。如果没有选项，就表示这个 1 字节的域等于 0。

数据：该 TCP 协议包负载的数据。

在上述字段中，6 位标志域的各个选项功能如下。

URG：紧急标志。紧急标志为“1”，表明该位有效。

ACK：确认标志。表明确认编号栏有效。大多数情况下该标志位是置位的。TCP 报头内的确认编号栏内包含的确认编号（w + 1）为下一个预期的序列编号，同时提示远端系统已经成功接收所有数据。

PSH：推标志。该标志置位时，接收端不将该数据进行队列处理，而是尽可能快地将数据转由应用处理。在处理 Telnet 或 rlogin 等交互模式的连接时，该标志总是置位的。

RST：复位标志。用于复位相应的 TCP 连接。

SYN：同步标志。表明同步序列编号栏有效。该标志仅在三次握手建立 TCP 连接时有效。它提示 TCP 连接的服务端检查序列编号，该序列编号为 TCP 连接初始端（一般是客户端）的初始序列编号。在这里，可以把 TCP 序列编号看作一个范围从 0 到 4、294、967、295 的 32 位计数器。通过 TCP 连接交换的数据中，每一个字节都经过序列编号。在 TCP 报头中的序列编号栏包括了 TCP 分段中第一个字节的序列编号。

FIN：结束标志。

2）TCP 三次握手

三次握手（Three - Way Handshake）即建立 TCP 连接，就是指建立一个 TCP 连接时，需要客户端和服务端总共发送 3 个包以确认连接的建立。在 socket 编程中，这一过程由客户端执行 connect 来触发，整个流程如图 2 - 6 所示。

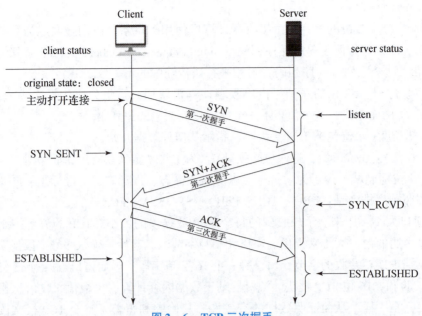

图 2 - 6　TCP 三次握手

第一次握手：Client 将标志位 SYN 置为 1，随机产生一个值 SEQ = J，并将该数据包发送给 Server，Client 进入 SYN_SENT 状态，等待 Server 确认。

第二次握手：Server 收到数据包后，由标志位 SYN = 1 知道 Client 请求建立连接，Server 将标志位 SYN 和 ACK 都置为 1，ACK = J + 1，随机产生一个值 SEQ = K，并将该数据包发送给 Client 以确认连接请求，Server 进入 SYN_RCVD 状态。

第三次握手：Client 收到确认后，检查 ACK 是否为 J + 1，ACK 是否为 1，如果正确，则将标志位 ACK 置为 1，ACK = K + 1，并将该数据包发送给 Server，Server 检查 ACK 是否为 K + 1，ACK 是否为 1，如果正确，则连接建立成功，Client 和 Server 进入 ESTABLISHED 状态，完成三次握手，随后 Client 与 Server 之间可以开始传输数据了。

SYN 攻击：在三次握手过程中，Server 发送 SYN - ACK 之后，收到 Client 的 ACK 之前的 TCP 连接称为半连接（half - open connect），此时 Server 处于 SYN_RCVD 状态，当收到 ACK 后，Server 转入 ESTABLISHED 状态。SYN 攻击就是 Client 在短时间内伪造大量不存在的 IP 地址，并向 Server 不断地发送 SYN 包，Server 回复确认包，并等待 Client 的确认。由于源地址是不存在的，因此，Server 需要不断重发直至超时。这些伪造的 SYN 包将长时间占用未连接队列，导致正常的 SYN 请求因为队列满而被丢弃，从而引起网络堵塞甚至系统瘫痪。SYN 攻击是一种典型的 DDoS 攻击，检测 SYN 攻击的方式非常简单，即当 Server 上有大量半连接状态且源 IP 地址是随机的时，则可以断定遭到 SYN 攻击了，使用如下命令可以让之现形：

```
#netstat - nap |grep SYN_RECV
```

3）TCP 四次握手

当数据传输完成后，TCP 需要通过"四次握手"机制断开 TCP 连接，释放系统资源，如图 2 - 7 所示。

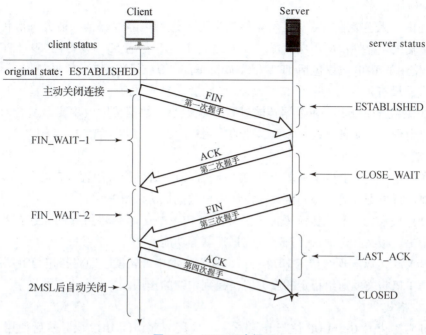

图 2-7　TCP 四次握手

由于 TCP 连接是全双工的，因此，每个方向都必须要单独进行关闭，这一原则是当一方完成数据发送任务后，发送一个 FIN 来终止这一方向的连接，收到一个 FIN 只是意味着这一方向上没有数据流动了，即不会再收到数据了，但是在这个 TCP 连接上仍然能够发送数据，直到这一方向也发送了 FIN。首先进行关闭的一方将执行主动关闭，而另一方则执行被动关闭。

第一次握手：Client 发送一个 FIN，用来关闭从 Client 到 Server 的数据传送，Client 进入 FIN_WAIT－1 状态。

第二次握手：Server 收到 FIN 后，发送一个 ACK 给 Client，确认序号为收到序号 +1（与 SYN 相同，一个 FIN 占用一个序号），Server 进入 CLOSE_WAIT 状态。

第三次握手：Server 发送一个 FIN，用来关闭 Server 到 Client 的数据传送，Server 进入 LAST_ACK 状态。

第四次握手：Client 收到 FIN 后，Client 进入 TIME_WAIT 状态，接着发送一个 ACK 给 Server，确认序号为收到序号 +1，Server 进入 CLOSED 状态，完成四次握手。

2. UDP

1）UDP 简介

UDP 是 User Datagram Protocol 的简称，中文名是用户数据报协议，是 OSI（Open System Interconnection，开放式系统互连）参考模型中一种无连接的传输层协议，提供面向事务的简单不可靠信息传送服务。IETF RFC 768 是 UDP 的正式规范。

UDP 是 OSI 参考模型中一种无连接的传输层协议，它主要用于不要求分组顺序到达的传输中，分组传输顺序的检查与排序由应用层完成，提供面向事务的简单不可靠信息传送服务。UDP 协议基本上是 IP 协议与上层协议的接口。UDP 协议适用端口分别运行在同一台设备上的多个应用程序。

UDP 提供了无连接通信，并且不对传送数据包进行可靠性保证，适合一次传输少量数据。UDP 传输的可靠性由应用层负责。常用的 UDP 端口号有 53（DNS）、69（TFTP）、161（SNMP），使用的 UDP 协议包括 TFTP、SNMP、NFS、DNS、BOOTP。

UDP 报文没有可靠性保证、顺序保证和流量控制字段等，可靠性较差。但是正因为 UDP 协议的控制选项较少，在数据传输过程中延迟小、数据传输效率高，适合对可靠性要求不高的应用程序，或者可以保障可靠性的应用程序，如 DNS、TFTP、SNMP 等。

2）功能

为了在给定的主机上能识别多个目的地址，同时允许多个应用程序在同一台主机上工作并能独立地进行数据包的发送和接收，设计用户数据报协议 UDP。

UDP 使用底层的互联网协议来传送报文，同 IP 一样，提供不可靠的无连接数据包传输服务。它不提供报文到达确认、排序及流量控制等功能。

UDP Helper 可以实现对指定 UDP 端口广播报文的中继转发，即将指定 UDP 端口的广播报文转换为单播报文发送给指定的服务器，起到中继的作用。

3）报文格式

在 UDP 层次模型中，UDP 位于 IP 层之上。应用程序访问 UDP 层，然后使用 IP 层传送数据包。IP 数据包的数据部分即为 UDP 数据包。IP 层的报头指明了源主机和目的主机地址，而 UDP 层的报头指明了主机上的源端口和目的端口。UDP 传输的段（segment）由 8 字节的报头和有效载荷字段构成。

UDP 报头由 4 个域组成，每个域各占用 2 字节，具体包括源端口号、目标端口号、数据报长度、校验值。

端口号：UDP 使用端口号为不同的应用保留其各自的数据传输通道。UDP 和 TCP 正是采用这一机制实现对同一时刻内多项应用同时发送数据和接收数据的支持。数据发送一方（可以是客户端或服务器端）将 UDP 数据包通过源端口发送出去，而数据接收一方则通过目标端口接收数据。有的网络应用只能使用为其预留或注册的静态端口；而另外一些网络应用则可以使用未被注册的动态端口。因为 UDP 报头使用两个字节存放端口号，所以端口号的有效范围是从 0 到 65 535。一般来说，大于 49 151 的端口号都代表动态端口。指定 UDP 端口号有两种方式：由管理机构指定端口和动态绑定的方式。

数据报长度：数据报的长度是指包括报头和数据部分在内的总字节数。因为报头的长度是固定的，所以该域主要被用来计算可变长度的数据部分（又称为数据负载）。数据报的最大长度根据操作环境的不同而各异。从理论上说，包含报头在内的数据报的最大长度为 65 535 字节。不过，一些实际应用往往会限制数据报的大小，有时会降低到 8 192 字节。

校验值：UDP 使用报头中的校验值来保证数据的安全。校验值首先在数据发送方通过特殊的算法计算得出，在传递到接收方之后，还需要重新计算。如果某个数据报在传输过程中被第三方篡改或者由于线路噪声等原因受到损坏，发送方和接收方的校验计算值将不会相符，由此，UDP 可以检测是否出错。这与 TCP 是不同的，后者要求必须具有校验值。

许多链路层协议都提供错误检查，包括流行的以太网协议。UDP 提供检查和校验的原

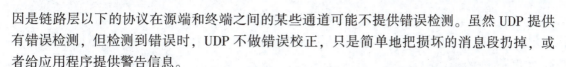

因是链路层以下的协议在源端和终端之间的某些通道可能不提供错误检测。虽然 UDP 提供有错误检测，但检测到错误时，UDP 不做错误校正，只是简单地把损坏的消息段扔掉，或者给应用程序提供警告信息。

4）主要特点

UDP 是一个无连接协议，传输数据之前，源端和终端不建立连接，当它想传送时，就简单地去抓取来自应用程序的数据，并尽可能快地把它扔到网络上。在发送端，UDP 传送数据的速度只受应用程序生成数据的速度、计算机的能力和传输带宽的限制；在接收端，UDP 把每个消息段放在队列中，应用程序每次从队列中读一个消息段。

由于传输数据不建立连接，因此，也就不需要维护连接状态，包括收发状态等，所以，一台服务机可同时向多个客户机传输相同的消息。

UDP 信息包的标题很短，只有 8 字节，相对于 TCP 的 20 字节信息包而言，UDP 的额外开销很小。

吞吐量不受拥挤控制算法的调节，只受应用软件生成数据的速率、传输带宽、源端和终端主机性能的限制。

UDP 是面向报文的。发送方的 UDP 对应用程序交下来的报文添加首部后，就向下交付给 IP 层。既不拆分，也不合并，而是保留这些报文的边界，因此，应用程序需要选择合适的报文大小。

虽然 UDP 是一个不可靠的协议，但它是分发信息的理想协议。例如，在屏幕上显示股票市场、航空信息等。UDP 也用在路由信息协议（Routing Information Protocol，RIP）中修改路由表。在这些应用场合下，如果有一个消息丢失，在几秒之后，另一个新的消息就会替换它。UDP 广泛用在多媒体应用中。

5）UDP 和 TCP 的主要区别

UDP 和 TCP 的主要区别是两者实现信息的可靠传递的方法不同。TCP 中包含了专门的传递保证机制，当数据接收方收到发送方传来的信息时，会自动向发送方发出确认消息；发送方只有在接收到该确认消息之后才继续传送其他信息，否则，将一直等待，直到收到确认信息为止。与 TCP 不同，UDP 协议并不提供数据传送的保证机制。如果在从发送方到接收方的传递过程中出现数据包的丢失，协议本身并不能做出任何检测或提示。因此，通常人们把 UDP 协议称为不可靠的传输协议。

TCP 是面向连接的传输控制协议，而 UDP 提供了无连接的数据报服务；TCP 具有高可靠性，确保传输数据的正确性，不出现丢失或乱序；UDP 在传输数据前不建立连接，不对数据报进行检查与修改，无须等待对方的应答，所以会出现分组丢失、重复、乱序，应用程序需要负责传输可靠性方面的所有工作；UDP 具有较好的实时性，工作效率较 TCP 协议的高；UDP 段结构比 TCP 段结构简单，因此网络开销也小。TCP 协议可以保证接收端毫无差错地接收到发送端发出的字节流，为应用程序提供可靠的通信服务。对可靠性要求高的通信系统往往使用 TCP 传输数据。

6）适用场合

在选择 UDP 作为传输协议时，必须要谨慎。在网络质量令人十分不满意的环境下，UDP 协议数据包丢失会比较严重。由于 UDP 不属于连接型协议，因而具有资源消耗少、处理速度快的优点，所以通常音频、视频和普通数据在传送时使用 UDP 较多，因为它们即使偶尔丢失一两个数据包，也不会对接收结果产生太大影响。比如聊天用的 QQ 使用的就是 UDP。

7）实际应用

在现场测控领域，面向的是分布化的控制器、监测器等，其应用场合环境比较恶劣，这样就对待传输数据提出了不同的要求，如实时、抗干扰性、安全性等。基于此，现场通信中，若某一应用要将一组数据传送给网络中的另一个节点，可由 UDP 进程将数据加上报头后传送给 IP 进程，UDP 省去了建立连接和拆除连接的过程，取消了重发检验机制，能够达到较高的通信速率。

网络层协议

三、TCP/IP 协议簇网络层协议

网络层负责数据从一台主机到另外一台主机之间的传递。网络层的 PDU 被称为 Packet（包）。网络层也叫 Internet 层，负责将分组报文从源主机发送到目的主机，为网络中的设备提供逻辑地址，负责数据包的寻径和转发。

1. IP

IP 数据包的格式如图 2 – 8 所示。

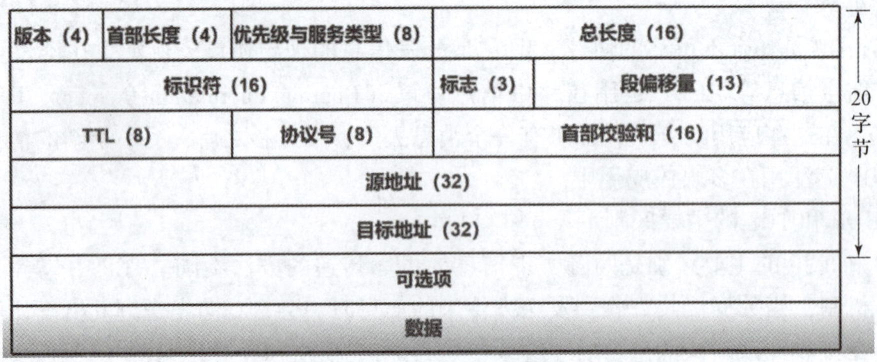

版本 (4)	首部长度 (4)	优先级与服务类型 (8)	总长度 (16)	
标识符 (16)			标志 (3)	段偏移量 (13)
TTL (8)		协议号 (8)	首部校验和 (16)	
源地址 (32)				
目标地址 (32)				
可选项				
数据				

20 字节

图 2 – 8　IP 数据包的格式

版本（Version）：指 IP 协议版本。通信双方使用的版本必须保持一致。

首部长度（Header Length）：IP 数据包的包头长度。

优先级与服务类型（Priority & Type of Service）：该字段用于表示数据包的优先级和服务类型。通过在数据包中划分一定的优先级，用于实现 QoS（服务质量）的要求。

总长度（Total Length）：数据包的总长度，最长为 65 535 字节，包括包头和数据。

标识符（Identification）：该字段用于表示 IP 数据包的标识符。当 IP 对上层数据进行分片时，它将给所有的分片分配一组编号，然后将这些编号放入标识符字段中，保证分片不会被错误地重组。标识符字段用于标志一个数据包，以便接收节点可以重组被分片的数据包。

标志（Flags）：和标识符一起传递，指示不可以被分片或者最后一个分片是否发出。

段偏移量（Fragment Live）：指示在一个分片序列中如何将各分片连接起来，按什么顺序连接起来。

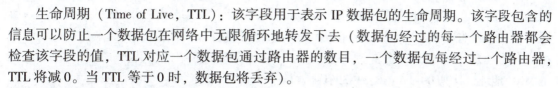

生命周期（Time of Live，TTL）：该字段用于表示 IP 数据包的生命周期。该字段包含的信息可以防止一个数据包在网络中无限循环地转发下去（数据包经过的每一个路由器都会检查该字段的值，TTL 对应一个数据包通过路由器的数目，一个数据包每经过一个路由器，TTL 将减 0。当 TTL 等于 0 时，数据包将丢弃）。

协议号（Protocol）：协议字段。

首部校验和（Header Checksum）：该字段用于表示校验和。校验和是 16 位的错误检测字段。

源地址（Source IP Address）：该字段表示一个源地址。这是一个网络地址，指的是发送该数据包的设备的网络地址。

目标地址（Destination IP Address）：该字段用于表示数据包的目的地址，接收节点的网络位置。

可选项（Options）：可选项字段根据实际情况可变长，可以和 IP 一起使用的选项有多个。

2. ICMP

ICMP（Internet Control Message Protocol）的全称是 Internet 控制消息协议，主要用于 IP 网络中发送控制消息，提供在通信环境中可能发生的各种问题的反馈。

ICMP 属于网络层协议（也有高于网络层的说法）。传输 ICMP 信息时，要先封装网络层的 IP 报头，再交给数据链路层，也就是说，ICMP 报文对应网络层的数据。

3. ARP

ARP（Address Resolution Protocol）的全称是地址解析协议，是通过解析 IP 地址来得到 MAC 地址的，是一个在网络包中极其重要的网络传输协议，它与网卡有着极其密切的关系，即链路层，那么就需要将这些地址转换成链路层可以识别的东西。在所有的链路中都有一套自己的寻址机制，例如，在以太网中使用 MAC 地址进行寻址，以标识不同的主机，那么就需要有一个协议将 IP 地址转换为 MAC 地址，由此就出现了 ARP。所有 ARP 在网络层都被采用，它是网络层和链路层连接的重要枢纽。每当有一个数据要发送时，都需要通过 ARP 将 IP 地址转换成 MAC 地址，在 IP 及其以上的层次看来，它们只标识 IP 地址，从不跟硬件打交道。

ARP 在 PC1 已知 PC2 的 IP 地址，未知 PC2 的 MAC 地址时使用。PC1 发送 ARP 广播给二层交换机，二层交换机接收到 ARP 广播消息后进行无条件泛洪处理，连接到二层交换机下的所有 PC 都将接收到此广播消息，每个 PC 都会把自身的 IP 地址和目标 IP 地址进行比对，若一致，则接收此广播消息，并回数据包给 PC1，PC1 接收到返回的数据包后，会记录下 PC2 的 IP 和 MAC 地址，记录到 ARP 缓存表中；若不一致，则丢弃处理。

四、TCP/IP 协议簇数据链路层协议

数据链路层是 OSI 参考模型中的第二层，介于物理层和网络层之间。数据链路层在物理层提供的服务的基础上向网络层提供服务，其最基本的服务是将源自物理层的数据可靠地传输到相邻节点的目标机网络层。

1. Ethernet 以太网协议

Ethernet 以太网协议用于实现链路层的数据传输和地址封装。Ethernet Ⅱ 帧的目的地址、

源地址字段各占 6 字节，目的地址字段确定帧的接收者，源地址字段标识帧的发送者。当使用 6 字节的源地址字段时，前 3 字节表示由 IEEE 分配给厂商的地址，将烧录在每一块网络接口卡的 ROM 中。制造商通常为其每一网络接口卡分配后 3 字节。其实，目的、源地址就是 MAC 地址，比如 00:1A:A0:31:39:D4 就是一个 MAC 地址。

2. IEEE 802.3 协议

IEEE 802.3 通常指以太网的一种网络协议。其描述物理层和数据链路层的 MAC 子层的实现方法，在多种物理媒体上以多种速率采用 CSMA/CD 访问方式。

3. PPP

PPP 是一种点到点（一条链路两端只有两个接口）链路层协议，主要用于在全双工的同异步链路上进行点到点的数据传输。

4. HDLC 协议

HDLC（High - level Data Link Control，高级数据链路控制）是一种面向比特的链路层协议，是思科私有协议，现在几乎不用。

【知识考核】

一、选择题

1. 属于点到点连接的链路层协议是（　　）。

A. X.25 　　　　　　　　　　　　　　B. IP

C. ATM 　　　　　　　　　　　　　　D. PPP

2. 子网掩码产生于（　　）。

A. 表示层 　　　　　　　　　　　　　B. 网络层

C. 传输层 　　　　　　　　　　　　　D. 会话层

3. 基于 TCP 协议应用的程序是（　　）。

A. PING 　　　　　　　　　　　　　　B. TFTP

C. OSPF 　　　　　　　　　　　　　　D. TELNET、FTP、SMTP、HTTP

4. FTP 工作于（　　）。

A. 网络层 　　　　　　　　　　　　　B. 传输层

C. 会话层 　　　　　　　　　　　　　D. 应用层

5. IP 协议的特征是（　　）。

A. 可靠，无连接 　　　　　　　　　　B. 不可靠，无连接

C. 可靠，面向连接 　　　　　　　　　D. 不可靠，面向连接

二、填空题

1. 按存储转发的信息单位划分，交换可以分为＿＿＿＿＿＿和＿＿＿＿＿＿两种类型。

2. OSI 模型从下往上分为＿＿＿＿＿、＿＿＿＿＿、＿＿＿＿＿、＿＿＿＿＿、＿＿＿＿＿、＿＿＿＿＿和＿＿＿＿＿7 个层次。

3. 集线器在 OSI 参考模型中属于＿＿＿＿＿设备，而交换机是＿＿＿＿＿设备。

4. 对等网中，各计算机的_____和_____不能相同，_____应当相同。

5. TCP/IP 模型从上到下分为_____、_____、_____、_____。

6. 网络层所提供的服务可以分为_____和_____两类。

三、名词解释

协议

项目 **3**

IP地址规划

【项目导读】

某大学有 8 个学院，位于 3 个校区，从某 ISP 申请到的地址块为 59.193.144.0/20。试规划该校园网的公用 IP 地址和专用网的 IP 地址。

设该大学的 8 个学院位于同一城市的 3 个校区，其中，有 4 个学院位于校区 1，另外 4 个学院位于其他两个校区（校区 2、校区 3）。大学向因特网发布信息并为全校提供有关信息化服务，每个学院也自行向因特网发布学院信息并负责学院自己的信息服务。设每个学院提供超过 1 500 台 PC。大学已从中国教育科研网 CERNET 有关机构申请了 IPv4 地址块 59.193.144.0/20。那么如何进行 IP 地址划分呢？本项目介绍 IP 地址及其规划方法。

【项目目标】

➤ 了解 IP 地址的分类。
➤ 了解保留的 IP 地址。
➤ 了解可用主机 IP 地址数量计算。
➤ 了解子网掩码。
➤ 掌握 IP 地址的计算。
➤ 掌握可变长子网掩码。
➤ 掌握 IPv6 技术。

【项目地图】

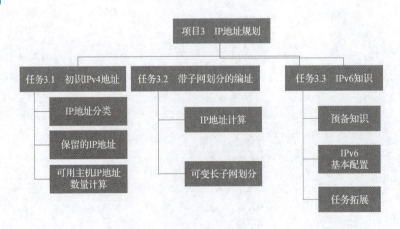

【小课堂】

中国的"IP 地址之路"

全球共有 43 亿个 IPv4 地址（42.9 亿），全球共用，不能重复。IPv4 地址在 2011 年就已经分完了。我国一共有 3 亿多个，占总数不到 10%。在 IPv4 时代，用来解析顶级域名的"根服务器"，全球共有 13 台。其中，美国 10 台，英国、瑞典、日本各 1 台，而我国一台都没有。

IPv6 的地址数是 2^{128}，足够给地球上的每一粒沙子都分配一个。我国的 IPv6 起步很早（1998 年提出），从 2003 年到 2008 年发展了一段时间，是全球领先的。但是之后就慢慢落后了，原因是 IPv4 和 IPv6 并不兼容。所有的设备都需要更新换代，要用 IPv6 访问一个网站，就需要网站本身、网络以及上网设备都支持 IPv6（所有的都要更新）。另外，对于由 IPv4 搭建的网络安全体系，也需要重新设计和架构，而做这些事都没有什么直接的经济效益，因此就缺少了发展的动力。我国的终端设备都要升级改造，以支持 IPv6，只有把这个基础打好了，我国才能成为真正的网络强国。

2022 年北京冬奥会就采用了 IPv6 + 技术。IPv6 + 的网络切片技术可以把一张网络切分成不同的切片。赛事直播、工作人员通信、媒体报道、运动员的上网以及其他不同的业务切分成独立的专用车道，互不干扰，高速又安全。

任务 3.1　初识 IPv4 地址

【任务工单】

任务名称	初识 IPv4 地址				
组别		成员		小组成绩	
学生姓名				个人成绩	
任务情境	某高校需要对校园网进行规划设计，现在根据学校布局，进行 IP 地址的规划，请以网络工程师的身份，完成 IP 地址的规划				
任务目标	掌握 IP 地址的分类、保留的 IP 地址、可用主机 IP 地址数量的计算				
任务要求	按本任务后面列出的具体任务内容，完成 IP 地址的规划设计				
知识链接					
计划决策					
任务实施	1. IP 地址的分类				

续表

任务名称	初识 IPv4 地址				
组别		成员		小组成绩	
学生姓名				个人成绩	
任务实施	2. 保留的 IP 地址 3. 可用主机 IP 地址数量的计算				
检查	1. IP 地址的分类与保留地址是否正确；2. 根据要求计算出主机 IP 地址数量是否正确				
实施总结					
小组评价					
任务点评					

【前导知识】

1. IP 地址的概述

在 IP 中，为互联网上的每台计算机或其他装置指定一个独一无二的地址，称为"IP 地址"。

IP 地址就像家庭住址一样，如果你要写信给一个人，就要知道他的地址，这样邮递员才能把信送到。计算机发送信息就好比邮递员，它必须知道唯一的"家庭地址"，才不会把信送错。只不过家庭地址是用文字来表示的，计算机的地址是用二进制数字表示。

使用学习通扫描
二维码可直接
学习本任务

网络地址：将 IP 地址的主机位全设为 0，所得结果是该 IP 地址所在网络的网络地址。

广播地址：将 IP 地址的主机位全设为 1，所得结果是该 IP 地址所在网络的广播地址。

IP 地址数：2^n，n 为主机位位数。

可用 IP 地址数：$2^n - 2$，n 为主机位位数。

2. IP 地址结构

IPv4 协议中的 IP 地址由 32 位二进制位组成，通常将每 8 位划分为 1 字节，共分成 4 字节。IP 地址也可分为网络 ID 和主机 ID 两部分。网络 ID 用于标识某个网段，主机 ID 用来标识某个网段内的一个 TCP/IP 节点。

IP 地址最常见的形式是点分十进制，就是把 4 字节分别换算成十进制来标识，中间用"."来分隔，比如 225.36.25.4。

3．按照网络规模分类

①A 类地址：最高位为"0"，随后的 7 位是网络地址，最后 24 位是主机地址。

②B 类地址：最高的 2 位为"10"，随后的 14 位是网络地址，最后 16 位是主机地址。

③C 类地址：最高的 3 位为"110"，随后的 21 位是网络地址，最后 8 位是主机地址。

④D 类地址：最高的 4 位为"1110"，随后的所有位用作组播地址。

⑤E 类地址：最高的 5 位为"11110"，这类地址为保留地址，不使用。

注：A、B、C 三类地址用作主机地址，D 类地址用作组播地址，E 类地址被保留，如图 3－1 所示。

图 3－1　A、B、C 三类地址的网络 ID 与主机 ID 的分配格式

4．私网地址

为了解决 IP 地址短缺的问题，提出了私有地址的概念。私有地址是指内部网络或主机地址，这些地址只能用于某个内部网络，不能用于公共网络。

公网 IP 地址：连接到 Internet 的网络设备必须具有由 ICANN 分配的公网 IP 地址。

私网 IP 地址：私网 IP 地址的使用使得网络可以得到更为自由的扩展，因为同一个私网 IP 地址是可以在不同的私有网络中重复使用的。

私有网络连接到 Internet：私有网络由于使用了私网 IP 地址，是不允许连接到 Internet 的。后来在实际需求的驱动下，许多私有网络也希望能够连接到 Internet 上，从而实现私网与 Internet 之间的通信，以及通过 Internet 实现私网与私网之间的通信。私网与 Internet 的互连，必须使用网络地址转换（NAT）技术实现，如图 3－2 所示。

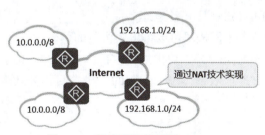

图 3－2　私有网络连接到 Internet

备注：NAT（Network Address Translation，网络地址转换），其基本作用是实现私网 IP 地址与公网 IP 地址之间的转换。

IANA（Internet Assigned Numbers Authority），因特网地址分配组织。

5．保留的 IP 地址

不是所有的 IP 地址都能拿来分配，其中一些地址是有特殊含义的，大致有以下 3 种情况：

①主机 ID 不能全是 0 或全是 1。

②IP 地址的网络 ID 和主机 ID 不能设成全部为 0 或全部为 1。

③IP 地址的头一个字节不能是 127，IP 地址中，以 127 开头的是用来做回环测试的地址，已经分配给本地环路。

特殊用途的 IP 地址如图 3 - 3 所示。

特殊IP地址	地址范围	作用
有限广播地址	255.255.255.255	可作为目的地址，发往该网段所有主机（受限于网关）
任意地址	0.0.0.0	"任何网络"的网络地址；"这个网络上这个主机接口"的IP地址
环回地址	127.0.0.0/8	测试设备自身的软件系统
本地链路地址	169.254.0.0/24	当主机自动获取地址失败后，可使用该网段中的某个地址进行临时通信

图 3 - 3 特殊用途的 IP 地址

6. 可用主机 IP 地址数量计算

计算步骤如下：

①确定 IP 地址的类型。

②根据 IP 地址类型或者子网掩码得出主机号的位数。

③根据公式计算出 IP 地址数量，每个子网的主机数目用公式 $N = 2Y - 2$ 来计算。Y 是主机 ID 位数。

④求出网络地址、广播地址、可用地址数、可用主机范围。

【任务内容】

某高校给学院分配了 172.16.10.1/16 这个地址，请写出网络地址、广播地址以及可用地址数。

【任务实施】

①确定 IP 地址类型。

根据 172.16.10.1/16 可知这是 B 类地址。

②根据 IP 地址类型或者子网掩码可以得出主机号的位数。

根据 IP 地址类型或子网掩码 16，可以得出主机位数为 32 - 16 = 16。

③根据公式计算出 IP 地址数量，每个子网的主机数目用公式 $N = 2Y - 2$ 来计算。Y 是主机 ID 位数。

主机数 $N = 2^{16} - 2 = 65\ 536 - 2 = 65\ 534$。

提示：减 2 是因为：主机号全为 0，是网络号，不能用；主机号全为 1，是广播地址，不能用。

④最后求出主机范围。

网络地址：172.16.0.0。

广播地址：172.16.255.255。

可用地址数：65 534。

可用地址范围：172.16.0.1 ~ 172.16.255.254。

IP 地址计算如图 3 – 4 所示。

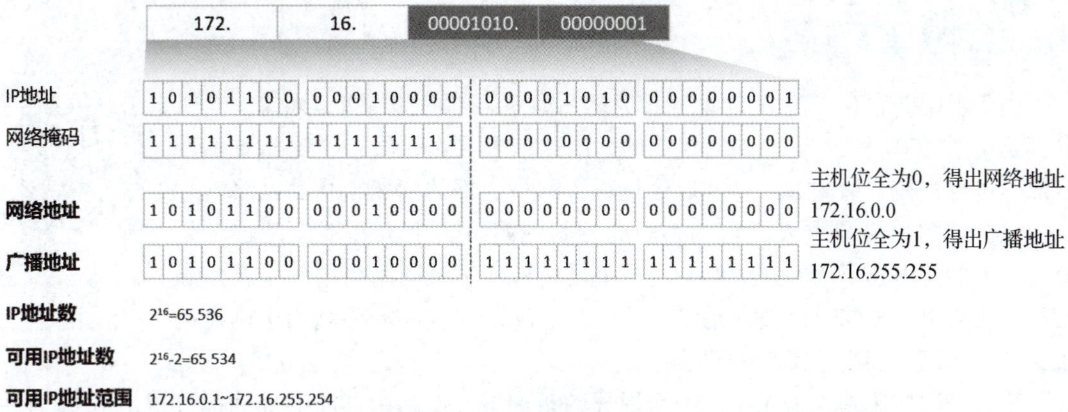

| 172. | 16. | 00001010. | 00000001 |

IP地址	1 0 1 0 1 1 0 0	0 0 0 1 0 0 0 0	0 0 0 0 1 0 1 0	0 0 0 0 0 0 0 1
网络掩码	1 1 1 1 1 1 1 1	1 1 1 1 1 1 1 1	0 0 0 0 0 0 0 0	0 0 0 0 0 0 0 0
网络地址	1 0 1 0 1 1 0 0	0 0 0 1 0 0 0 0	0 0 0 0 0 0 0 0	0 0 0 0 0 0 0 0
广播地址	1 0 1 0 1 1 0 0	0 0 0 1 0 0 0 0	1 1 1 1 1 1 1 1	1 1 1 1 1 1 1 1

主机位全为0，得出网络地址
172.16.0.0

主机位全为1，得出广播地址
172.16.255.255

IP地址数　　$2^{16}=65\ 536$

可用IP地址数　$2^{16}-2=65\ 534$

可用IP地址范围　172.16.0.1~172.16.255.254

图 3 – 4　IP 地址计算

任务 3.2　带子网划分的编址

【任务工单】

任务名称	带子网划分的编址				
组别		成员		小组成绩	
学生姓名				个人成绩	
任务情境	某企业准备将 192.168.1.0 网段分配给销售部、行政部、财务部、采购部、运营部五个部门，每个部门计算机不超过 25 台				
任务目标	子网划分以及可变长子网掩码划分				
任务要求	按本任务后面列出的具体任务内容，完成子网划分				
知识链接					
计划决策					
任务实施	1. 子网划分 2. 可变长子网划分				
检查	子网地址、子网地址范围				
实施总结					
小组评价					
任务点评					

【前导知识】

一、 子网掩码

由于子网的存在，使 IP 地址在扩充之后有了某种内部层级，而每一个子网都是由网络 ID 和子网 ID 共同组成的，因此，子网的概念是对 IP 地址的网络部分进行扩充。请注意，这个划分是一个网络内部的问题，是由网络管理员根据自己的网络需求来决定的，因此，其他网络的主机并不清楚这个划分。本地的路由器要明确这一点，当一个网络外的主机向网络内的主机发送数据时，路由器要知道该数据是发送给哪个子网的，这就需要利用子网掩码来判断目标网络到底是哪个子网。

生成子网掩码是为了在存在子网划分的条件下，使路由器能够准确地分辨出 IP 地址中哪些是网络 ID，哪些是主机 ID。在二进制数字的逻辑操作中，存在着一种"与"操作，"与"操作的特征是任意二进制数字"与""0"，其结果都是 0；"与""1"，则其结果是相同的。这样，就可以写出一个 32 位的子网掩码，使它与所要判定的 IP 地址相"与"，所要判定的 IP 地址会被保存，所要判定的宿主则会被替换。从这个角度可以得到子网掩码的书写方式。注意：

①对应于 IP 地址的网络 ID 的所有位都设为"1"，"1"必须是连续的。

②对应于主机 ID 的所有位都设为"0"。

二、 子网划分

1. 子网划分的目的

使用子网是为了减少 IP 的浪费。因为随着互联网的发展，产生越来越多的网络，这样就浪费了很多 IP 地址，所以要划分子网，如图 3 – 5 所示。使用子网可以提高网络应用的效率。

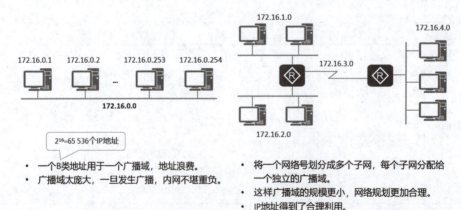

图 3 – 5　子网划分的目的

比如，A 类网络和 B 类网络都存在巨大的 IP 地址浪费问题。同时，在一个 IP 网络中，主机数量过于庞大，也不利于网络的管理。

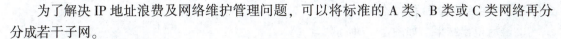

为了解决 IP 地址浪费及网络维护管理问题,可以将标准的 A 类、B 类或 C 类网络再分分成若干子网。

2. 子网划分的方法

将标准的 A 类、B 类或 C 类网络的主机部分进一步划分成子网部分和主机部分,就是子网划分。

进行子网划分以后,一个 IP 地址就在原来二级 IP 地址结构的基础上增加了一级子网号,变成了由标准网络号、子网号和主机号构成的三级结构,如图 3-6 所示。

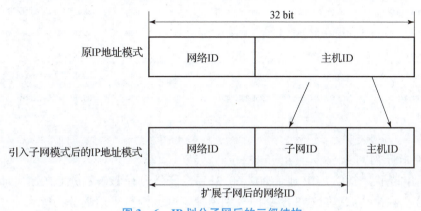

图 3-6　IP 划分子网后的三级结构

三、可变长子网划分

把一个网络划分成多个子网,要求每个子网使用不同的网络标识 ID。每个子网的主机数不一定相同,也许相差很大,如果每个子网都采用固定长度子网掩码,而每个子网上分配的地址数相同,就会造成地址的大量浪费。这时可以采用变长子网掩码(VLSM)技术。

【任务内容】

①将 IP 网络 183.164.128.0/17 划分为等长的 8 个子网,并分别给出每个子网地址、广播地址、子网掩码、IP 地址总数、可分配 IP 地址数和可分配 IP 地址范围。

②某公司申请了一个 C 类 202.60.31.0 的 IP 地址。该公司有 120 名员工在销售部,60名在财务部,60 名在设计部。对这 3 个部门分别组建子网,则是采用划分为等大小子网方式还是划分为可变子网大小方式?说明理由,并列出各子网的可用 IP 地址范围、子网地址、广播地址和各子网掩码。

【任务实施】

1. 子网划分

将 IP 网络 183.164.128.0/17 划分为等长的 8 个子网,并分别给出每个子网地址、广播地址、子网掩码、IP 地址总数、可分配 IP 地址数和可分配 IP 地址范围。

①根据要求划分为等长的 8 个子网,根据公式,子网数等于 $2^x \geq 8$,可以得出 x = 3,所以需要向主机位借 3 位。

②子网号为 000、001、010、011、100、101、110、111,共 8 个子网,因为主机号的前

3 位为子网号，所以剩下 12 位主机号。

③最后得出结果，如图 3 – 7 所示。

子网地址	广播地址	子网掩码	IP地址总数	可分配IP地址数	可分配IP地址范围
183.164.128.0/20	183.164.143.255	255.255.240.0	4096	4094	183.164.128.1~183.164.143.254
183.164.144.0/20	183.164.159.255	255.255.240.0	4096	4094	183.164.144.1~183.164.159.254
183.164.160.0/20	183.164.175.255	255.255.240.0	4096	4094	183.164.160.1~183.164.175.254
183.164.176.0/20	183.164.191.255	255.255.240.0	4096	4094	183.164.176.1~183.164.191.254
183.164.192.0/20	183.164.207.255	255.255.240.0	4096	4094	183.164.192.1~183.164.207.254
183.164.208.0/20	183.164.223.255	255.255.240.0	4096	4094	183.164.208.1~183.164.223.254
183.164.224.0/20	183.164.239.255	255.255.240.0	4096	4094	183.164.224.1~183.164.239.254
183.164.240.0/20	183.164.255.255	255.255.240.0	4096	4094	183.164.240.1~183.164.255.254

图 3 – 7　最终结果

2. 可变长子网划分

某公司申请了一个 C 类 IP 地址 202.60.31.0。该公司有 120 名员工在销售部，60 名在财务部，60 名在设计部。对这 3 个部门分别组建子网，则是采用划分为等大小子网方式还是划分为可变子网大小方式？说明理由，并列出各子网的可用 IP 地址范围、子网地址、广播地址和各子网掩码。

①以销售部为例，将主机号第一位为 0 的全部划分给销售部。

②将主机位全部置为 0，即 202.60.31.00000000，得到子网地址 202.60.31.0；将主机位全部置为 1，即 202.60.31.01111111，得到广播地址 202.60.31.127。

③将网络号 + 子网号全部置为 1，主机号全部置为 0，得到子网掩码 255.255.255.10000000 即 255.255.255.128。可分配 IP 地址范围就是子网地址 + 1、广播地址 – 1。二进制为 202.60.31.00000001 ~ 202.60.31.01111110，即 202.60.31.1 ~ 202.60.31.126。

④财务部和设计部同理即可得到答案，如图 3 – 8 所示。

部门	子网掩码	可分配地址范围	子网地址	广播地址
销售部	255.255.255.128	202.60.31.1~202.60.31.126	202.60.31.0	202.60.31.127
财务部	255.255.255.192	202.60.31.129~202.60.31.190	202.60.31.128	202.60.31.191
设计部	255.255.255.192	202.30.31.193~202.60.31.254	202.60.31.192	202.60.31.255

图 3 – 8　各部门地址

任务 3.3 IPv6 知识

【任务工单】

任务名称	IPv6 知识				
组别		成员		小组成绩	
学生姓名				个人成绩	
任务情境	网络工程不但要对 IPv4 进行了解及配置，还需要对 IPv6 进行了解及配置，请根据所学知识，对计算机进行 IPv6 配置				
任务目标	了解及配置 IPv6				
任务要求	按本任务后面列出的具体任务内容，完成 IPv6 的书写				
知识链接					
计划决策					
任务实施	1. 掌握 IPv6 知识 2. 掌握 IPv6 的书写				
检查	IPv6 是否配置正确				
实施总结					
小组评价					
任务点评					

【任务内容】

掌握 IPv6 的书写及配置。

【任务实施】

1. 预备知识

（1）IPv4 的局限性。

对于 IPv4 地址耗尽这个问题，大家都不觉得奇怪。因为网络最初是为美国军队而设计的，也许在那个时候，没有人会料到网络会发展得这么快。早在 20 世纪初期，IPv4 地址短缺的问题就已经出现了，为了解决这个问题，研究出了相应的解决方案——第六代网络协议 IPv6。

（2）IPv4 地址空间危机

在 IPv4 诞生之初，只有几百台计算机能联网工作，43 亿多个地址看起来完全可以在相当长的时期内满足互联网的需要；但事实上，网络中任意一个交换机的任意一个端口（每一个端口均连接至少一个用户客户端）都需要一个独立的 IP 地址，同时，互联网用户数量也一直呈几何级增长，因此，IPv4 网络严重缺乏。

（3）IPv4 安全性不够

在 IPv4 刚刚出现的时候，上网的人并不多，主要是从事科研工作的科研人员，同时，国家安全机构的介入，确保了 IPv4 应用的安全性。所以，在 IPv4 的设计之初，它并没有提供足够的安全保障，这也是它会被广泛应用的原因。IPv4 并未在网络层为保密信息的传输提供加密与验证机制，因此不能保证隐私信息的安全传输。此外，有效载荷数据的数字签名、密钥交换、实体身份认证、资源访问控制通常都是在应用层或传输层完成的。这明显有不足之处：在应用层进行加密的时候，尽管数据本身是加密的，但是携带它的数据仍然会泄露与之有关的进程和系统信息。在传输层加密相对可靠，但是为了支持安全套接层（Secure Socket Layer，SSL），实现起来也比较复杂。

（4）IPv6 的概述

20 世纪 80 年代，IETF（Internet Engineering Task Force，因特网工程任务组）发布 RFC791，即 IPv4 协议，标志 IPv4 正式标准化。在此后的几十年间，IPv4 协议成为最主流的协议之一。无数人在 IPv4 的基础上开发出了各种应用，并且对这个协议做了各种补充和增强，支撑起了今天繁荣的互联网。

然而，随着互联网的规模越来越大，以及 5G、物联网等新兴技术的发展，IPv4 面临的挑战越来越多。IPv6 取代 IPv4 势在必行。

IPv6 地址的长度为 128 bit。一般用冒号分割为 8 段，每一段 16 bit，每一段内用十六进制表示，如图 3-9 所示。

（5）IPv6 与 IPv4 的对比

①功能性对比，如图 3-10 所示。

IPv6地址中的字母大小写不敏感，例如A等同于a。

图 3-9　IPv6 地址的表示

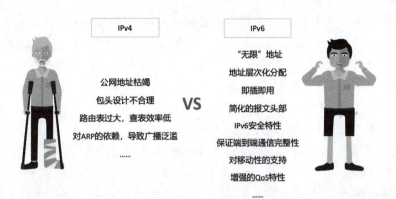

图 3-10　IPv6 与 IPv4 的功能性对比

②包头对比，如图 3-11 所示。

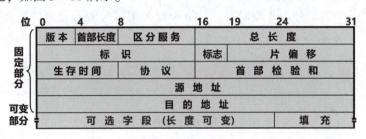

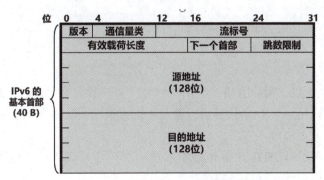

图 3-11　IPv6 与 IPv4 的包头对比

IPv6 包头由一个 IPv6 基本包头（必须存在）和多个扩展包头（可能不存在）组成。基本包头提供报文转发的基本信息，会被转发路径上的所有设备解析。

IPv6 基本包头字段解释如下：

版本：长度为 4 bit。对于 IPv6，该值为 6。

通信量类：长度为 8 bit。等同于 IPv4 中的 ToS 字段，表示 IPv6 数据包的类或优先级，主要应用于 QoS。

流标号：长度为 20 bit。IPv6 中的新增字段，用于区分实时流量，不同的流标签 + 源地址可以唯一确定一条数据流，中间网络设备可以根据这些信息更加高效率地区分数据流。

有效载荷长度：长度为 16 bit。有效载荷是指紧跟 IPv6 包头的数据包的其他部分（即扩展包头和上层协议数据单元）。

下一个首部：长度为 8 bit。该字段定义紧跟在 IPv6 包头后面的第一个扩展包头（如果存在）的类型，或者上层协议数据单元中的协议类型（类似于 IPv4 的 Protocol 字段）。

跳数限制：长度为 8 bit。该字段类似于 IPv4 中的 Time to Live 字段，它定义了 IP 数据包所能经过的最大跳数。每经过一个路由器，该数值减去 1，当该字段的值为 0 时，数据包将被丢弃。

源地址：长度为 128 bit。表示发送方的地址。

目的地址：长度为 128 bit。表示接收方的地址。

2. IPv6 基本配置

1）IPv6 的格式

IPv6 地址表示如下：

××××：××××：××××：××××：××××：××××：××××：××××

可以看出，整个地址分为 8 段来表示，每段之间用冒号隔开，每段长度为 16 位，每段有 4 个 ×。其中，× 使用 4 bit 表示，一个 × 就表示一个数字或字母，一个完整的地址共 128 bit。××××的取值范围为 0000 ~ FFFF。

2）IPv6 的表示方法

（1）一般表示法

用冒号分隔为 8 段，每段的 16 位可用十六进制表示法表示为 4 字节。

例如：

ACDE：FE01：3254：7698：AEDC：2345：5687：EF01

7000：0000：0000：0000：0231：5647：98BA：DCFE

（2）简化表示法

连续全为零的地址段，可以省略，只用双冒号“::”紧接其后表示，或者每一个字段都简写为一个零并用单冒号“:”紧接其后。若每 4 位的第一个数字为 0，则可以省略掉 0，后面的数字不变。

注意：双冒号“::”只能在 IPv6 地址中出现一次，并且双冒号的位置可以出现在地址的前端或者尾部。

例如，7000：0000：0000：0000：0231：5647：98BA：DCFE，可表示为 7000：0：0：0：231：5647：98BA：DCFE，或 7000::231：5647：98BA：DCFE。

（3）掺杂 IPv4 的混合表示法

表示样式：

x：x：x：x：x：x：d. d. d. d

其中，“x”代表十六进制高位地址的 16 位段；“d”代表十进制低位 8 位段（标准的 IPv4 表示）。

例如：

0:0:0:0:0:FFFF:129.144.52.38

可以写成：

::FFFF:129.144.52.38

3）IPv6 地址分类

根据 IPv6 地址前缀，可将 IPv6 地址分为单播地址、组播地址和任播地址，如图 3 – 12 所示。

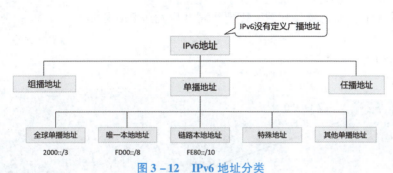

图 3 – 12　IPv6 地址分类

4）IPv6 基础配置命令

（1）使能 IPv6

```
[Huawei]IPv6
```

使能设备转发 IPv6 单播报文，包括本地 IPv6 报文的发送与接收。

```
Huawei – GigabitEthernet0/0/0]IPv6 enable
```

（2）在接口视图下，在接口上使能该接口的 IPv6 功能

配置接口的链路本地地址：

```
Huawei – GigabitEthernet0/0/01 IPv6 address IPv6 – address link – locaHuawei –
GigabitEthernet0/0/0]IPv6 address auto link – loca
```

在接口视图下，通过手工或者自动的方式配置接口的链路本地地址。

配置接口的全球单播地址：

```
[Huawei – GigabitEthernet0/0/0]IPv6 address(IPv6 – address prefix – length IPv6 –
address/prefix – length)
[Huawei – GigabitEthernet0/0/0]IPv6 address auto[global]dhcp
```

在接口视图下，通过手工或者自动（有状态或无状态）方式配置接口的全球单播地址。

（3）配置 IPv6 静态路由

```
[nexthop – IPv6 – address i preference preference]
Huaweil IPv6 route – static dest – jpv6 – address prefix – lenath interface – type
interface – number nexthop – IPv6 – address
```

（4）查看接口的 IPv6 信息

```
[Huawei]display IPv6 interface[ interface – type interface – number brief]
```

（5）查看邻居表项信息

```
[Huawei]display IPv6 neighbors
```

（6）使能系统发布 RA 报文功能

```
[Huawei - GigabitEthernet0 /0 /0]undo IPv6 nd ra halt
```

默认情况下，华为路由器接口不发送 ICMPv6 RA 报文，该接口所有链路上的其他设备无法进行无状态地址自动配置。

若想进行 IPv6 无状态地址配置，需要手工开启发送 RA 报文。

3. 任务拓展

IPv6 网络如图 3 – 13 所示。

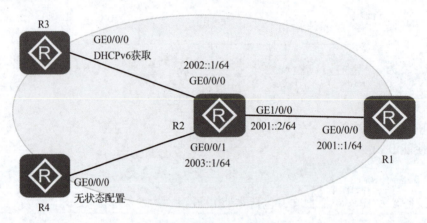

图 3 – 13　IPv6 网络

配置需求：

R1 和 R2 之间使用静态 IPv6 地址互连。

R2 作为 DHCPv6 服务器给 R3 的 GE0/0/0 分配全球单播地址。

R4 的 GE0/0/0 接口通过 R2 的 RA 进行无状态地址自动配置。

配置静态路由，实现各设备之间互访。

1）在 R1、R2、R3、R4 全局和相关接口使能 IPv6 功能，同时自动生成链路本地地址（以 R1 配置为例）

```
[R1]IPv6
[R1]interface GigabitEthernet 0 /0 /0
[R1 - GigabitEthernet0 /0 /0]IPv6 enable
[R1 - GigabitEthernet0 /0 /0]IPv6 address auto link - local
```

2）在 R1、R2 相应接口配置静态 IPv6 全球单播地址

```
[R1]interface GigabitEthernet 0 /0 /0
[R1 - GigabitEthernet0 /0 /0]IPv6 address 2001::1 64
[R2]interface GigabitEthernet 1 /0 /0
[R2 - GigabitEthernet1 /0 /0]IPv6 address 2001::2 64
[R2 - GigabitEthernet1 /0 /0]interface GigabitEthernet 0 /0 /0
```

```
[R2-GigabitEthernet0/0/0]IPv6 address 2002::1 64
[R2-GigabitEthernet0/0/0]interface GigabitEthernet 0/0/1
[R2-GigabitEthernet0/0/1]IPv6 address 2003::1 64
```

3）在 R2 上配置 DHCPv6 服务器功能，R3 接口通过 DHCPv6 方式获取全球单播地址

```
[R2]dhcp enable
[R2]dhcpv6 pool pool1
[R2-dhcpv6-pool-pool1]address prefix 2002::/64
[R2]interface GigabitEthernet 0/0/0
[R2-GigabitEthernet0/0/0]dhcpv6 server pool1
[R3]dhcp enable
[R3]interface GigabitEthernet 0/0/0
[R3-GigabitEthernet0/0/0]IPv6 address auto dhcp
```

4）在 R2 上发布 RA 报文，R4 通过无状态地址配置的方式获取地址

```
[R2]interface GigabitEthernet 0/0/1
[R2-GigabitEthernet0/0/1]undo IPv6 nd ra halt
[R4]interface GigabitEthernet 0/0/0
[R4-GigabitEthernet0/0/0]IPv6 address auto global
```

5）在 R4 上配置静态路由

```
[R4]IPv6 route-static 2001::64 2003::1
[R4]IPv6 route-static 2002::64 2003::1
```

6）在 R1 上配置聚合后的静态路由

```
[R1]IPv6 route-static 2002::15 2001::2
```

7）在 R3 上配置默认路由

```
[R3]IPv6 route-static::0 2002::1
```

【知识考核】

一、填空题

1. 在网络地址划分中，除去网络地址与＿＿＿＿＿＿地址之外的 IP 地址都是主机可以使用的 IP 地址。

2. CIDR 地址的一个重要的特点是：地址聚合和＿＿＿＿＿＿的能力。

3. 根据网络总体设计中物理拓扑设计的参数，确定以下两个主要数据：网络中最多可能有的子网数量、网络中最大网段已有的和可能扩展＿＿＿＿＿＿的数量。

4. 标准分类的 A 类、B 类与 C 类 IP 地址采用网络号－＿＿＿＿＿＿的两级结构。

二、选择题

1. 下面是有效的 IP 地址的是（　　　）。

A. 202.280.130.45　　　　　　　B. 130.192.290.45

C. 192.202.130.45　　　　　　　D. 280.192.33.45

2. 以下 IP 地址中，属于 B 类地址的是（　　　）。

A. 112. 213. 12. 23   B. 210. 123. 23. 12

C. 23. 123. 213. 23   D. 156. 123. 32. 12

3. 因特网中最基本的 IP 地址分为 A、B、C 三类，其中，C 类地址的网络地址占（   ）字节。

A. 4   B. 1

C. 2   D. 3

4. 下面四项中，合法的 IP 地址是 （   ）。

A. 190. 110. 5. 311   B. 123，43，81，227

C. 203. 45. 3. 21   D. 94. 3. 2

5. 以下 IP 地址中，不属于 B 类地址的是 （   ）。

A. 150. 66. 80. 8   B. 190. 55. 7. 5

C. 126. 110. 2. 6   D. 160. 33. 88. 55

三、判断题

1. IPv4 地址分为 A、B、C、D、E 五类。   （   ）

2. 192. 168. 200. 10 是一个 C 类地址。   （   ）

3. 回环测试地址 172. 16. 0. 0。   （   ）

4. B 类私网地址范围是 172. 16. 0. 0 ~ 172. 31. 255. 255。   （   ）

四、简答题

1. 简述 IPv4 的类型以及范围。

2. 简述 IPv6 的优势。

3. 简述 IPv6 的书写方法。

项目 **4**

网络基础设备操作

【项目导读】

网络设备是用来将各类服务器、PC、应用终端等节点相互连接，构成信息通信网络的专用硬件设备。其包括信息网络设备、通信网络设备、网络安全设备等。常见网络设备有交换机、路由器、防火墙、网桥、集线器、网关、VPN 服务器、网络接口卡（NIC）、无线接入点（WAP）、调制解调器、5G 基站、光端机、光纤收发器、光缆等。网络设备如同人们身体各个部位的器官，各个器官健康正常，身体才会通气活血，网络也是这样，不论是局域网、城域网还是广域网，物理上都是由网络设备组成。

那么，如果网络设备出现了故障，应该怎么处理？如果需要进行组网，如何对设备进行操作？网络设备的工作原理是什么？如何保护网络设备？如何对网络设备进行管理？本项目介绍网络设备的知识，通过所学知识来解决相关网络问题。

【项目目标】

➢ 以太网的工作原理。
➢ 交换机与路由器的工作原理。
➢ 常见的传输线缆和网络接口。
➢ 路由器和交换机的基本操作。

【项目地图】

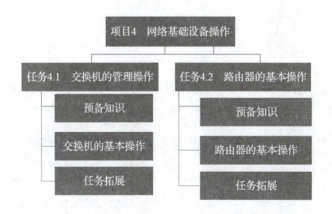

【小课堂】

华为历史上第一台数字交换机，从山穷水尽到柳暗花明

1993 年年初，郑宝用带领团队研发出了第一台模拟空分技术的交换机，但是很快就被更加先进的数字交换机边缘化了。华为又一次濒临倒闭。

怎么办？是坐以待毙，还是奋勇向前，杀出重围呢？任正非面对人生十字路口，进行深刻反省：JK1000 交换机之所以没能取得理想的成绩，就是因为年轻的华为低估了竞争对手的实力，没有把握好电信科技的发展脉搏，才会变得如此被动。

任正非决定进军数字程控交换机领域。如果说从普通民用交换机的制造升级为局用程控交换机的研发，是任正非为了扩大战果而实现的创业飞跃，那么，从空分模拟技术跳跃至数字化技术，则是他在"与时俱进"观念的促动下，极力让华为摆脱被淘汰命运的必行之举。

对于当时硬件设施和软件技术都处于低端水平的华为而言，研发数字交换机谈何容易！在华为主将郑宝用、毛生江的带领下，年轻的华为团队，又一次啃起了这个全新领域的硬骨头。频繁的死机现象、万用表测量误差过大等问题，使研发过程举步维艰。

屋漏偏逢连夜雨，此时的华为又陷入了财务危机，只出不进。员工工资无法保证，员工纷纷跳槽，人才大量外流。甚至连公司的空调外机都被小偷偷走了。

任正非咬牙坚持，幸好郑宝用、毛生江没走。他们卧薪尝胆，夜以继日，充分发挥了华为人吃苦耐劳、敢打硬仗的精神品质，终于在 1993 年下半年将一台崭新的 CC08 数字程控交换机摆在了任正非面前。

CC08 数字程控交换机的面世，标志着国产通信技术已经具备了跻身世界先进水平之列的资本。任正非和华为完成了他们事业征程中的第一次涅槃。

任务4.1 交换机的管理操作

【任务工单】

任务名称	交换机的管理操作				
组别		成员		小组成绩	
学生姓名				个人成绩	
任务情境	某公司机房有一台交换机出现了故障，领导让你把该设备换下来，并且安装一台新的交换机，再将基本的 telnet 脚本配置上去，以方便后续远程配置				
任务目标	了解以太网的基本概念、交换机的基本工作原理、网络传输介质、交换机的远程配置				
任务要求	按本任务后面列出的具体任务内容，完成对交换机的配置				
知识链接					

任务名称	交换机的管理操作				
组别		成员		小组成绩	
学生姓名				个人成绩	
计划决策					
任务实施	1. 以太网的基本概念 2. 交换机工作原理 3. 网络传输介质 4. 交换机远程配置				
检查	1. 交换机的工作原理；2. 网络传输介质的性能；3. 交换机的基础配置；4. 交换机远程配置				
实施总结					
小组评价					
任务点评					

【前导知识】

一个名叫 Bob Metcalfe 的学生获得麻省理工学院的学士学位后，到哈佛大学攻读博士学位。在他学习期间，他接触到了 Abramson 的工作，他对此很感兴趣。从哈佛毕业之后，他在前往施乐帕洛阿尔托研究中心正式工作之前留在夏威夷度假，在夏威夷度假期间，他并没有直接帮助 Abramson 工作，但这段经历可能为他提供了思考和设计以太网的时间和空间。当他到帕洛阿尔托研究中心后，他看到那里的研究人员已经设计并建造出后来被称为个人计算机的机器，但这些机器都是孤零零的；他便运用帮助 Abramson 工作时获得的知识与同事 David Boggs 设计并实现了第一个局域网。该局域网采用一个长的粗同轴电缆，以 3 Mb/s 速率运行。

学习通扫描
二维码可直接
学习本任务

这个系统便是以太网。

【任务内容】

1. 以太网的基本概念。
2. 交换机的工作原理。
3. 网络传输介质。
4. 交换机的基础配置。
5. 交换机的远程配置。

【任务实施】

1. 以太网的基本概念

以太网是现实世界中最常见的一种计算机网络。

1）以太网分类

以太网的标准拓扑结构为总线型拓扑，但快速以太网（100BASE－T、1000BASE－T 标准）为了减少冲突，将能提高的网络速度和使用效率最大化，使用交换机来进行网络连接和组织。如此一来，以太网的拓扑结构就成了星型；但在逻辑上，以太网仍然使用总线型。

以太网实现了网络上无线电系统多个节点发送信息的想法，每个节点必须获取电缆或者信道才能传送信息，有时也叫作以太（Ether）（这个名字来源于 19 世纪的物理学家假设的电磁辐射媒体——光以太，后来的研究证明光以太不存在）。每一个节点有全球唯一的 48 位地址，也就是制造商分配给网卡的 MAC 地址，以保证以太网上所有节点能互相鉴别。由于以太网十分普遍，许多制造商把以太网卡直接集成进计算机主板。

2）MAC 地址

MAC 地址是在 IEEE 802 标准中定义并规范的，MAC 地址由 48 位二进制数组成。

MAC 地址通常分成 6 段，用十六进制表示，如 00E0－FCA1－562B、28－7F－CF－BC－B8－03。

MAC 地址组成如图 4－1 所示。

3）CSMA/CD 算法

介质访问控制，就是控制网上各工作站在什么情况下才可以发送数据，在发送数据过程中，如何发现问题以及出现问题后如何处理等管理方法。

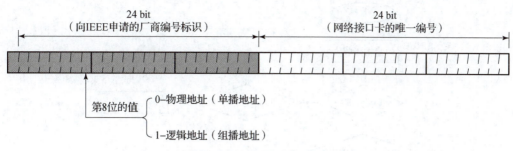

图 4 – 1　MAC 地址组成

介质访问控制技术是局域网最关键的一项基本技术，对局域网的体系结构和总体性能产生决定性的影响。经过多年研究，人们提出了许多种介质访问控制方法，但目前被普遍采用并形成国际标准的方法只有 3 种，CSMA/CD 就是其中最重要一种。

IEEE 802.3 标准规定了 CSMA/CD 访问方法和物理层技术规范，采用 IEEE 802.3 标准协议的典型局域网是以太网。CSMA/CD 是以太网的核心技术。

CSMA/CD 发送过程如图 4 – 2 所示。

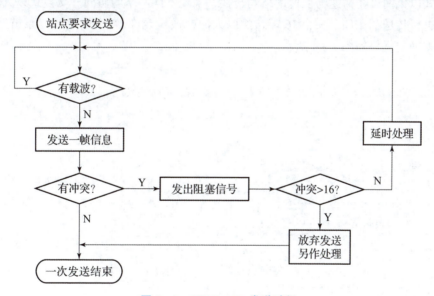

图 4 – 2　CSMA/CD 发送过程

CSMA/CD 接收过程如图 4 – 3 所示。

2. 交换机的工作原理

1）交换机概述

交换机是一种用于电（光）信号转发的网络设备。它可以为接入交换机的任意两个网络节点提供独享的电信号通路。最常见的交换机是以太网交换机。交换机工作于 OSI 参考模型的第二层，即数据链路层。交换机拥有一条高带宽的背部总线和内部交换矩阵，在同一时刻可进行多个端口对之间的数据传输。交换机的传输模式有全双工、半双工、全双工/半双工自适应。

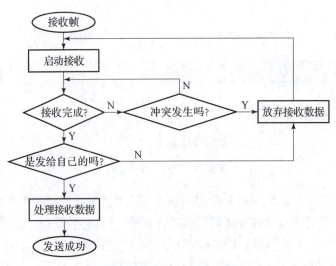

图 4 – 3　CSMA/CD 接收过程

2）优势

交换式以太网可在高速与低速网络间转换，实现不同网络的协同。交换式以太网允许不同用户间进行传送，比如，一个 16 端口的以太网交换机允许 16 个站点在 8 条链路间通信。交换式以太网的优势如图 4 – 4 所示。

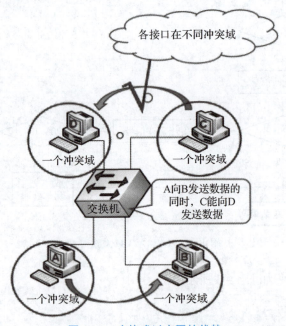

图 4 – 4　交换式以太网的优势

提示：共享同一物理链路的所有节点产生冲突的范围叫冲突域。由收到同一个广播消息的节点组成的范围叫作广播域。

3）交换机工作原理

交换机内部有一个地址表，这个地址表表明了 MAC 地址和交换机端口的对应关系。当交换机从某个端口收到数据包时，首先读取包头中的源 MAC 地址，这样它就指导具有源 MAC 地址的机器连在哪个端口上，然后读取包头中的目的 MAC 地址，并在地址表中查找相应的端口。如果表中有与该目的 MAC 地址对应的端口，则把数据包直接复制到该端口上。如果在表中找不到相应的端口，则把数据包广播到所有端口上。当目的机器对源机器回应时，交换机又可以学习目的 MAC 地址与哪个端口对应，在下次传送数据时，就不再需要对所有端口进行广播了。MAC 地址的学习过程如图 4–5 所示。

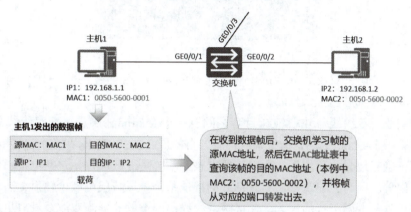

图 4–5　MAC 地址的学习过程

3. 网络传输介质

1）网络传输介质的概念

网络传输介质是指在网络中传输信息的载体。

2）网络传输介质分类

（1）无线传输介质

无线局域网也需要传输介质，不过它使用的传输介质不是双绞线或者光纤，而是无线信道，如红外线或无线电波。

（2）有线传输介质

有线传输介质是指在两个通信设备之间实现的物理连接部分，它能将信号从一方传输到另一方，有线传输介质主要有双绞线（五类、六类）、同轴电缆（粗、细）和光纤（单模、多模）。双绞线和同轴电缆传输电信号，光纤传输光信号。

同轴电缆（Coaxial Cable）是一种电线及信号传输线，一般有四层物料：最里层是一条导电铜线，线的外面有一层塑胶（作绝缘体、电介质之用）围拢，绝缘体外面有一层薄的网状导电体（一般为铜或合金），最外层的绝缘物料作为外皮。

应用场景：同轴电缆可用于模拟信号和数字信号的传输，适用于各种各样的应用，其中比较重要的是有线电视传播、长途电话传输、计算机系统之间的短距离连接以及局域网等。同轴电缆作为将电视信号传播到千家万户的一种技术，发展迅速，这就是有线电视。一个有线电视系统可以负载几十个甚至上百个电视频道，其传播距离可以达到几十千米。长期以来，同轴电缆都是长途电话网的重要组成部分。今天，它面临着来自光纤、地面微波和卫星的日益激烈的竞争。同轴电缆如图 4–6 所示。

图 4 – 6   同轴电缆

根据有无屏蔽层，双绞线分为屏蔽双绞线（Shielded Twisted Pair，STP）与非屏蔽双绞线（Unshielded Twisted Pair，UTP）。

屏蔽双绞线在双绞线与外层绝缘封套之间有一个金属屏蔽层。屏蔽双绞线分为 STP 和 FTP（Foil Twisted – Pair）。STP 指每条线都有各自的屏蔽层；FTP 只在整个电缆有屏蔽装置，并且两端都正确接地时才起作用，所以，要求整个系统是屏蔽器件，包括电缆、信息点、水晶头和配线架等，同时，建筑物需要有良好的接地系统。屏蔽层可减少辐射，防止信息被窃听，也可阻止外部电磁干扰的进入，使屏蔽双绞线比同类的非屏蔽双绞线具有更高的传输速率。但是在实际施工时，很难全部完美接地，从而使屏蔽层本身成为最大的干扰源，导致性能甚至远不如非屏蔽双绞线。所以，除非有特殊需要，通常在综合布线系统中只采用非屏蔽双绞线。

非屏蔽双绞线是一种数据传输线，由 4 对不同颜色的传输线组成，广泛用于以太网路和电话线中。非屏蔽双绞线电缆具有以下优点：①无屏蔽外套，直径小，节省所占用的空间，成本低；②质量小，易弯曲，易安装；③将串扰减至最小或加以消除；④具有阻燃性；⑤具有独立性和灵活性，适用于结构化综合布线。因此，在综合布线系统中，非屏蔽双绞线得到广泛应用。双绞线如图 4 – 7 所示。

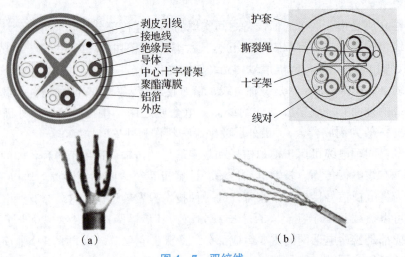

（a）   （b）

图 4 – 7   双绞线

（a）屏蔽双绞线（STP）；（b）非屏蔽双绞线（UTP）

提示：双绞线（T568A）交叉线线序：绿白、绿、橙白、蓝、蓝白、橙、棕白、棕。双绞线（T568B）直连线线序：橙白、橙、绿白、蓝、蓝白、绿、棕白、棕。

光纤是光导纤维的简写，是一种由玻璃或塑料制成的纤维，可作为光传导工具。传输原理是"光的全反射"。

单模光纤：中心玻璃芯很细（芯径一般为 9 μm 或 10 μm），只存在一种传输模式的光纤。单模光纤的传输损耗、传输色散都比较小。传输损耗小，可以使信号在光纤中传输得更远一些；传输色散小，有利于高速大容量的数据的传输。因此，在通信系统中，特别是大容量的通信系统中，多数使用单模光纤。单模光纤如图4-8所示。

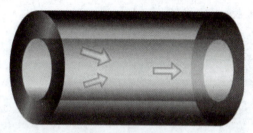

图4-8 单模光纤

多模光纤：在给定的工作波长上传输多种模式的光纤。按其折射率的分布，分为突变型和渐变型。普通多模光纤的数值孔径为 0.2 ± 0.02，芯径、外径分别为 50 μm、125 μm，其传输参数为带宽和损耗。由于多模光纤中传输的模式多达数百个，各个模式的传播常数和群速率不同，使光纤的带宽窄，色散大，损耗也大，只适用于中短距离和小容量的光纤通信系统。多模光纤如图4-9所示。

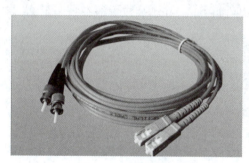

图4-9 多模光纤

4. 交换机基础配置

1）交换机连接方式

本地连接：计算机的 COM 口或者 USB 口利用 Console 线来连接交换机 Console 口，从而实现了计算机与交换机的本地连接。

远程连接：计算机可以利用 SecureCRT、Xshell 等远程管理工具来远程连接交换机。

2）华为的视图模式

```
<Huawei> //用户视图:查看运行状态或其他参数
<Huawei> //系统视图:配置设备的系统参数
[Huawei-GigabitEthernet0/0/1] //接口视图:配置接口
```

3）切换不同的视图

```
<Huawei>system-view //进入系统视图
[Huawei]
[Huawei]interface GigabitEthernet 0/0/1 //进入千兆接口 G0/0/1
[Huawei-GigabitEthernet0/0/1]
```

4）视图回退操作

```
quit //返回前一个视图(逐级返回)
return = Ctrl+Z //直接返回到用户视图
```

5）关闭华为信息中心提示

```
[Huawei]undo info-center enable
<Huawei>undo terminal monitor
```

6）配置双工及速率命令

```
<Huawei>sys
[Huawei]int g0/0/1
[Huawei-Etherneto/0/1]undo negotiation auto ###关闭自动协商
[Huawei-Etherneto/0/1]speed 100 ###调至速率 100M
[Huawei-Ethernet0/0/1]duplex full ###调至全双工模式
```

full：Full-Duplex（全双工模式）；half：Half-Duplex（半双工模式）。

7）Tab 键自动补全

当输入的命令前几个字母唯一标识一个命令时，Tab 键会自动补齐该命令，在输入的命令字母后面紧跟着?，则会把以该字母开头的所有命令显示出来。

```
<Huawei>sys //按 Tab 键,自动补齐
<Huawei>system-view //按 Ctrl+Z 键,返回到用户模式
<Huawei>sy? //? 获取帮助
System-view
<Huawei>sy //按回车键
Enter system view,return user view with Ctrl+Z.
[Huawei]QUIT //大写
<Huawei>
```

8）命令基本操作

```
[Huawei]sysname SW1 //改名为 SW1
[SW1]
[SW1]quit    //退出系统模式
<Sw1>save  //保存配置
```

提示：华为大多数查询类的命令在任意一个视图下都能完成，用户视图下可以，系统视图下也可以。

5. 交换机远程配置

远程登录又称为 telnet，使用 TCP（传输控制协议）的 23 端口。

```
<Huawei>system-view #进入系统视图
[Huawei]
[Huawei]telnet server enable #使能设备的远程登录(不能缺少此命令)
[Huawei]user-interface vty 0 4 #进入VTY控制台,0、4代表最多可以同时登录5个用户
[Huawei-ui-vty0-4]authentication-mode password #设置认证方式为密码认证
[Huawei-ui-vty0-4]
[Huawei-ui-vty0-4]set authentication password cipher(表示通过密文加密)/simple
(表示通过明文加密)
```

通过密文加密的形式:

```
[Huawei-ui-vty0-4]set authentication password cipher huawei  #配置密文,密码
为huawei
[Huawei-ui-vty0-4]dis this  #查看当前视图的配置
user-interface con 0
user-interface vty 0 4
 set authentication password cipher(输入密码)  #不能通过命令行查看密码
```

通过明文加密的形式:

```
[Huawei-ui-vty0-4]set authentication password simple huawei  #明文加密方式,密
码为huawei
[Huawei-ui-vty0-4]display this  #查看当前视图的配置
user-interface con 0
user-interface vty 0 4
set authentication password simple huawei  #密码为明文的huawei return
```

设置认证方式为不认证:

```
<Huawei>system-view    #进入系统视图
[Huawei]
[Huawei]user-interface vty 0 4
[Huawei-ui-vty0-4]authentication-mode none    #设置认证方式为不认证
```

输入telnet 127.0.0.1,即可测试本机的远程登录是否配置成功:

```
<Huawei>telnet 127.0.0.1
```

按下Enter键以后:

```
<Huawei>telnet 127.0.0.1
Trying 127.0.0.1...
Press CTRL+K to abort
Connected to 127.0.0.1...
Info:The max number of VTY users is 5,and the number
     of current VTY users on line is 1.
     The current login time is 2021-12-18 21:14:15.
<Huawei>#此次视图为远程登录到设备的视图,输入quit退出至原设备
```

注意:需要设置远程登录用户的优先级,否则,会出现报错信息,例如:

```
<Huawei>sys           ^
Error:Unrecognized command found at '^' position.
```

此时，需要到退出至设备中进行优先级别设置。

```
<Huawei>q      #先退出至原设备
Info:The max number of VTY users is 5,and the number of current VTY users on line is 0.
Info:The connection was closed by the remote host.
<Huawei>
<Huawei>sys
Enter system view,return user view with Ctrl+Z.      #此时可以正常进入系统视图
[Huawei]user-interface vty 0 4      #需要进入远程登录控制台中设置
[Huawei-ui-vty0-4]user privilege level 15 #设置优先级为最高15,范围为0~15
[Huawei-ui-vty0-4]protocol inbound telnet #在ensp中可以省略此命令,在真实环境需
要输入,即登录的协议为telnet
```

任务4.2 路由器的基本操作

【任务工单】

任务名称	路由器的基本操作				
组别		成员		小组成绩	
学生姓名				个人成绩	
任务情境	在一个典型的数据通信网络中，往往存在多个不同的 IP 网段，数据在不同的 IP 网段之间是借助三层设备交互的，这些设备具备路由能力，能够实现数据的跨网段转发				
任务目标	认识路由器，掌握路由器的工作原理、路由器的来源、路由器的基本配置				
任务要求	按本任务后面列出的具体任务内容，完成对路由器的基本配置				
知识链接					
计划决策					
任务实施	1. 路由器概述				

续表

任务名称	路由器的基本操作			
组别		成员	小组成绩	
学生姓名			个人成绩	
任务实施	2. 路由器工作原理 3. 路由器的来源 4. 路由器的基本配置			
检查	1. 路由器工作原理；2. 路由器的基本配置			
实施总结				
小组评价				
任务点评				

【前导知识】

　　路由器为华为面向运营商数据通信网络的高端路由器产品，覆盖骨干网、城域网的 P/PE 位置，帮助运营商应对网络带宽快速增长的压力。其支持 RIP、OSPF、BGP、IS‒IS 等单播路由协议和 IGMP、PIM、MBGP、MSDP 等多播路由协议，支持路由策略及策略路由。

学习通扫描
二维码可直接
学习本任务

【任务内容】

　　1. 路由器的概述。

　　2. 路由器的工作原理。

　　3. 路由条目的来源。

　　4. 路由器的基本配置。

【任务实施】

1. 路由器的概述

IP 地址唯一标识了网络中的一个节点，每个 IP 地址都拥有自己的网段，各个网段可能分布在网络的不同区域。为了实现 IP 寻址，分布在不同区域的网段之间要能够相互通信，实现此功能的就是路由器。

1）路由

路由是指导报文转发的路径信息，通过路由可以确认转发 IP 报文的路径。

路由设备是依据路由转发报文到目的网段的网络设备，最常见的路由设备为路由器。

路由设备维护着一张路由表，保存着路由信息。

依据路由转发，如图 4 – 10 所示。

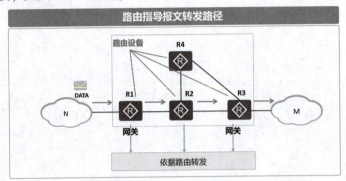

图 4 – 10　依据路由转发

2）路由信息的介绍

路由中包含以下信息。目的网络：标识目的网段。掩码：与目的地址共同标识一个网段。出接口：数据包被路由后离开本路由器的接口。下一跳：路由器转发到目的网段的数据包所使用的下一跳地址。

这些信息标识了目的网段，明确了转发 IP 报文的路径，如图 4 – 11 所示。

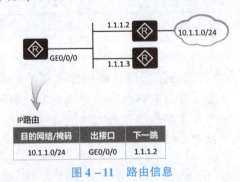

图 4 – 11　路由信息

3）路由表

路由器通过各种方式发现路由。路由器选择最优的路由条目放入路由表中，路由表指导设备对 IP 报文的转发，路由器通过对路由表的管理实现对路径信息的管理。路由表如图 4 – 12 所示。

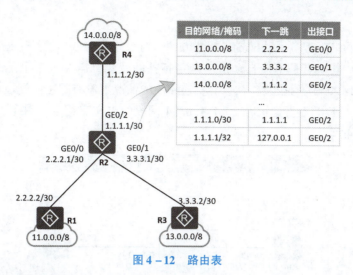

图 4-12　路由表

2. 路由器的工作原理

路由器收到数据包时，会检查其目的 IP 地址；接着在路由表中查找通往目的网络的最佳路径，根据查找结果进行不同处理，如果找到目的网络，就从指示的下一跳 IP 地址或出接口将数据包转发出去，如果没有目的网络但有默认路由，就从默认路由指示的下一跳 IP 地址或出接口将数据包转发出去，否则，路由器将数据包丢弃。

3. 路由的来源

路由器依据路由表进行路由转发。为实现路由转发，路由器需要发现路由，路由主要有三种：直连路由、静态路由、动态路由。

1）直连路由

直连路由是指在一个网络设备（如路由器或交换机）上直接连接的网络段或接口所对应的路由。这种路由是设备自动发现并生成的，无须管理员手动配置。当路由器为路由转发的最后一跳路由器时，IP 报文匹配直连路由，路由器转发 IP 报文到目的主机。使用直连路由进行路由转发时，报文的目的 IP 和路由器接口 IP 在一个网段之中。直连路由如图 4-13 所示。

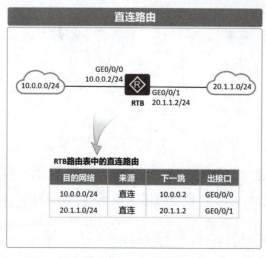

图 4-13　直连路由

2）静态路由

静态路由由网络管理员手动配置，配置方便，对系统要求低，适用于拓扑结构简单并且稳定的小型网络。其缺点是不能自动适应网络拓扑的变化，需要人工干预。RTA 上转发目的地址属于 20.1.1.0/24 的报文，在只有直连路由的情况下没有路由匹配。此时可以通过手动配置静态路由，使 RTA 发送前往 20.1.1.0/24 网段的报文交给下一跳 10.0.0.2 转发。静态路由如图 4 – 14 所示。

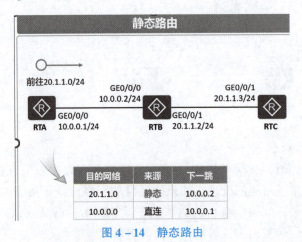

图 4 – 14　静态路由

3）动态路由

动态路由协议能够自动发现和生成路由，并在拓扑变化时及时更新路由，可以有效减少管理人员工作量，更适用于大规模网络。动态路由如图 4 – 15 所示。

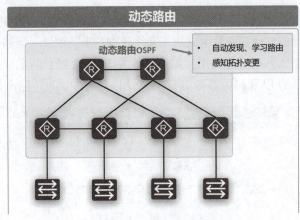

图 4 – 15　动态路由

4）路由表

路由表如图 4 – 16 所示。

Destination/Mask：表示此路由的目的网络地址与网络掩码。将目的地址和子网掩码"逻辑与"后，可得到目的主机或路由器所在网段的地址。例如，目的地址为 1.1.1.1，掩码为 255.255.255.0 的主机或路由器所在网段的地址为 1.1.1.0。

Proto（Protocol）：该路由的协议类型，也即路由器是通过什么协议获知该路由的。

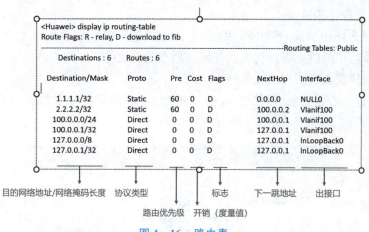

图 4 – 16 路由表

Pre（Preference）：表示此路由的路由协议优先级。针对同一目的地，可能存在不同下一跳、出接口等多条路由，这些不同的路由可能是由不同的路由协议发现的，也可以是手工配置的静态路由。优先级最高（数值最小）者将成为当前的最优路由。

Cost：路由开销。当到达同一目的地的多条路由具有相同的路由优先级时，路由开销最小的将成为当前的最优路由。

NextHop：对于本路由器而言，到达该路由指向的目的网络的下一跳地址。该字段指明了数据转发的下一个设备。

Interface：表示此路由的出接口。指明数据将从本路由器的哪个接口转发出去。

5）路由选择的概述

当路由器从多种不同的途径获知到达同一个目的网段的路由（这些路由的目的网络地址及网络掩码均相同）时，路由器会比较这些路由的优先级，优选优先级值最小的路由。

路由来源的优先级值（Preference）越小，代表加入路由表的优先级越高。

拥有最高优先级的路由将被添加进路由表。路由优先级比较如图 4 – 17 所示。

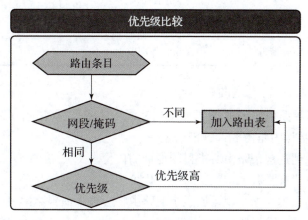

图 4 – 17 优先级比较

6）路由优先级比较过程

RTA 通过动态路由协议 OSPF 和手动配置的方式都发现了到达 10.0.0.0/30 的路由，此时会比较这两条路由的优先级，优选优先级值最小的路由。

每一种路由协议都有相应的优先级。

OSPF 拥有更优的优先级，因此，通过 OSPF 学习到的路由被添加到路由表中。过程如图 4-18 所示。

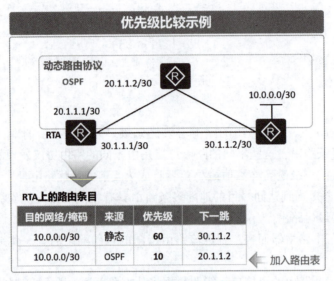

图 4-18　优先级比较过程

路由优先级常见默认值见表 4-1。

表 4-1　路由优先级常见默认值

路由来源	路由类型	默认优先级
直连路由	直连路由	0
静态路由	静态路由	60
动态路由	OSPF 内部路由	10
	OSPF 外部路由	150

7）度量值

当路由器通过某种路由协议发现了多条到达同一个目的网络的路由时（拥有相同的路由优先级），度量值将作为路由优选的依据之一。

路由度量值表示到达这条路由所指目的地址的代价。

一些常用的度量值有跳数、带宽、时延、代价、负载、可靠性等。

度量值数值越小者越优先，度量值最小的路由将会被添加到路由表中。

度量值很多时候被称为开销（Cost）。

度量值比较如图 4-19 所示。

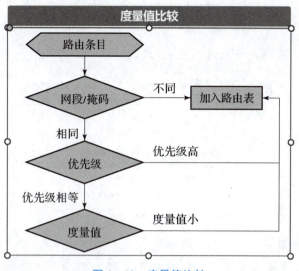

图 4 - 19　度量值比较

度量值的比较过程如图 4 - 20 所示。

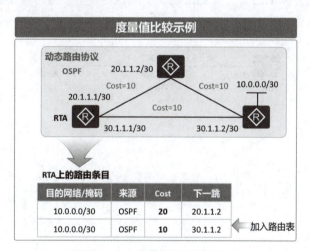

图 4 - 20　度量值的比较过程

4. 路由器的配置和应用

1）路由器的基本配置

2）静态路由应用场景

静态路由由网络管理员手动配置，配置方便，对系统要求低，适用于拓扑结构简单并且稳定的小型网络。

其缺点是不能自动适应网络拓扑的变化，需要人工干预。

RTA 上转发目的地址属于 20.1.1.0/24 的报文，在只有直连路由的情况下没有路由匹配，此时可以通过手动配置静态路由，使 RTA 发送前往 20.1.1.0/24 网段的报文交给下一跳 10.0.0.2 转发。静态路由的应用场景如图 4 - 21 所示。

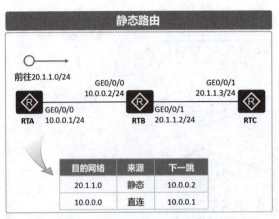

图 4 – 21　静态路由的应用场景

3）静态路由配置案例

RTA 与 RTC 上配置静态路由，实现 10.0.0.0/24 与 20.1.1.0/24 的互通。

因为报文是逐跳转发的，所以每一跳路由设备上都需要配置到达相应目的地址的路由。需要注意的是，通信是双向的，针对通信过程中的往返流量，都需关注途径设备上的路由配置。拓扑如图 4 – 22 所示。

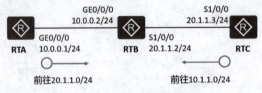

图 4 – 22　案例拓扑

RTA 的配置如下：

```
[RTA]ip route – static 20.1.1.0 255.255.255.0 10.0.0.2
```

RTC 的配置如下：

```
[RTC]ip route – static 10.0.0.0 255.255.255.0 S1／0／0
```

4）路由递归配置案例

路由必须有直连的下一跳才能够指导转发，但是路由生成时，下一跳可能不是直连的，因此需要计算出一个直连的下一跳和对应的出接口，这个过程就叫作路由递归，也称为路由迭代，如图 4 – 23 所示。

图 4 – 23　路由递归

```
[RTA]ip route – static 30.1.2.0 24 20.1.1.3
```

去往 30.1.2.0/24 的路由，下一跳为 20.1.1.3，非本地直连网络，如果路由表中没有去往 20.1.1.3 的路由，该静态路由将不会生效，无法作为有效路由条目，并不会出现在路由表中。递归路由条目如图 4 – 24 所示。

图 4 – 24 递归路由条目

添加一条去往 20.1.1.3 的路由，下一跳为直连网络内的 IP 地址 10.0.0.2。去往 30.1.2.0/24 的路由通过递归查询得到一个直连的下一跳，该路由因此生效。

5）等价路由

路由表中存在等价路由之后，前往该目的网段的 IP 报文路由器会通过所有有效的接口、下一跳转发，这种转发行为称为负载分担，如图 4 – 25 所示。

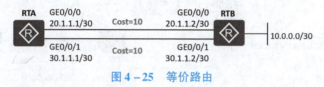

图 4 – 25 等价路由

来源相同、开销相同的路由都会被加入路由表，形成的路由为等价路由（两个路由条目指向的目的网段相同，但是具有不同的下一跳地址），路由转发会将流量分布到多条路径上。

6）浮动路由

静态路由支持配置时手动指定优先级，可以通过配置目的地址/掩码相同、优先级不同、下一跳不同的静态路由，实现转发路径的备份。

浮动路由是主用路由的备份，保证链路故障时提供备份路由。主用路由下一跳可达时，该备份路由不会出现在路由表。浮动路由如图 4 – 26 所示。

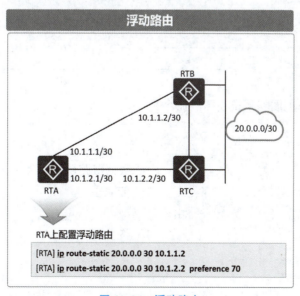

图 4 – 26 浮动路由

RTA – RTB 之间的链路正常时，20.0.0.0/30 的两条路由条目都是有效的条目，此时比较优先级。下一跳为 10.1.1.2 的优先级为 60，下一跳为 10.1.2.2 的优先级为 70，因此，下一跳为 10.1.1.2 的加入路由表。

RTA – RTB 之间的链路故障时，10.1.1.2 不可达，因此，下一跳为 10.1.1.2 的路由失效，此时前往 20.0.0.0/30 的路由就只存在一条，此条路由将会被选入路由表，前往 20.0.0.1 的流量将会被转发到 10.1.2.2。浮动路由示例如图 4 – 27 所示。

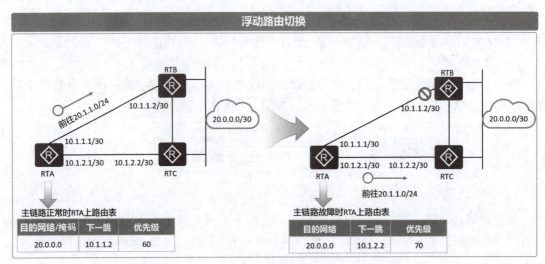

图 4 – 27　浮动路由示例

【知识考核】

一、填空题

1. 交换机工作在 OSI _____ 层。

2. 路由器工作在 OSI _____ 层。

3. MAC 地址共有 _____ 位。

4. 路由来源有 _____、_____、_____。

5. 路由表的参数有 _____、_____、_____、_____、_____、_____。

6. 华为设备用户视图到系统视图的命令是 _____。

二、选择题

1. 集线器工作在（　　　）。

A. 物理层　　　　　　　　　　　　　　B. 数据链路层

C. 网络层　　　　　　　　　　　　　　D. 传输层

2. 路由器主要根据（　　）转发路由。

A. MAC 地址表　　　　　　　　　　　　B. 路由表

C. MAC 地址　　　　　　　　　　　　　D. IP 地址

3. 100Base – T 代表（　　）。

A. 同轴电缆　　　　　　　　　　　　　B. 网线

C. 光纤　　　　　　　　　　　　　　D. 电缆

4. 华为用户等级权限有（　　　）种。

A. 1　　　　　　　B. 2　　　　　　C. 3　　　　　　D. 4

5. 远程命令是（　　　）。

A. ipconfig　　　　B. telnet　　　　C. ping　　　　D. tracert

6. 华为 VTY 用户有（　　　）个同时登录。

A. 2　　　　　　　B. 3　　　　　　C. 4　　　　　　D. 5

项目 **5**

搭建局域网

【项目导读】

小明是某公司负责网络维护的职员。有一天，公司行政人员反馈办公室网络非常慢，由于上次小明成功地独立更换公司网络设备，小明自信满满地去现场解决问题。结果时间一分一秒过去，小明还是没有头绪，后来还是请公司的技术负责人解决了这个网络慢的问题，小明就问技术负责人网络慢的原因，技术负责人告诉他是因为周末有人改动线路导致网络形成环路，影响了网络的性能，需要规划好 VLAN，最好启用生成树功能防止环路。

为了避免以后再发生这样的问题，小明决定好好学习防止网络环路的知识。本项目的内容就能找到小明想要的答案，主要介绍了 VLAN、STP、链路聚合等常见的二层交换技术，通过讲解这些技术可以解决小明的困惑。

【项目目标】

➢ VLAN 技术。
➢ STP 技术。
➢ 链路聚合技术。

【项目地图】

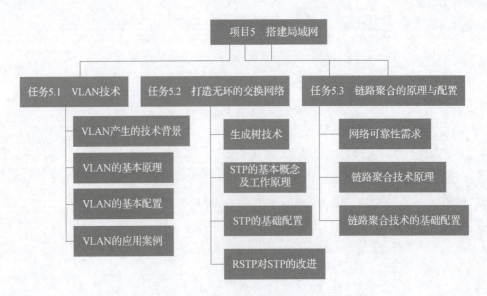

任务 5.1　VLAN 技术

【任务工单】

任务名称	VLAN 技术				
组别		成员		小组成绩	
学生姓名				个人成绩	
任务情境	某企业的交换机连接有很多用户，并且相同业务用户通过不同的设备接入企业网络。为了通信的安全性，企业希望业务相同的用户之间可以互相访问，业务不同的用户不能直接访问，可以在交换机上配置基于接口划分的 VLAN，把业务相同的用户连接的接口划分到同一 VLAN				
任务目标	属于不同 VLAN 的用户不能直接进行二层通信，同一 VLAN 内的用户可以直接互相通信				
任务要求	按本任务后面列出的具体任务内容，完成对交换机接口 VLAN 的配置				
知识链接					
计划决策					
任务实施	1. 了解 VLAN 产生的技术背景 2. 理解 VLAN 的基本原理 3. 掌握 VLAN 的基本配置				

续表

任务名称	VLAN 技术				
组别		成员		小组成绩	
学生姓名				个人成绩	
任务实施	4. VLAN 的应用				
检查	1. VLAN 的创建；2. 交换机 Access 接口的配置；3. 交换机 Trunk 接口的配置；4. 验证相同 VLAN 内的用户能否互通；5. 验证不同 VLAN 下的用户能否互通				
实施总结					
小组评价					
任务点评					

【前导知识】

以太网是一种基于 CSMA/CD 的数据网络通信技术，其特征是共享通信介质，当主机数目较多时，会导致安全隐患、广播泛滥、性能显著下降甚至造成网络不可用。在这种情况下，出现了 VLAN（Virtual Local Area Network）技术用于解决以上问题。

数据通信
网络基础

【任务内容】

1. 了解 VLAN 产生的技术背景。
2. 理解 VLAN 的工作原理。
3. 掌握 VLAN 的基本配置。
4. 验证连通性。

【任务实施】

一、 VLAN 产生的技术背景

在典型交换网络中，当某台主机发送一个广播帧或未知单播帧时，该数据帧会被泛洪，甚至传递到整个广播域。广播域越大，产生的网络安全问题、垃圾流量问题就越严重。

如图 5-1 所示，如果 PC1 向 PC2 发送了一个单播帧，此时 SW1、SW3、SW7 的 MAC 地址表中存在关于 PC2 的 MAC 地址表项，但 SW2 和 SW5 不存在关于 PC2 的 MAC 地址表项，那么，SW1 和 SW3 将对该单播帧执行点对点的转发操作，SW7 将对该单播帧执行丢弃操作，SW2 和 SW5 将对该单播帧执行泛洪操作。最后的结果是，PC2 虽然收到了该单播帧，但网络中的很多其他非目的主机同样收到了不该接收的数据帧。显然，广播域越大，网络安全问题和垃圾流量问题就越严重。

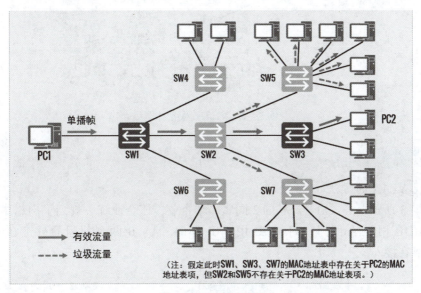

图 5-1　二层广播域

为了解决广播域带来的问题，人们引入了 VLAN（Virtual Local Area Network，虚拟局域网技术）。通过在交换机上部署 VLAN，可以将一个规模较大的广播域在逻辑上划分成若干个不同的、规模较小的广播域，由此可以有效地提升网络的安全性，同时减少垃圾流量，节约网络资源。

VLAN 的特点是一个 VLAN 就是一个广播域，所以，在同一个 VLAN 内部，计算机可以直接进行二层通信；不同 VLAN 内的计算机无法直接进行二层通信，只能进行三层通信来传递信息，即广播报文被限制在一个 VLAN 内。VLAN 的划分不受地域的限制。带来的好处是：

①灵活构建虚拟工作组。用 VLAN 可以划分不同的用户到不同的工作组，同一工作组的用户也不必局限于某一固定的物理范围，网络构建和维护更方便灵活。

②限制广播域。广播域被限制在一个 VLAN 内，节省了带宽，提高了网络处理能力。

③增强局域网的安全性。不同 VLAN 内的报文在传输时是相互隔离的，即一个 VLAN 内的用户不能和其他 VLAN 内的用户直接通信。

④提高了网络的健壮性。故障被限制在一个 VLAN 内，本 VLAN 内的故障不会影响其他 VLAN 的正常工作。

VLAN 网络划分如图 5-2 所示。

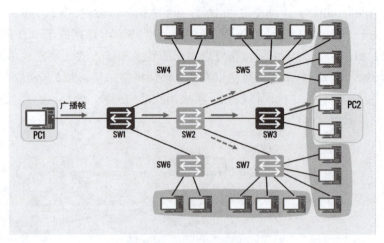

图 5 – 2   VLAN 网络划分

二、 VLAN 的基本原理

1. 实现 VLAN 的方法

如图 5 – 3 所示，Switch1 与 Switch2 同属一个企业，该企业统一规划了网络中的 VLAN。其中，VLAN10 用于 A 部门，VLAN20 用于 B 部门。A、B 两个部门的员工在 Switch1 和 Switch2 上都有接入。

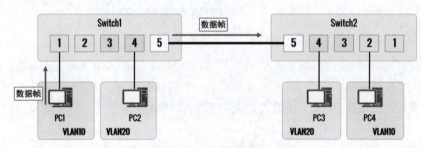

图 5 – 3   VLAN 划分

PC1 发出的数据经过 Switch1 和 Switch2 之间的链路到达了 Switch2。如果不加处理，后者无法判断该数据所属的 VLAN，也不知道应该将这个数据输出到本地哪个 VLAN 中。要使交换机能够分辨不同 VLAN 的报文，需要在报文中添加标识 VLAN 信息的字段。

IEEE 802.1Q 协议规定，在以太网数据帧中加入 4 字节的 VLAN 标签，又称 VLAN Tag，简称 Tag。所以，在数据帧的特定位置上添加一个标签。这个标签明确地标明了这个数据帧是哪个 VLAN，其他交换机收到这个带标签的数据帧后，就能轻而易举地直接根据标签信息识别出这个帧属于哪个 VLAN。

2. VLAN 数据帧

如图 5 – 4 所示，在原始以太网数据帧中插入 4 字节的 VLAN 标签，该标签主要包括以下主要字段：

TPID（标签协议标识符）：标识数据帧的类型，值为 0x8100 时，表示 802.1Q 帧。

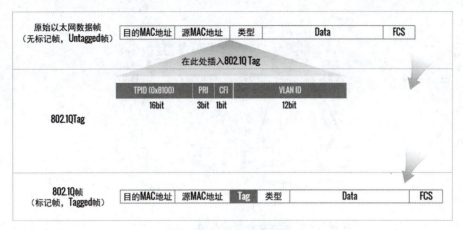

图 5-4　VLAN 数据帧

PRI（优先级）：标识帧的优先级，取值范围为 0~7，值越大，优先级越高。当网络阻塞时，交换机优先发送优先级高的数据帧，主要用于 QoS。

CFI（标准格式指示符）：在以太网环境中，该字段的值为 0。

VLAN ID（VLAN 标识符）：标识该帧所属的 VLAN，取值范围为 1~4 094。

3. VLAN 的实现

如图 5-5 所示，Switch1 和 Switch2 之间的链路要承载多个 VLAN 的数据，需要一种基于 VLAN 的数据"标记"手段，以便对不同 VLAN 的数据帧进行区分。

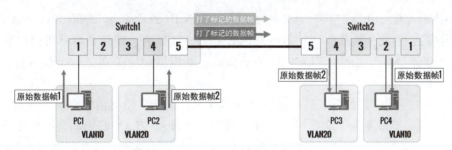

图 5-5　VLAN 标签的实现

IEEE 802.1Q 标准（也被称为 Dot1Q）定义了该"标记"方法。该标准对传统的以太网数据帧进行修改，在帧头中插入 802.1Q Tag，而在该 Tag 中便可以写入 VLAN 信息。

4. VLAN 的划分方式

整个网络是如何划分 VLAN 的呢？计算机发出的数据帧不带任何标签。对已支持 VLAN 特性的交换机来说，计算机发出的 Untagged 帧一旦进入交换机，交换机必须通过某种划分原则把这个帧划分到某个特定的 VLAN 中去。VLAN 的划分包括如下 5 种方法。

（1）基于接口的 VLAN 划分

如图 5-6 所示，基于接口的 VLAN 划分原则是：将 VLAN ID 配置到交换机的物理接口上，从某一个物理接口进入交换机的、由终端计算机发送的 Untagged 数据帧都被划分到该接口的 VLAN ID 所表明的那个 VLAN。

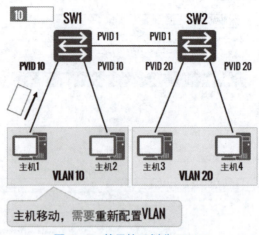

图 5-6　基于接口划分 VLAN

它的特点是：划分原则简单而直观，实现容易，是目前实际网络中应用最为广泛的划分 VLAN 的方式。当计算机接入交换机的端口发生了变化时，该计算机发送的帧的 VLAN 归属可能会发生变化。

每个交换机的接口都应该配置一个默认 VLAN，即 PVID（Port VLAN ID），到达这个端口的 Untagged 帧将一律被交换机划分到 PVID 所指定的 VLAN。默认情况下，PVID 的值为 1。

（2）基于 MAC 地址的 VLAN 划分

交换机内部建立并维护了一个 MAC 地址与 VLAN ID 的对应表。基于 MAC 地址的 VLAN 划分的原则是：当交换机接收到计算机发送的 Untagged 帧时，交换机将分析帧中的源 MAC 地址，然后查询 MAC 地址与 VLAN ID 的对应表，并根据对应关系把这个帧划分到相应的 VLAN 中。

如图 5-7 所示，它的特点是：这种划分实现稍微复杂，但灵活性得到了提高。当计算机接入交换机的端口发生了变化时，该计算机发送的帧的 VLAN 归属不会发生变化（因为计算机的 MAC 地址没有变）。但这种类型的 VLAN 划分安全性不是很高，因为恶意计算机很容易伪造 MAC 地址。

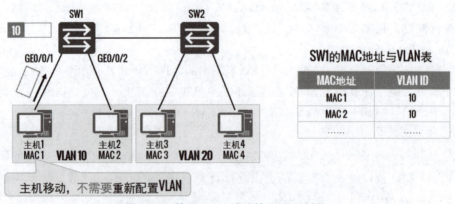

图 5-7　基于 MAC 地址的 VLAN 划分

5. 以太网二层接口类型

基于接口的 VLAN 划分依赖交换机的接口类型，交换机接口有 Access 接口、Trunk 接口、Hybrid 接口三种接口类型。

Access 接口：交换机上常用来连接用户 PC、服务器等终端设备的接口。Access 接口所连接的这些设备的网卡往往只收发无标记帧。Access 接口只能加入一个 VLAN。

Trunk 接口：Trunk 接口允许多个 VLAN 的数据帧通过，这些数据帧通过 802.1Q Tag 实现区分。Trunk 接口常用于交换机之间的互连，也用于连接路由器、防火墙等设备的子接口，它允许多个 VLAN 的数据通过。

Hybrid 接口：Hybrid 接口与 Trunk 接口类似，也允许多个 VLAN 的数据帧通过，这些数据帧通过 802.1Q Tag 实现区分。用户可以灵活指定 Hybrid 接口在发送某个（或某些）VLAN 的数据帧时是否携带 Tag。华为设备默认的接口类型是 Hybrid。

那么交换机对 Untagged 帧和 Tagged 帧又是如何处理的呢？Access 接口帧的处理如图 5－8 所示。

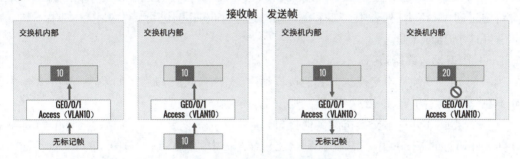

图 5－8 Access 接口帧的处理

Access 接口仅允许 VLAN ID 与接口 PVID 相同的数据帧通过。

Access 接口接收数据帧：

当 Access 接口从链路上收到一个 Untagged 帧时，交换机会在这个帧中添加上 VID 为 PVID 的 Tag，然后对得到的 Tagged 帧进行转发操作（泛洪、转发、丢弃）。

当 Access 接口从链路上收到一个 Tagged 帧时，交换机会检查这个帧的 Tag 中的 VID 是否与 PVID 相同。如果相同，则对这个 Tagged 帧进行转发操作；如果不同，则直接丢弃这个 Tagged 帧。

当一个 Tagged 帧从本交换机的其他接口到达一个 Access 接口后，交换机会检查这个帧的 Tag 中的 VID 是否与 PVID 相同。如果相同，则将这个 Tagged 帧的 Tag 进行剥离，然后将得到的 Untagged 帧从链路上发送出去；如果不同，则直接丢弃这个 Tagged 帧。

Access 接口发送数据帧：

当一个 Tagged 帧从本交换机的其他接口到达一个 Access 接口后，交换机会检查这个帧的 Tag 中的 VID 是否与 PVID 相同。如果相同，则将这个 Tagged 帧的 Tag 进行剥离，然后将得到的 Untagged 帧从链路上发送出去；如果不同，则直接丢弃这个 Tagged 帧。

Trunk 接口对数据帧的处理如图 5－9 所示。Trunk 接口仅允许 VLAN ID 在允许通过列表中的数据帧通过。Trunk 接口可以允许多个 VLAN 的帧带 Tag 通过，但只允许一个 VLAN 的帧从该类接口上发出时不带 Tag（即剥除 Tag）。

图 5 – 9　**Trunk** 接口对数据帧的处理

Trunk 接口接收数据帧：

当 Trunk 接口从链路上收到一个 Untagged 帧时，交换机会在这个帧中添加上 VID 为 PVID 的 Tag，然后查看 PVID 是否在允许通过的 VLAN ID 列表中。如果在，则对得到的 Tagged 帧进行转发操作；如果不在，则直接丢弃得到的 Tagged 帧。

当 Trunk 接口从链路上收到一个 Tagged 帧时，交换机会检查这个帧的 Tag 中的 VID 是否在允许通过的 VLAN ID 列表中。如果在，则对这个 Tagged 帧进行转发操作；如果不在，则直接丢弃这个 Tagged 帧。

Trunk 接口发送数据帧：

当一个 Tagged 帧从本交换机的其他接口到达一个 Trunk 接口后，如果这个帧的 Tag 中的 VID 不在允许通过的 VLAN ID 列表中，则该 Tagged 帧会被直接丢弃。

当一个 Tagged 帧从本交换机的其他接口到达一个 Trunk 接口后，如果这个帧的 Tag 中的 VID 在允许通过的 VLAN ID 列表中，则会比较该 Tag 中的 VID 是否与接口的 PVID 相同。如果相同，则交换机会对这个 Tagged 帧的 Tag 进行剥离，然后将得到的 Untagged 帧从链路上发送出去；如果不同，则交换机不会对这个 Tagged 帧的 Tag 进行剥离，而是直接将它从链路上发送出去。

Access 接口与 Trunk 接口举例：

如图 5 – 10 所示，SW1 和 SW2 连接主机的接口为 Access 接口，PVID 如图 5 – 12 所示。SW1 和 SW2 互连的接口为 Trunk 接口，PVID 都为 1，Trunk 接口允许通过的 VLAN ID 列表也如图 5 – 10 所示。

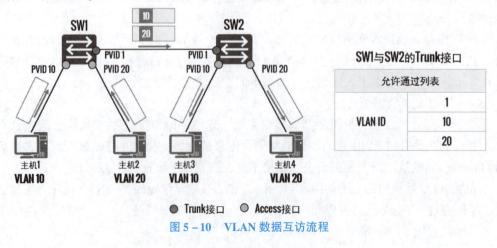

图 5 – 10　**VLAN** 数据互访流程

对于 Hybrid 接口，除了要配置 PVID 外，还存在两个允许通过的 VLAN ID 列表：一个是 Untagged VLAN ID 列表；另一个是 Tagged VLAN ID 列表。其中，VLAN 1 默认在 Untagged VLAN ID 列表中。这两个允许通过的列表中所有 VLAN 的帧都是允许通过这个 Hybrid 接口的。

Hybrid 接口的特点：

Hybrid 接口仅允许在允许通过 VLAN ID 列表中的数据帧通过。Hybrid 接口可以允许多个 VLAN 的帧带 Tag 通过，并且允许从该类接口发出的帧根据需要配置某些 VLAN 的帧带 Tag、某些 VLAN 的帧不带 Tag。与 Trunk 最主要的区别就是，能够支持多个 VLAN 的数据帧不带标签通过。

Hybrid 接口接收数据帧：

当 Hybrid 接口从链路上收到一个 Untagged 帧时，交换机会在这个帧中添加上 VID 为 PVID 的 Tag，然后查看 PVID 是否在 Untagged 或 Tagged VLAN ID 列表中。如果在，则对得到的 Tagged 帧进行转发操作；如果不在，则直接丢弃得到的 Tagged 帧。

当 Hybrid 接口从链路上收到一个 Tagged 帧时，交换机会检查这个帧的 Tag 中的 VID 是否在 Untagged 或 Tagged VLAN ID 列表中。如果在，则对这个 Tagged 帧进行转发操作；如果不在，则直接丢弃这个 Tagged 帧，如图 5－11 所示。

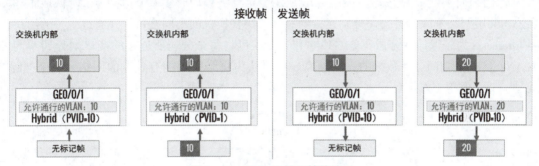

图 5－11　Hybrid 接口帧的处理

Hybrid 接口发送数据帧：

当一个 Tagged 帧从本交换机的其他接口到达一个 Hybrid 接口后，如果这个帧的 Tag 中的 VID 既不在 Untagged VLAN ID 列表中，也不在 Tagged VLAN ID 列表中，则该 Tagged 帧会被直接丢弃。

当一个 Tagged 帧从本交换机的其他接口到达一个 Hybrid 接口后，如果这个帧的 Tag 中的 VID 在 Untagged VLAN ID 列表中，则交换机会对这个 Tagged 帧的 Tag 进行剥离，然后将得到的 Untagged 帧从链路上发送出去。

当一个 Tagged 帧从本交换机的其他接口到达一个 Hybrid 接口后，如果这个帧的 Tag 中的 VID 在 Tagged VLAN ID 列表中，则交换机不会对这个 Tagged 帧的 Tag 进行剥离，而是直接将它从链路上发送出去。

Hybrid 接口举例：

如图 5－12 所示，SW1 和 SW2 连接主机的接口以及互连的接口均为 Hybrid 接口，PVID 如图 5－12 所示，Hybrid 接口允许通过的 VLAN ID 列表也如图 5－12 所示。

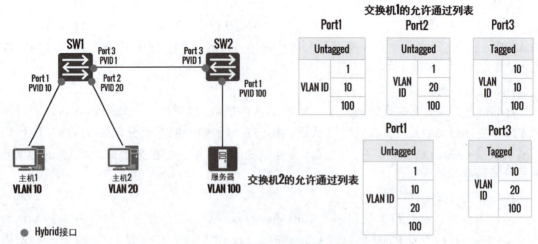

图 5 – 12　Hybrid 接口帧处理流程

三、　VLAN 的基本配置

1. VLAN 的应用

基于接口的 VLAN 划分：如图 5 – 13 所示，某商务楼内有多家公司，为了降低成本，多家公司共用网络资源，各公司分别连接到一台二层交换机的不同接口，并通过统一的出口访问 Internet。为了保证各公司业务的独立和安全，可将每个公司所连接的接口划分到不同的 VLAN，实现公司间业务数据的完全隔离。可以认为每个公司拥有独立的网络，每个 VLAN 就是一个"虚拟工作组"。

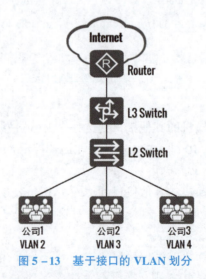

图 5 – 13　基于接口的 VLAN 划分

基于 MAC 地址的 VLAN 划分：如图 5 – 14 所示，某个公司的网络中，网络管理者将同一部门的员工划分到同一 VLAN。为了提高部门内的信息安全，要求只有本部门员工的主机才可以访问特定网络资源。为了保证非本部门员工不能访问网络资源，可在 SW1 上配置基于 MAC 地址划分 VLAN。这样，新的主机接入网络，就无法访问公司的网络资源了。

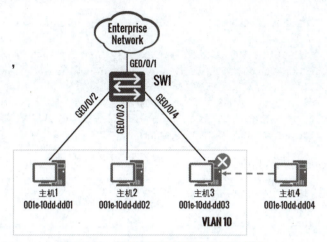

图 5 – 14   基于 MAC 地址的 VLAN 划分

2. VLAN 的基础配置命令

（1）创建 VLAN

```
[Huawei]vlan vlan-id
```

通过此命令创建 VLAN 并进入 VLAN 视图，如果 VLAN 已存在，则直接进入该 VLAN 的视图。vlan – id 是整数形式，取值范围是 1～4 094。

```
[Huawei]vlan batch { vlan-id1[ to vlan-id2] }
```

通过此命令批量创建 VLAN。其中：

batch：指定批量创建的 VLAN ID。

vlan – id1：表示第一个 VLAN 的编号。

vlan – id2：表示最后一个 VLAN 的编号。

（2）Access 接口的配置命令

```
[Huawei-GigabitEthernet0/0/1]port link-type access
//在接口视图下,配置接口的链路类型为 Access
[Huawei-GigabitEthernet0/0/1]port default vlan vlan-id
//在接口视图下,配置接口的默认 VLAN 并同时加入这个 VLAN
```

（3）Trunk 接口的基础配置命令

```
[Huawei-GigabitEthernet0/0/1]port link-type trunk
//在接口视图下,配置接口的链路类型为 Trunk
[Huawei-GigabitEthernet0/0/1]port trunk allow-pass vlan { { vlan-id1[ to vlan-id2] } | all }
//在接口视图下,配置 Trunk 类型接口加入的 VLAN
[Huawei-GigabitEthernet0/0/1]port trunk pvid vlan vlan-id
//在接口视图下,配置 Trunk 类型接口的默认 VLAN
```

（4）Hybrid 接口的基础配置命令

```
[Huawei-GigabitEthernet0/0/1]port link-type hybrid
//在接口视图下,配置接口的链路类型为 Hybrid
```

```
[Huawei-GigabitEthernet0/0/1]port hybrid untagged vlan { { vlan-id1[ to vlan-
id2] } |all }
```
//在接口视图下,配置 Hybrid 类型接口加入的 VLAN,这些 VLAN 的帧以 Untagged 方式通过接口
```
[Huawei-GigabitEthernet0/0/1]port hybrid tagged vlan { { vlan-id1[ to vlan-
id2] } |all }
```
//在接口视图下,配置 Hybrid 类型接口加入的 VLAN,这些 VLAN 的帧以 Tagged 方式通过接口
```
[Huawei-GigabitEthernet0/0/1]port hybrid pvid vlan vlan-id
```
//在接口视图下,配置 Hybrid 类型接口的默认 VLAN

(5) 关联 MAC 地址与 VLAN

```
[Huawei-vlan10]mac-vlan mac-address mac-address[ mac-address-mask |mac-
address-mask-length]
```
//通过此命令配置 MAC 地址与 VLAN 关联

mac-address:指定与 VLAN 关联的 MAC 地址。格式为 H-H-H。其中,H 为 4 位的十六进制数,可以输入 1~4 位,如 00e0、fc01。当输入不足 4 位时,表示前面的几位为 0,例如,输入 e0,等同于 00e0。MAC 地址不可设置为 0000-0000-0000、FFFF-FFFF-FFFF 和组播地址。

mac-address-mask:指定 MAC 地址掩码。格式为 H-H-H,其中,H 为 1~4 位的十六进制数。

mac-address-mask-length:指定 MAC 地址掩码长度。整数形式,取值范围是 1~48。

```
[Huawei-GigabitEthernet0/0/1]mac-vlan enable
```
//通过此命令使能接口的 MAC VLAN 功能

四、 VLAN 的应用案例

案例 1:基于接口划分 VLAN

如图 5-15 所示,某企业的交换机连接有很多用户,并且相同业务用户通过不同的设备接入企业网络。为了通信的安全性,企业希望业务相同的用户之间可以互相访问,业务不同的用户不能直接访问。

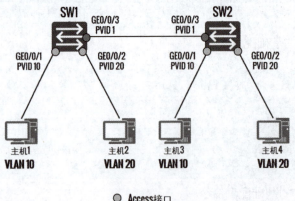

图 5-15 基于接口划分 VLAN 拓扑

可以在交换机上配置基于接口划分 VLAN，把业务相同的用户连接的接口划分到同一 VLAN。这样属于不同 VLAN 的用户不能直接进行二层通信，同一 VLAN 内的用户可以直接互相通信。

创建 VLAN：

```
[SW2]vlan batch 10 20
```

配置 Access 接口，并加入对应的 VLAN：

```
[SW1]interface GigabitEthernet 0/0/1
[SW1-GigabitEthernet0/0/1]port link-type access
[SW1-GigabitEthernet0/0/1]port default vlan 10
[SW1]interface GigabitEthernet 0/0/2
[SW1-GigabitEthernet0/0/2]port link-type access
[SW1]vlan 20
[SW1-vlan20]port GigabitEthernet0/0/2
[SW1-vlan20]quit
```

配置 Trunk 接口，并创建对应的允许通过列表：

```
[SW1]interface GigabitEthernet 0/0/3
[SW1-GigabitEthernet0/0/3]port link-type trunk
[SW1-GigabitEthernet0/0/3]port trunk pvid vlan 1
[SW1-GigabitEthernet0/0/3]port trunk allow-pass vlan 10 20
```

验证配置：通过 display vlan 命令查看 VLAN 配置情况。

```
[SW1]display vlan
```

案例 2：基于 MAC 地址划分 VLAN

如图 5-16 所示，某个公司的网络中，网络管理者将同一部门的员工划分到同一 VLAN。为了提高部门内的信息安全，要求只有本部门员工的主机才可以访问公司网络。

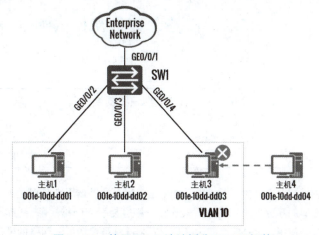

图 5-16 基于 MAC 地址划分 VLAN 拓扑

主机 1、主机 2、主机 3 为本部门员工的主机，要求这几台主机可以通过 SW1 访问公司网络，如果换成其他主机，则不能访问。

可以配置基于 MAC 地址划分 VLAN，将本部门员工主机的 MAC 地址与 VLAN 绑定，从而实现该需求。

创建 VLAN：

```
[SW1]vlan 10
[SW1-vlan10]quit
```

关联 MAC 地址和 VLAN：

```
[SW1]vlan 10
[SW1-vlan10]mac-vlan mac-address 001e-10dd-dd01
[SW1-vlan10]mac-vlan mac-address 001e-10dd-dd02
[SW1-vlan10]mac-vlan mac-address 001e-10dd-dd03
[SW1-vlan10]quit
```

加入 VLAN：

```
[SW1]interface gigabitethernet 0/0/1
[SW1-GigabitEthernet0/0/1]port link-type hybrid
[SW1-GigabitEthernet0/0/1]port hybrid tagged vlan 10
[SW1]interface gigabitethernet 0/0/2
[SW1-GigabitEthernet0/0/2]port link-type hybrid
[SW1-GigabitEthernet0/0/2]port hybrid untagged vlan 10
```

使能接口的基于 MAC 地址划分 VLAN 功能：

```
[SW1]interface gigabitethernet 0/0/2
[SW1-GigabitEthernet0/0/2]mac-vlan enable
[SW1-GigabitEthernet0/0/2]quit
```

验证配置：通过 display vlan 命令查看 VLAN 配置情况。

```
[SW1]display vlan
```

任务5.2 打造无环的交换网络

【任务工单】

任务名称	打造无环的交换网络				
组别		成员		小组成绩	
学生姓名				个人成绩	
任务情境	随着局域网规模的不断扩大，越来越多的交换机被用来实现主机之间的互连。如果交换机之间的互连采用单链路方式连接，则容易引起网络故障，所以，交换机在互连时，一般都会使用冗余链路来实现备份。冗余链路虽然增强了网络的可靠性，但是也会产生环路，而环路会带来一系列的问题，继而导致通信质量下降和通信业务中断等问题。而生成树协议可以很好地解决交换网络的环路问题				

续表

任务名称	打造无环的交换网络				
组别		成员		小组成绩	
学生姓名				个人成绩	
任务目标	通过对网络交换机配置生成树协议来防止网络环路				
任务要求	按本任务后面列出的具体任务内容，完成对交换机生成树协议的配置				
知识链接					
计划决策					
任务实施	1. 了解生成树技术 2. 理解 STP 的基本概念及工作原理 3. 掌握 STP 的基础配置 4. 理解 RSTP 对 STP 的改进				
检查	1. STP 的运行过程；2. STP 的基本配置；3. RSTP 对 STP 的改进				
实施总结					
小组评价					
任务点评					

【前导知识】

生成树协议 STP 是一个用于局域网中消除环路的协议。运行该协议的设备通过彼此交互信息而发现网络中的环路，并对某些接口进行阻塞，以消除环路。

STP 在网络中运行后，会持续监控网络的状态，当网络出现拓扑变更时，STP 能够感知并且进行自动响应，从而使网络状态适应新的拓扑结构，保证网络可靠性。

由于局域网规模的不断增长，生成树协议已经成为当前最重要的局域网协议之一。

【任务内容】

1. 了解生成树技术。
2. 理解 STP 的基本概念及工作原理。
3. 掌握 STP 的基础配置。
4. 理解 RSTP 对 STP 的改进。
5. 了解生成树技术进阶。

【任务实施】

一、 生成树技术

随着局域网规模的不断扩大，越来越多的交换机被用来实现主机之间的互连。如图 5-17，接入层交换机单链路上连，如果上连链路发生故障，交换机下连用户就断网了。交换机如果宕机，交换机下连用户也会断网。

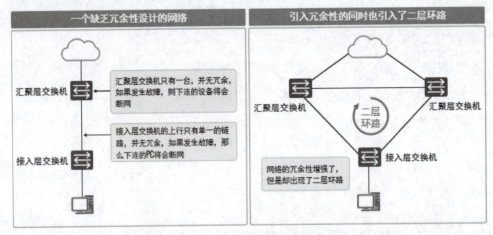

图 5-17　单链路与冗余链路

为了解决此类问题，交换机在互连时，一般都会使用冗余链路来实现备份。冗余链路虽然增强了网络的可靠性，但是也会产生环路，而环路会带来一系列的问题，继而导致通信质量下降和通信业务中断等。

在现实中，一些二层环路可能是由于人为的疏忽导致的，例如，错误地连接设备之间的线缆，如图 5 – 18 所示。也可能是由于人为的配置错误导致的，在本例中，网络管理员未将 SW1 与 SW2 之间的链路绑定到一个逻辑链路（聚合链路）上，从而引入了二层环路。

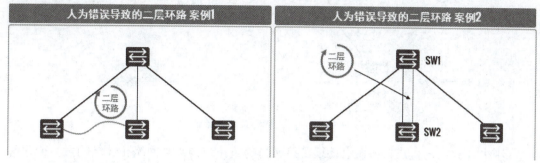

图 5 – 18   二层环路

二层环路会给网络带来一些问题，如广播风暴，根据交换机的转发原则，如果交换机从一个端口上接收到的是一个广播帧，或者是一个目的 MAC 地址未知的单播帧，则会将这个帧向除源端口之外的所有其他端口转发。如果交换网络中有环路，则这个帧会被无限转发，此时便会形成广播风暴，网络中也会充斥着重复的数据帧。

如图 5 – 19 所示，SW3 收到了一个广播帧将其进行泛洪，SW1 和 SW2 也会将此帧转发到除了接收此帧的其他所有端口，结果此帧又会被再次转发给 SW3，这种循环会一直持续，于是便产生了广播风暴。交换机性能会因此急速下降，并会导致业务中断。

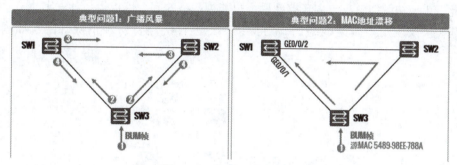

图 5 – 19   环路引发的问题

二层环路还会引起 MAC 地址表漂移。交换机是根据所接收到的数据帧的源地址和接收端口生成 MAC 地址表项的。

图 5 – 19 中 SW3 收到一个广播帧泛洪，SW1 从 GE0/0/1 接口接收到广播帧后学习且泛洪，形成 MAC 地址 5489 – 98EE – 788A 与 GE0/0/1 的映射；SW2 收到广播帧后学习且泛洪，SW1 再次从 GE0/0/2 收到源 MAC 地址为 5489 – 98EE – 788A 的广播帧并进行学习，5489 – 98EE – 788A 会不断地在 GE0/0/1 与 GE0/0/2 接口之间来回切换，这被称为 MAC 地址漂移现象。

在以太网中，二层网络的环路会带来广播风暴、MAC 地址表漂移、重复数据帧等问题，为解决交换网络中的环路问题，提出了 STP。STP 通过构造一棵树来消除交换网络中的环路。

运行 STP 算法，判断网络中存在环路的地方并阻断冗余链路，将环路网络修剪成无环路的树形网络，从而避免了数据帧在环路网络中的增生和无穷循环，如图 5 – 20 所示。

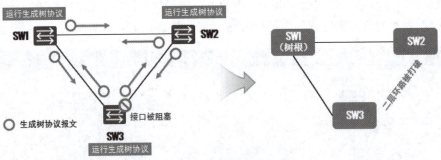

图 5-20　生成树协议打破环路

交换机上运行的生成树协议会持续监控网络的拓扑结构，当网络拓扑结构发生变化时，生成树能感知到这些变化，并且自动做出调整，如图 5-21 所示。

图 5-21　STP 感知网络拓扑变化

因此，生成树既能解决二层环路问题，也能为网络的冗余性提供一种方案。

生成树协议应用于园区网络的二层网络中，进行链路备份和消除环路，如图 5-22 所示。

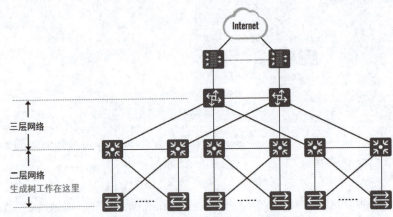

图 5-22　生成树在网络中的位置

二、　STP 的基本概念及工作原理

1. STP 的基本概念

（1）根桥

在 STP 中，每一台交换机都有一个标识符，叫作 Bridge ID 或者桥 ID，桥 ID 由 16 位的桥优先级（Bridge Priority）和 48 位的 MAC 地址构成。在 STP 网络中，桥优先级是可以配置

的，取值范围是 0 ~ 65 535，默认值为 32 768，可以修改但是修改值必须为 4 096 的倍数。优先级最高的设备（数值越小越优先）会被选举为根桥。如果优先级相同，则会比较 MAC 地址，MAC 地址越小，则越优先。

如图 5 - 23 所示，需要在该网络中选举根桥。首先比较三台交换机的桥优先级，桥优先级都为 4 096，再比较三台交换机的 MAC 地址，谁小谁优先，最终选择 SW1 为根桥。

（2）Cost

如图 5 - 24 所示，交换机的每个端口都有一个端口开销（Port Cost）参数，此参数表示该端口在 STP 中的开销值。默认情况下端口的开销和端口的带宽有关，带宽越高，开销越小。

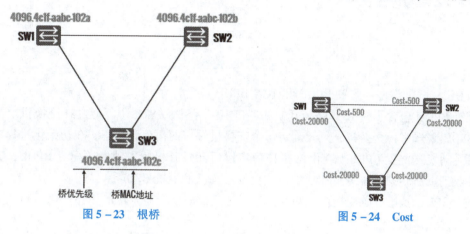

图 5 - 23　根桥　　　　　　　　　　图 5 - 24　Cost

（3）RPC（根路径开销）

从一个非根桥到达根桥的路径可能有多条，每一条路径都有一个总的开销值，此开销值是该路径上所有接收 BPDU 端口的端口开销总和（即 BPDU 的入方向端口），称为路径开销。非根桥通过对比多条路径的路径开销，选出到达根桥的最短路径，这条最短路径的路径开销被称为 RPC，并生成无环树状网络。根桥的根路径开销是 0，如图 5 - 25 所示。

（4）Port ID

如图 5 - 26 所示，运行 STP 交换机的每个端口都有一个端口 ID，端口 ID 由端口优先级和端口号构成。端口优先级取值范围是 0 ~ 240，步长为 16，即取值必须为 16 的整数倍。默认情况下，端口优先级是 128。端口 ID 可以用来确定端口角色。

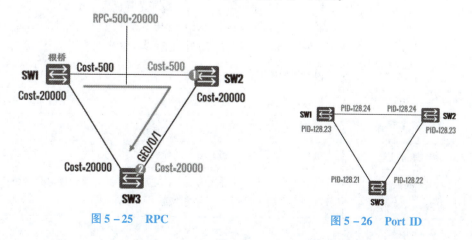

图 5 - 25　RPC　　　　　　　　　　图 5 - 26　Port ID

（5）BPDU

如图 5-27 所示，为了计算生成树，交换机之间需要交换相关的信息和参数，这些信息和参数被封装在 BPDU 中。

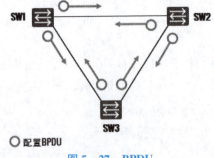

图 5-27　BPDU

BPDU 有两种类型：配置 BPDU 和 TCN BPDU。

配置 BPDU 包含了桥 ID、路径开销和端口 ID 等参数。STP 协议通过在交换机之间传递配置 BPDU 来选举根交换机，以及确定每个交换机端口的角色和状态。在初始化过程中，每个桥都主动发送配置 BPDU。在网络拓扑稳定以后，只有根桥主动发送配置 BPDU，其他交换机在收到上游传来的配置 BPDU 后，才会发送自己的配置 BPDU。

TCN BPDU 是指下游交换机感知到拓扑发生变化时向上游发送的拓扑变化通知。

2. 配置 BPDU

配置 BPDU 的报文字段及含义见表 5-1。

表 5-1　配置 BPDU 的报文字段及含义

字节	字段	描述
2	PID	协议 ID，对于 STP 而言，该字段的值总为 0
1	PVI	协议版本 ID，对于 STP 而言，该字段的值总为 0
1	BPDU Type	指示本 BPDU 的类型，若值为 0x00，则表示本报文为配置 BPDU；若值为 0x80，则为 TCN BPDU
1	Flags	标志，STP 只使用了该字段的最高及最低两个比特位，最低位是 TC（Topology Change，拓扑变更）标志，最高位是 TCA（Topology Change Acknowledgment，拓扑变更确认）标志
8	Root ID	根网桥的桥 ID
4	RPC	根路径开销，到达根桥的 STP Cost
8	Bridge ID	BPDU 发送桥的 ID
2	Port ID	BPDU 发送网桥的接口 ID（优先级 + 接口号）
2	Message Age	消息寿命，从根网桥发出 BPDU 之后的秒数，每经过一个网桥都加 1，所以，它本质上是到达根桥的跳数

续表

字节	字段	描述
2	Max Age	最大寿命，当一段时间未收到任何 BPDU，生存期到达最大寿命时，网桥认为该接口连接的链路发生故障。默认为 20 s
2	Hello Time	根网桥连续发送的 BPDU 之间的时间间隔。默认为 2 s
2	Forward Delay	转发延迟，在侦听和学习状态所停留的时间间隔。默认为 15 s

配置 BPDU 的比较原则：对于 STP 而言，最重要的工作就是在交换网络中计算出一个无环拓扑。在拓扑计算的过程中，一个非常重要的内容就是配置 BPDU 的比较。在配置 BPDU 中，有 4 个字段非常关键，它们是"根桥 ID""根路径开销""网桥 ID"以及"接口 ID"，这 4 个字段便是交换机进行配置 BPDU 比较的关键内容。

STP 按照如下顺序选择最优的配置 BPDU：

①最小的根桥 ID。

②最小的 RPC。

③最小的网桥 ID。

④最小的接口 ID。

在这四条原则中（每条原则都对应配置 BPDU 中的相应字段），第一条原则主要用于在网络中选举根桥，后面的原则主要用于在网络中选举根接口及指定接口。

配置 BPDU 的转发过程如图 5-28 所示，交换机在刚启动时都认为自己是根桥，互相发送配置 BPDU 进行 STP 运算。

图 5-28　配置 BPDU 的转发过程

3. STP 的计算过程

STP 会在交换网络中选举一个根桥，那么什么是根桥？根桥是 STP 树的根节点。要生成一棵 STP 树，首先要确定出一个根桥。根桥是整个交换网络的逻辑中心，但不一定是它的物理中心。当网络的拓扑发生变化时，根桥也可能发生变化。

选举过程：STP 交换机初始启动之后，都会认为自己是根桥，并在发送给其他交换机的 BPDU 中宣告自己为根桥。因此，此时 BPDU 中的根桥 ID 为各自设备的网桥 ID。

当交换机收到网络中其他设备发送来的 BPDU 后，会比较 BPDU 中的根桥 ID 和自己的 BID。

交换机不断交互 BPDU，同时，对 BID 进行比较，最终选举一台 BID 最小的交换机作为根桥，其他的则为非根桥。

如图 5 - 29 所示，根桥的选举先比较优先级，交换机 SW1、SW2、SW3 的优先级相等，则比较 MAC 地址，也优选最小的，所以 SW1 的 BID 最小，因此，SW1 为根桥，SW2 和 SW3 为非根桥。

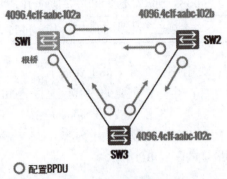

图 5 - 29　根桥选举

需要注意的是，根桥的角色可抢占。当有更优的 BID 的交换机加入网络时，网络会重新进行 STP 计算，选出新的根桥。

选举出根桥后，在每台非根桥上会选举一个根端口，如图 5 - 30 所示。

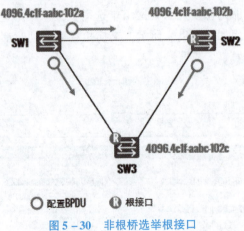

图 5 - 30　非根桥选举根接口

那么什么是根端口？一个非根桥设备上会有多个端口与网络相连，为了保证从某台非根桥设备到根桥设备的工作路径是最优且唯一的，必须从该非根桥设备的端口中确定出一个被称为"根端口"的端口，由根端口来作为该非根桥设备与根桥设备之间进行报文交互的端口。

在选举出根桥后，根桥仍然持续发送 BPDU，而非根桥将持续不断地收到根桥发送的 BPDU。因此，在所有非根桥上选举一个距离根桥"最近"的端口（根端口），在网络收敛后，根端口将不断地收到来自根桥的 BPDU。

根端口保证了交换机与根桥之间工作路径的唯一性和最优性。一个非根桥设备上，最多只能有一个根端口。

根接口的选举过程：交换机有多个端口接入网络，各个端口都会收到 BPDU 报文，报文中会携带 RootID、RPC、BID、PID 等关键字段，端口会针对这些字段进行 PK。

首先比较根路径开销（RPC），STP 协议把根路径开销作为确定根端口的重要依据。RPC 值越小，越优选，因此，交换机会选 RPC 最小的端口作为根端口。

当 RPC 相同时，比较上行交换机的 BID，即比较交换机各个端口收到的 BPDU 中的 BID，值越小，越优选，因此，交换机会选上行设备 BID 最小的端口作为根端口。

当上行交换机的 BID 相同时，比较上行交换机的 PID，即比较交换机各个端口收到的 BPDU 中的 PID，值越小，越优先，因此，交换机会选上行设备 PID 最小的端口作为根端口。

当上行交换机的 PID 相同时，则比较本地交换机的 PID，即比较本端交换机各个端口各自的 PID，值越小，越优先，因此，交换机会选 PID 最小的端口作为根端口。

如图 5-31 所示，根接口选举出来后，会在每条链路上选举一个指定接口。

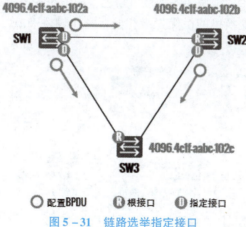

图 5-31 链路选举指定接口

网络中的每个链路与根桥之间的工作路径必须是唯一的且最优的。当一条链路有两条及以上的路径通往根桥时（该链路连接了不同的交换机，或者该链路连接了同一台交换机的不同端口），与该链路相连的交换机（可能不止一台）就必须确定出唯一的指定端口。

因此，每个链路（Link）选举一个指定端口，用于向这个链路发送 BPDU。一般情况下，根桥上不存在任何根端口，只存在指定端口。

指定端口的选举过程：指定端口也是通过比较 RPC 来确定的，选择 RPC 最小的作为指定端口，如果 RPC 相同，则比较 BID 和 PID。

首先比较根路径开销（RPC），值越小，越优选，因此，交换机会选 RPC 最小的端口作为指定端口。

若 RPC 相等，则比较链路两端交换机的 BID，值越小，越优选，因此，交换机会选 BID 最小的交换机的端口作为指定端口。

若 BID 相等，则比较链路两端端口的 PID，值越小，越优选，因此，交换机会选 PID 最小的交换机的端口作为指定端口。

一台交换机上，既不是根接口，又不是指定接口的接口称为非指定接口。STP 操作的最后一步是阻塞网络中的非指定接口。这一步完成后，网络中的二层环路就此消除，如图 5-32 所示。

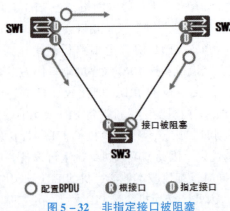

图 5－32　非指定接口被阻塞

思考题 1：识别拓扑中的根桥及各种接口角色，如图 5－33 所示。

首先选举根桥。3 台交换机的桥优先级相同，则比较桥 MAC 地址，谁小谁优先，最终选举 SW1 为根桥。

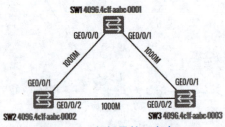

图 5－33　根桥及接口角色 1

其次选举根端口。SW2 上的 GE0/0/1 距离根桥最近，RPC 最小，所以 SW2 的 GE0/0/1 为根端口。同理，SW3 的 GE0/0/1 也为根端口。

再次选举指定端口。SW1 为根桥，所以 SW1 上的 GE0/0/0 和 GE0/0/1 端口为指定端口，SW2 的 GE0/0/2 端口接收到 SW3 的配置 BPDU。比较 BID，SW2 比 SW3 的 BID 更优，所以 SW2 的 GE0/0/2 端口为指定端口。

最后选举非根端口。非指定端口的 SW3 的 GE0/0/2 端口为预备端口。

思考题 2：识别以下拓扑中的根桥及各种接口角色，如图 5－34 所示。

首先选举根桥，4 台交换机的桥优先级相同，则比较桥 MAC 地址，谁小谁优先，最终选举 SW1 为根桥。

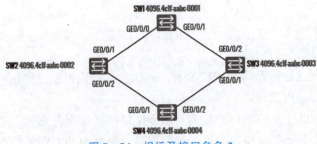

图 5－34　根桥及接口角色 2

其次选举根端口。SW2 上的 GE0/0/1 距离根桥最近，RPC 最小，所以 SW2 的 GE0/0/1 为根端口。同理，SW3 的 GE0/0/2 也为根端口。SW4 的两个端口 RPC 相同。比较 SW4 的 G0/0/1 对应的交换机 SW2 的 BID 与 G0/0/2 对应的交换机 SW3 的 BID，谁小谁优先，最终选举出 SW4 的 GE0/0/1 端口为根端口。

再次选举指定端口。SW1 为根桥，所以 SW1 上的 GE0/0/0 和 GE0/0/1 端口为指定端口，SW2 的 GE0/0/2 端口接收到 SW4 的配置 BPDU，比较 BID，SW2 比 SW4 的 BID 更优，所以 SW2 的 GE0/0/2 端口为指定端口。同理，可得 SW3 的 GE0/0/1 端口为指定端口。

最后选举非根端口。非指定端口的 SW4 的 GE0/0/2 端口为预备端口。

思考题 3：识别以下拓扑中的根桥及各种接口角色，如图 5-35 所示。

首先选举根桥。两台交换机的桥优先级相同，则比较桥 MAC 地址，谁小谁优先，最终选举 SW1 为根桥。

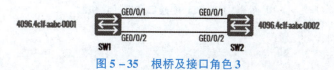

图 5-35 根桥及接口角色 3

其次选举根端口。SW2 上两个端口 RPC 相同，再比较两个接口对端的 BID 也相同，然后比较两个端口对端的 PID，SW2 的 G0/0/1 的对端 PID：128.1，SW2 的 G0/0/2 的对端 PID：128.2，越小越优先，所以 SW2 的 G0/0/1 为根端口。

再次选举指定端口。SW1 为根桥，所以 SW1 上的 GE0/0/1 和 GE0/0/2 端口为指定端口。

最后选举非根端口。非指定端口的 SW2 的 GE0/0/2 端口为预备端口。

4. STP 的接口状态

STP 的接口有 5 种状态，分别是禁用状态、阻塞状态、侦听状态、学习状态、转发状态。接口 5 种状态的描述见表 5-2。

表 5-2 STP 接口 5 种状态

状态名称	状态描述
禁用（Disable）	该接口不能收发 BPDU，也不能收发业务数据帧，例如接口为 down
阻塞（Blocking）	该接口被 STP 阻塞。处于阻塞状态的接口不能发送 BPDU，但是会持续侦听 BPDU，而且不能收发业务数据帧，也不会进行 MAC 地址学习
侦听（Listening）	当接口处于该状态时，表明 STP 初步认定该接口为根接口或指定接口，但接口依然处于 STP 计算的过程中，此时接口可以收发 BPDU，但是不能收发业务数据帧，也不会进行 MAC 地址学习
学习（Learning）	当接口处于该状态时，会侦听业务数据帧（但是不能转发业务数据帧），并且在收到业务数据帧后进行 MAC 地址学习
转发（Forwarding）	处于该状态的接口可以正常地收发业务数据帧，也会进行 BPDU 处理。接口的角色需是根接口或指定接口才能进入转发状态

5. STP 的接口状态迁移

图 5 – 36 所示为 STP 的接口状态迁移机制。

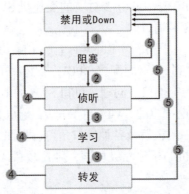

图 5 – 36 STP 的接口状态迁移机制

6. 拓扑变化引起的故障

（1）根桥故障

如图 5 – 37 所示，在稳定的 STP 网络，非根桥会定期收到来自根桥的 BPDU 报文。

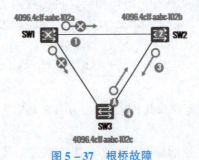

图 5 – 37 根桥故障

如果根桥 SW1 发生了故障，就会停止发送 BPDU，下游交换机就无法收到来自根桥的 BPDU 报文。

如果下游交换机一直收不到 BPDU 报文，Max Age 计时器（默认：20 s）就会超时，从而导致已经收到的 BPDU 报文失效，此时，非根桥会互相发送配置 BPDU，重新选举新的根桥。

接口状态：SW3 的预备端口，20 s 后会从阻塞状态进入侦听状态，再进入学习状态，最终进入转发状态，进行用户流量的转发。

收敛时间：根桥故障会导致 50 s 左右的恢复时间，等于 Max Age 加上 2 倍的 Forward Delay 收敛时间。

（2）直连链路故障

如图 5 – 38 所示，当交换机 SW2 网络稳定时，检测到根端口的链路发生故障，则其备用接口会经过两倍的转发时延（15 s）时间进入用户流量转发状态。

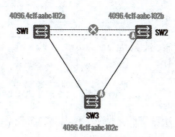

图 5 – 38　直连链路故障

SW2 检测到直连链路物理故障后，会将预备端口转换为根端口。

直连链路故障，备用端口会经过 30 s 后恢复转发状态。

（3）非直连链路故障

如图 5 – 39 所示，非直连链路故障后，SW3 的备用端口恢复到转发状态，非直连链路故障会导致 50 s 左右的恢复时间。

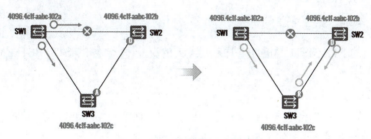

图 5 – 39　非直连链路故障

三、STP 的基础配置

STP 常用的操作配置命令如下：

（1）配置生成树工作模式

```
[Huawei]stp mode { stp | rstp | mstp }
```

交换机支持 STP、RSTP 和 MSTP（Multiple Spanning Tree Protocol）3 种生成树工作模式，默认情况工作在 MSTP 模式。

（2）配置根桥

```
[Huawei]stp root primary
```

配置当前设备为根桥。默认情况下，交换机不作为任何生成树的根桥。配置后，该设备优先级数值自动为 0，并且不能更改设备优先级。

（3）备份根桥

```
[Huawei]stp root secondary
```

配置当前交换机为备份根桥。默认情况下，交换机不作为任何生成树的备份根桥。配置后，该设备优先级数值为 4 096，并且不能更改设备优先级。

（4）配置交换机的 STP 优先级

```
[Huawei]stp priority priority
```

默认情况下，交换机的优先级取值是 32 768。

（5）配置接口路径开销

```
[Huawei]stp pathcost-standard { dot1d-1998 | dot1t | legacy }
```

配置接口路径开销计算方法。默认情况下，路径开销值的计算方法为 IEEE 802.1t（dot1t）标准方法。同一网络内所有交换机的接口路径开销应使用相同的计算方法。

［Huawei－GigabitEthernet0/0/1］stp cost cost，设置当前接口的路径开销值。

（6）配置接口优先级

```
[Huawei-intf]stp priority priority
```

配置接口的优先级。默认情况下，交换机接口的优先级取值是 128。

（7）启用 STP/RSTP/MSTP

```
[Huawei]stp enable
```

使能交换机的 STP/RSTP/MSTP 功能。默认情况下，设备的 STP/RSTP/MSTP 功能处于启用状态。

STP 的配置案例：

在图 5-40 所示的 3 台交换机上部署 STP，以便消除网络中的二层环路。通过配置，将 SW1 指定为根桥，并使 SW3 的 GE0/0/22 接口被 STP 阻塞。

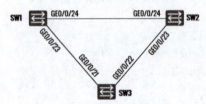

图 5－40 STP 的配置拓扑

具体配置过程如下。

SW1 的配置：

```
[SW1]stp mode stp
[SW1]stp enable
[SW1]stp priority 0
```

SW2 的配置：

```
[SW2]stp mode stp
[SW2]stp enable
[SW2]stp priority 4096
```

SW3 的配置：

```
[SW3]stp mode stp
[SW3]stp enable
```

在 SW3 上查看 STP 接口状态摘要，观察各个接口的状态：

```
<SW3> display stp brief
MSTID        Port              Role    STP State        Protection
  0     GigabitEthernet0/0/21  ROOT    FORWARDING       NONE
  0     GigabitEthernet0/0/22  ALTE    DISCARDING       NONE
```

四、RSTP 对 STP 的改进

STP 协议虽然能够解决环路问题，但是由于网络拓扑收敛慢，影响了用户通信质量。如果网络中的拓扑结构频繁变化，网络也会随之频繁失去连通性，从而导致用户通信频繁中断，这是用户无法忍受的。

STP 没有细致区分接口状态和接口角色，不利于初学者学习及部署。

网络协议的优劣往往取决于协议是否对各种情况加以细致区分。

从用户角度来看，侦听、学习和阻塞状态并没有区别，都不转发用户流量。

从使用和配置角度来看，接口之间最本质的区别并不在于接口状态，而是接口扮演的角色。

根接口和指定接口可以都处于侦听状态，也可以都处于转发状态。

STP 算法是被动的算法，依赖定时器等待的方式判断拓扑变化，收敛速度慢。

STP 算法要求在稳定的拓扑中，根桥主动发出配置 BPDU 报文，而其他设备进行处理，传遍整个 STP 网络。这也是导致拓扑收敛慢的主要原因之一。

IEEE 802.1w 中定义的 RSTP 可以视为 STP 的改进版本，RSTP 在许多方面对 STP 进行了优化，它的收敛速度更快，而且能够兼容 STP。

RSTP 引入了新的接口角色，其中替代接口的引入使得交换机在根接口失效时，能够立即获得新的路径到达根桥。备份端口作为指定端口的备份，帮助链路上的网桥快速获得到根桥的备份路径。RSTP 的状态规范根据端口是否转发用户流量和学习 MAC 地址把原来的 5 种状态缩减为 3 种。另外，RSTP 还引入了边缘接口的概念，这使得交换机连接终端设备的接口在初始化之后能够立即进入转发状态，提高了工作效率。

在配置 BPDU 的处理方面也发生变化：

①拓扑稳定后，配置 BPDU 报文的发送方式进行了优化；

②使用更短的 BPDU 超时计时；

③对处理次等 BPDU 的方式进行了优化；

④配置 BPDU 格式的改变，充分利用了 STP 协议报文中的 Flag 字段，明确了接口角色；

⑤RSTP 拓扑变化处理：相比于 STP 进行了优化，加快针对拓扑变更的反应速度。

通过接口角色的增补，简化了生成树协议的理解及部署，如图 5-41 所示。从配置 BPDU 报文发送角度来看，预备（Alternate）接口就是由于学习到其他网桥发送的配置 BPDU 报文而阻塞的接口；备份（Backup）接口就是由于学习到自己发送的配置 BPDU 报文而阻塞的接口。

从用户流量角度来看，预备接口提供了从指定桥到根的另一条可切换路径，作为根接口的备份接口；备份接口作为指定接口的备份，提供了另一条从根桥到相应网段的备份通路。

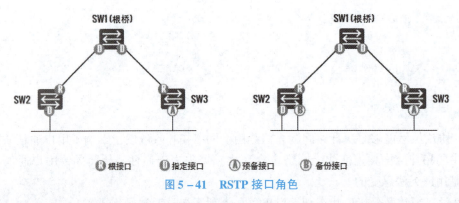

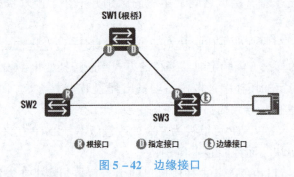

图 5 - 41　RSTP 接口角色

如果指定端口位于整个域的边缘，不再与任何交换设备连接，这种接口叫作边缘接口。如图 5 - 42 所示，在 STP 中，用户终端接入交换设备端口状态由禁用状态转到转发需要经过 15 s，那么用户在这段时间无法上网。如果网络频繁变化，用户上网状态非常不稳定，时断时续。

图 5 - 42　边缘接口

边缘接口一般与用户终端设备直接连接，不与任何交换设备连接。边缘接口正常情况下接收不到配置 BPDU 报文，不参与 RSTP 运算，可以由禁用状态直接转到转发状态，且不经历时延，就像在端口上将 STP 禁用了一样。但是，一旦边缘接口收到配置 BPDU 报文，就丧失了边缘接口属性，成为普通 STP 接口，并重新进行生成树计算，从而引起网络震荡。

RSTP 的状态规范把原来的 5 种状态缩减为 3 种，见表 5 - 3。

表 5 - 3　STP 与 RSTP 接口状态

STP 接口状态	RSTP 接口状态	接口在拓扑中的角色
转发	转发	包括根接口、指定接口
学习	学习	包括根接口、指定接口
侦听	禁用	包括根接口、指定接口
阻塞	阻塞	包括预备接口、备份接口
禁用	阻塞	包括禁用接口

如果既不转发用户流量，也不学习 MAC 地址，那么接口状态就是禁用状态。

如果不转发用户流量，但是学习 MAC 地址，那么接口状态就是学习状态。

如果既转发用户流量，又学习 MAC 地址，那么接口状态就是转发状态。

任务 5.3 链路聚合的原理与配置

【任务工单】

任务名称	链路聚合的原理与配置				
组别		成员		小组成绩	
学生姓名				个人成绩	
任务情境	随着业务的发展和园区网络规模的不断扩大，用户对网络的带宽、可靠性要求越来越高。传统解决方案是通过升级设备方式提高网络带宽，同时通过部署冗余链路并辅以 STP（Spanning Tree Protocol，生成树协议）协议实现高可靠。传统解决方案存在灵活度低、故障恢复时间长、配置复杂等缺点。可以通过链路聚合技术实现网络带宽的提升与高可靠性保障				
任务目标	通过对网络交换机配置链路聚合技术来提升网络带宽，同时保障网络的可靠性				
任务要求	按本任务后面列出的具体任务内容，完成对交换机链路聚合的配置				
知识链接					
计划决策					
任务实施	1. 了解网络可靠性需求 2. 理解链路聚合技术原理				

续表

任务名称	链路聚合的原理与配置			
组别		成员		小组成绩
学生姓名				个人成绩
任务实施	3. 掌握链路聚合技术的基础配置			
检查	1. 手工模式链路聚合的配置；2. LACP 模式链路聚合的配置			
实施总结				
小组评价				
任务点评				

【前导知识】

随着网络的快速普及和应用的日益深入，各种增值业务得到了广泛部署，网络中断可能导致大量业务异常，造成重大经济损失。因此，作为承载业务主体的基础网络，其可靠性成为备受关注的焦点。

数据通信
网络基础

【任务内容】

1. 了解网络可靠性需求。
2. 理解链路聚合技术原理。
3. 掌握链路聚合技术的基础配置。

【任务实施】

1. 网络可靠性需求

网络的可靠性指当设备或者链路出现单点或者多点故障时，保证网络服务不间断的能力。网络的可靠性可以从单板、设备、链路多个层面实现。如图 5 - 43（a）所示，网络设备无冗余设计时，下游交换机采用单上行接入，上行交换机的接口故障或设备故障会导致下游网络全部中断。如图 5 - 43（b）所示，网络设备采用冗余设计，下游交换机双上行接入，采用链路一主一备的方式，主链路上行接口、设备故障可以切换到备份链路，通过备份设备转发。

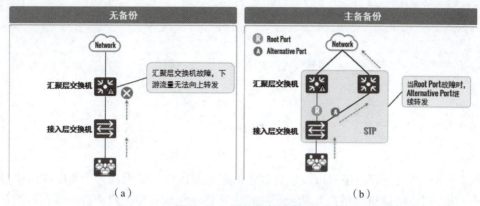

（a）　　　　　　　　　　　（b）

图 5 - 43　网络设备可靠性

如图 5 - 44 所示，为保证设备间链路可靠性，在设备间部署多条物理线路，为防止环路 STP 只保留一条链路转发流量，其余链路成为备份链路。

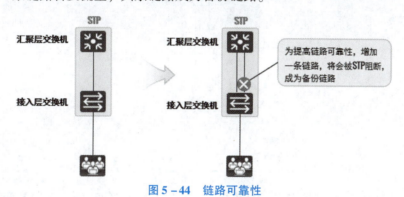

图 5 - 44　链路可靠性

2. 链路聚合技术原理

1）基本原理

当网络设备之间存在多条链路时，由于 STP 的存在，实际只会有一条链路转发流量，设备间链路带宽无法得到提升，如图 5 - 45 所示。

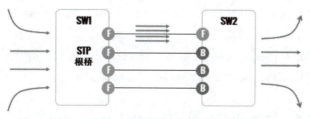

图 5 - 45　STP 导致设备间链路带宽受限

以太网链路聚合 Eth－Trunk（简称链路聚合），通过将多个物理接口捆绑成一个逻辑接口，可以在不进行硬件升级的条件下达到增加链路带宽的目的，如图 5－46 所示。

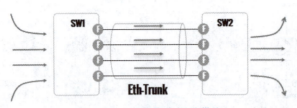

图 5－46　链路聚合提升带宽

链路聚合（图 5－47）接口可以作为普通的以太网接口来使用，与普通以太网接口的差别在于：转发时，链路聚合组需要从成员接口中选择一个或多个接口来进行数据转发。

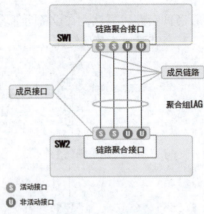

图 5－47　链路聚合

一个聚合组内要求成员接口以下参数相同：接口速率、双工模式、VLAN 配置（接口类型都是 Trunk 或者 Access，如果成员接口是 Access 类型，缺省 VLAN 需要一致，如果成员接口是 Trunk 类型，接口放通的 VLAN、缺省 VLAN 需要一致）。

链路聚合中的聚合组（Link Aggregation Group，LAG）指的是若干条链路捆绑在一起所形成的逻辑链路。每个聚合组唯一对应着一个逻辑接口，这个逻辑接口又被称为链路聚合接口或 Eth－Trunk 接口。

成员接口和成员链路：组成 Eth－Trunk 接口的各个物理接口称为成员接口。成员接口对应的链路称为成员链路。

活动接口和活动链路：活动接口又叫选中（Selected）接口，是参与数据转发的成员接口。活动接口对应的链路称为活动链路（Active link）

非活动接口和非活动链路：又叫非选中（Unselected）接口，是不参与转发数据的成员接口。非活动接口对应的链路称为非活动链路（Inactive link）。

2）链路聚合方式

链路聚合的方式根据是否开启 LACP（Link Aggregation Control Protocol，链路聚合控制协议），可以分为手工模式和 LACP 模式。

（1）手工模式

如图 5－48 所示，手工模式指的是 Eth－Trunk 的建立、成员接口的加入均由手动配置，双方系统之间不使用 LACP 进行协商。正常情况下，所有链路都是活动链路，该模式下所有活动链路都参与数据的转发，平均分担流量，如果某条活动链路故障，链路聚合组自动在剩余的活动链路中平均分担流量。当聚合的两端设备中存在一个不支持 LACP 的协议时，可以使用手工模式。

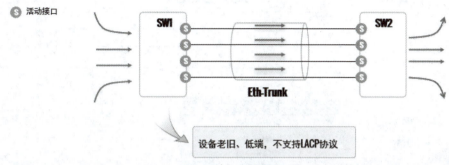

图 5－48　手工模式

但手工模式存在一定的缺陷，为了使链路聚合接口正常工作，必须保证本端链路聚合接口中所有成员接口的对端接口属于同一设备、加入同一链路聚合接口。

手工模式下，设备间没有报文交互，因此只能通过管理员人工确认。

在图 5－49 所示示例中，SW1 将 4 个接口加入同一个聚合接口，但是其中一个接口的对端为 SW3，而不是 SW2，导致部分流量被负载分担到 SW3，从而导致通信异常。

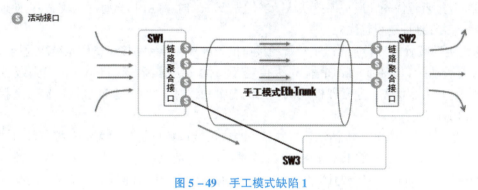

图 5－49　手工模式缺陷 1

如图 5－50 所示，手工模式下，设备只能通过物理层状态判断对端接口是否正常工作。

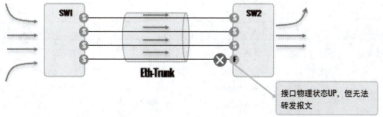

图 5－50　手工模式缺陷 2

（2）LACP 模式

LACP 模式是采用 LACP 协议的一种链路聚合模式。设备间通过链路聚合控制协议数据单元（Link Aggregation Control Protocol Data Unit，LACPDU）进行交互。通过协议协商确保对端是同一台设备、同一个聚合接口的成员接口。

LACPDU 报文中包含设备优先级、MAC 地址、接口优先级、接口号等，如图 5－51 所示。

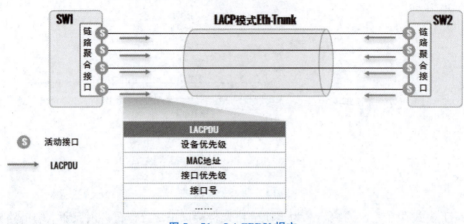

图 5－51　LACPDU 报文

LACP 模式下，两端设备所选择的活动接口数目必须保持一致，否则，链路聚合组就无法建立。此时可以使其中一端成为主动端，另一端（被动端）根据主动端选择活动接口。

设备通过 LACP 优先级确定主动端，值越小，优先级越高。系统 LACP 优先级默认为32 768，越小者越优先，通常保持默认。当优先级一致时，LACP 会通过比较 MAC 地址选择主动端，MAC 地址越小越优先。

选出主动端后，两端都会以主动端的接口优先级来选择活动接口，优先级高的接口将优先被选为活动接口。接口 LACP 优先级值越小，优先级越高。接口 LACP 优先级默认为32 768，越小者越优先，通常保持默认。当优先级一致时，LACP 会通过接口编号选择活动接口，越小者越优先。

LACP 模式支持配置最大活动接口数目，当成员接口数目超过最大活动接口数目时，会通过比较接口优先级、接口号选举出较优的接口成为活动接口，其余的则成为备份端口（非活动接口）。同时，对应的链路分别成为活动链路、非活动链路。交换机只会从活动接口中发送、接收报文，如图 5－52 所示。

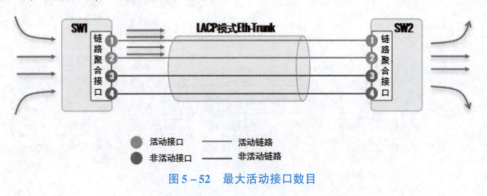

图 5－52　最大活动接口数目

当活动链路中出现链路故障时，可以从非活动链路中找出一条优先级最高（接口优先级、接口编号比较）的链路替换故障链路，实现总体带宽不发生变化、业务的不间断转发。如图 5 - 53 所示，2 号链路故障后，3 号链路替换其转发业务。

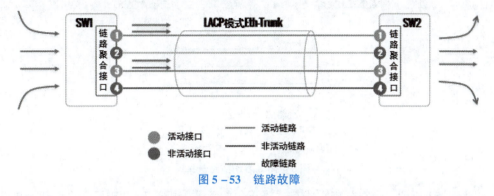

图 5 - 53　链路故障

如图 5 - 54 所示，SW1、SW2 配置 LACP 模式的链路聚合，将 4 个接口加入 Eth - Trunk中，接口编号分别为 1、2、3、4。SW1、SW2 配置 Eth - Trunk 最大活动接口数目为 2，其余配置保持默认（系统优先级、接口优先级）。

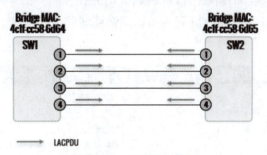

图 5 - 54　主动端口选举

SW1、SW2 分别从成员接口 1、2、3、4 对外发送 LACPDU。

SW1、SW2 收到对端发送的 LACPDU，比较系统优先级，都为默认的 32 768。继续比较 MAC 地址，SW1 MAC：4c1f - cc58 - 6d64，SW2 MAC：4c1f - cc58 - 6d65，SW1 拥有更小的 MAC 地址，优选成为 LACP 选举的主动端。

如图 5 - 55 所示，SW1 在本端通过比较接口优先级、接口编号选举出活动接口，其中 1、2 号接口在相同的接口优先级下拥有更小的接口编号，成为活动接口。然后 SW1 通过 LACPDU 将本端活动接口选举结果告知对端。

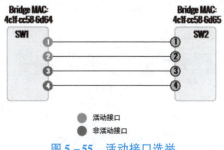

图 5 - 55　活动接口选举

如图 5－56 所示，SW2 依据 SW1 的选举结果明确本端的活动接口，同时，对应的链路成为活动链路。至此，Eth－Trunk 的活动链路选举过程完成。

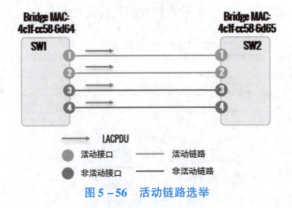

图 5－56　活动链路选举

如图 5－57 所示，负载分担方式有"基于包的负载分担"和"基于流的负载分担"。基于包的负载分担在使用 Eth－Trunk 转发数据时，由于聚合组两端设备之间有多条物理链路，如果每个数据帧在不同的链路上转发，则有可能导致数据帧到达对端时间不一致，从而引起数据乱序。Eth－Trunk 推荐采用基于流的负载分担方式，即一条相同的流负载到一条链路，这样既保证了同一数据流的数据帧在同一条物理链路转发，又实现了流量在聚合组内各物理链路上的负载分担。

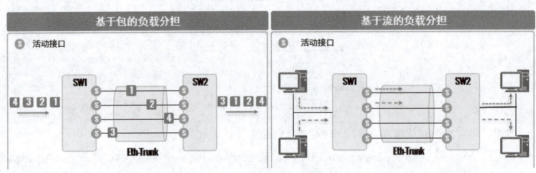

图 5－57　负载分担

Eth－Trunk 支持基于报文的 IP 地址或 MAC 地址来进行负载分担，可以配置不同的模式（本地有效，对出方向报文生效）将数据流分担到不同的成员接口上，如图 5－58 所示。

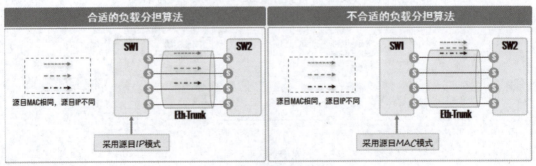

图 5－58　负载分担方式

常见的模式有源 IP、源 MAC、目的 IP、目的 MAC、源目 IP、源目 MAC。

实际业务中，用户需要根据业务流量特征选择配置合适的负载分担方式。业务流量中某种参数变化越频繁，选择与此参数相关的负载分担方式就越容易实现负载均衡。

链路聚合应用非常广泛。为保证交换机之间的链路带宽以及可靠性，可以在交换机之间部署多条物理链路并使用 Eth – Trunk，如图 5 – 59 所示。为了提高服务器的接入带宽和可靠性，将两个或者更多的物理网卡聚合成一个网卡组，与交换机建立链路聚合。除此之外，链路聚合技术还应用于堆叠系统，防火墙双机热备组网中使用心跳线来检测对端设备的状态。

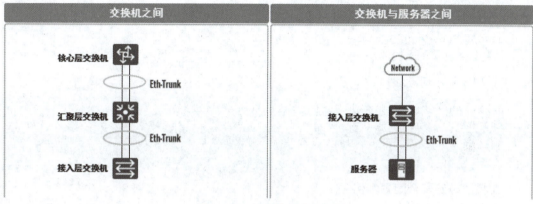

图 5 – 59 链路聚合应用场景

3. 链路聚合技术的基础配置

（1）创建链路聚合组

```
[Huawei]interface eth – trunk trunk – id
//创建 Eth – Trunk 接口,并进入 Eth – Trunk 接口视图
```

（2）配置链路聚合模式

```
[Huawei – Eth – Trunk1]mode {lacp | manual load – balance}
/* Mode lacp 配置链路聚合模式为 lacp 模式,mode manual load – balance 配置链路聚合模式为
手工模式 */
```

注意：需要保持两端链路聚合模式一致。

（3）将接口加入链路聚合组中（以太网接口视图）

```
[Huawei – GigabitEthernet0 /0 /1]eth – trunk trunk – id
//在接口视图下,把接口加入 Eth – Trunk 中
```

（4）将接口加入链路聚合组中（Eth – Trunk 视图）

```
[Huawei – Eth – Trunk1]trunkport interface – type { interface – number}
//在 Eth – Trunk 视图中将接口加入链路聚合组中
```

第（3）、（4）两种方式都可以将接口加入链路聚合组中。

（5）使能允许不同速率端口加入同一 Eth – Trunk 接口的功能

```
[Huawei – Eth – Trunk1]mixed – rate link enable
/* 默认情况下,设备未使能允许不同速率端口加入同一 Eth – Trunk 接口的功能,只能相同速率的接
口加入同一个 Eth – Trunk 接口中 */
```

（6）配置系统 LACP 优先级

```
[Huawei]lacp priority priority
//系统 LACP 优先级值越小,优先级越高,默认情况下,系统 LACP 优先级为 32768
```

（7）配置接口 LACP 优先级

```
[Huawei - GigabitEthernet0 /0 /1]lacp priority priority
 /*在接口视图下配置接口 LACP 优先级。默认情况下,接口的 LACP 优先级是 32768。接口优先级取
值越小,接口的 LACP 优先级越高。只有在接口已经加入链路聚合中时才可以配置该命令*/
```

（8）配置最大活动接口数

```
[Huawei - Eth - Trunk1]max active - linknumber {number}
//配置时,需注意保持本端和对端的最大活动接口数一致,只有 LACP 模式支持配置最大活动接口数
```

（9）配置最小活动接口数

```
[Huawei - Eth - Trunk1]least active - linknumber {number}
 /*本端和对端设备的活动接口数下限阈值可以不同,手动模式、LACP 模式都支持配置最小活动接口
数。配置最小活动接口数的目的是保证最小带宽,当前活动链路数目小于下限阈值时,Eth - Trunk 接口的
状态转为 Down*/
```

手工模式链路聚合配置案例：

如图 5 - 60 所示，SW1、SW2 都连接着 VLAN 10、VLAN 20 的网络。SW1 和 SW2 之间通过 3 根以太网链路互连，为了提供链路冗余以及保证传输可靠性，在 SW1、SW2 之间配置 LACP 模式的链路聚合，并且手动调整优先级让 SW1 成为主动端，并配置最大活跃端口为 2，另外一条链路作为备份。

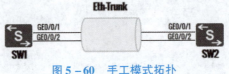

图 5 - 60　手工模式拓扑

SW1 的配置如下：

```
[SW1]interface eth - trunk 1
[SW1 - Eth - Trunk1]trunkport gigabitethernet 0 /0 /1 to 0 /0 /2
[SW1 - Eth - Trunk1]port link - type trunk
[SW1 - Eth - Trunk1]port trunk allow - pass vlan 10 20
```

SW2 的配置如下：

```
[SW2]interface eth - trunk 1
[SW2 - Eth - Trunk1]trunkport gigabitethernet 0 /0 /1 to 0 /0 /2
[SW2 - Eth - Trunk1]port link - type trunk
[SW2 - Eth - Trunk1]port trunk allow - pass vlan 10 20
```

LACP 模式链路聚合配置案例：

如图 5 - 61 所示，SW1、SW2 都连接着 VLAN 10、VLAN 20 的网络。SW1 和 SW2 之间通过 3 根以太网链路互连，为了提供链路冗余以及保证传输可靠性，在 SW1、SW2 之间配置 LACP 模式的链路聚合，并且手动调整优先级让 SW1 成为主动端，并配置最大活跃端口

为 2，另外一条链路作为备份。

图 5 − 61　LACP 模式拓扑

SW1 的配置如下：

```
[SW1]interface eth - trunk 1
[SW1 - Eth - Trunk1]mode lacp
[SW1 - Eth - Trunk1]max active - linknumber 2
[SW1 - Eth - Trunk1]trunkport gigabitethernet 0 /0 /1 to 0 /0 /3
[SW1 - Eth - Trunk1]port link - type trunk
[SW1 - Eth - Trunk1]port trunk allow - pass vlan 10 20
[SW1 - Eth - Trunk1]quit
[SW1]lacp priority 30000
```

SW2 的配置如下：

```
[SW2]interface eth - trunk 1
[SW2 - Eth - Trunk1]mode lacp
[SW2 - Eth - Trunk1]max active - linknumber 2
[SW2 - Eth - Trunk1]trunkport gigabitethernet 0 /0 /1 to 0 /0 /3
[SW2 - Eth - Trunk1]port link - type trunk
[SW2 - Eth - Trunk1]port trunk allow - pass vlan 10 20
[SW2 - Eth - Trunk1]quit
```

【知识考核】

一、填空题

1. 一个 8 端口的交换机，包含_____个广播域、_____个冲突域。

2. 交换机端口类型可以分为_____、_____、_____。

3. VLAN 标签中，VLAN − ID 占用_____位，其取值范围为_____。

4. 经过 VLAN 划分后的交换机包含 VLAN 表和_____两张表项。

二、单选题

以下关于 STP 接口状态的说法，错误的是（　　　）。

A. 被阻塞的接口不会侦听，也不发送 BPDU

B. 处于学习状态的接口会学习 MAC 地址，但是不会转发数据

C. 处于侦听状态的接口会持续侦听 BPDU

D. 被阻塞的接口如果在一定时间内收不到 BPDU，则会自动切换到侦听状态

三、多选题

1. 下列关于 VLAN 的描述中，错误的是（　　　）。

A. VLAN 技术可以将一个规模较大的冲突域隔离成若干个规模较小的冲突域

B. VLAN 技术可以将一个规模较大的二层广播域隔离成若干个规模较小的二层广播域

C. 位于不同 VLAN 的计算机之间无法进行通信

D. 位于同一 VLAN 中的计算机之间可以进行二层通信

2. 可以分割广播域的设备有（   ）。

A. 网桥   B. 中继器

C. 具有 VLAN 功能的以太网交换机   D. 路由器

3. 以下关于链路聚合，说法正确的是（   ）。

A. 链路聚合是指将多个物理端口汇聚成一个物理端口

B. 链路聚合可分为静态和动态两种聚合方式

C. 动态链路聚合的双方没有用于聚合的协议报文的交互

D. 链路聚合的目的是实现出/入流量在各成员端口中的负荷分担

四、简答题

如果一个 Trunk 接口的 PVID 是 5，并且端口下配置 port trunk allow – pass vlan 2 3，那么哪些 VLAN 的流量可以通过该 Trunk 接口进行传输？

项目 **6**

实现网络间互连

【项目导读】

小李的公司接到一个新的项目，规划设计一个小型的园区网络，网络中网段数量比较多，项目需要园区网络所有节点都能被互访。

小李：主管，我以前做的配置都是相同网段互通，只需要配置交换机、VLAN、STP 等即可，不同网段互通应该使用什么技术啊？

主管：以前让你做的都是比较简单的网络，现在不同的网络之间互访就需要使用路由技术了。

小李：路由技术？是不是只有路由器需要配置路由呢？

主管：不完全对。三层交换机也支持路由，三层网络设备中都会有路由表。所有数据在不同网段间转发都需要依据这张表。

为了帮助小李理解路由技术，本项目介绍了路由的基本概念和各种路由的特点。小李通过本项目可以了解如何实现不同网络间的设备互通。

【项目目标】

➤ 路由基础。

➤ VLAN 间的路由。

➤ OSPF 路由技术。

【项目地图】

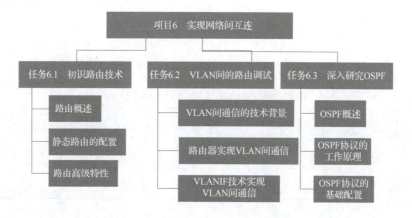

任务 6.1 初识路由技术

【任务工单】

任务名称	初识路由技术			
组别		成员		小组成绩
学生姓名				个人成绩
任务情境	在一个典型的数据通信网络中，往往存在多个不同的 IP 网段，数据在不同的 IP 网段之间交互是需要借助三层网络设备的，这些设备具备路由能力，能够实现数据的跨网段转发。路由是数据通信网络中最基本的要素。路由信息是指导报文转发的路径信息，路由过程就是报文转发的过程			
任务目标	通过配置静态路由使分布在不同区域的网段之间能够相互通信			
任务要求	按本任务后面列出的具体任务内容，完成对网络设备静态路由的配置			
知识链接				
计划决策				
任务实施	1. 了解路由概述 2. 掌握静态路由的配置 3. 掌握路由的高级特性			
检查	1. 路由器静态路由的配置；2. 路由器的路由表			
实施总结				
小组评价				
任务点评				

【前导知识】

IP 地址唯一标识了网络中的一个节点，通过 IP 地址能够寻找到唯一的网络节点，每个 IP 都有自己所属的网络，这些网络可能分布在世界各地，共同组成了全球的网络。

为了实现不同网络之间的相互通信，网络设备需要能够转发来自不同网段的 IP 报文，将其送达不同的 IP 网段。

数据通信
网络基础

【任务内容】

1. 了解路由器的基本工作原理。
2. 理解路由器选择最优路由的方法。
3. 理解路由表的具体内容。
4. 掌握路由的基本配置。

【任务实施】

一、路由概述

1. 路由的基本概念

路由是指导报文转发的路径信息，通过路由可以确认转发 IP 报文的路径。路由设备是依据路由转发报文到目的网段的网络设备，最常见的路由设备是路由器，路由设备维护着一张路由表，保存着路由信息。

路由器依据路由表转发报文，路由表由一条条详细的路由条目组成，但不代表路由表中保存了所有路由，路由表中只会保存"最优的"路由。对路由表中的路由条目的管理实际上就是路由器维护、管理路由信息的具体实现。

（1）路由条目生成

路由器依据路由表进行路由转发。为实现路由转发，路由器需要发现路由，路由获取方式有直连路由、静态路由、动态路由。

直连路由是指向本地直连网络的路由，由设备自动生成。图 6-1 所示为 RTB 的直连路由。当路由器为路由转发的最后一跳路由器时，IP 报文匹配直连路由，路由器转发 IP 报文到目的主机。使用直连路由进行路由转发时，报文的目的 IP 和路由器接口 IP 在一个网段之中。

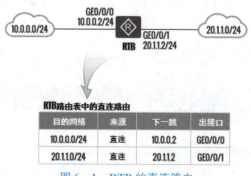

目的网络	来源	下一跳	出接口
10.0.0.0/24	直连	10.0.0.2	GE0/0/0
20.1.1.0/24	直连	20.1.1.2	GE0/0/1

图 6-1　RTB 的直连路由

当然，并不是所有接口生成的直连路由都会出现在路由表中，直连路由出现在路由表中的前提是该接口的物理状态、协议状态都为 UP。

静态路由是由网络管理员手工配置的路由条目；动态路由是路由器通过动态路由协议（如 OSPF、IS – IS、BGP 等）学习到的路由。

（2）路由条目优选

路由器依据路由表转发 IP 包，路由表如图 6 – 2 所示。其主要包含以下 7 个字段。

```
<Quidway> display ip routing-table
Route Flags: R - relay, D - download to fib

Routing Tables: Public
    Destinations : 6      Routes : 6

Destination/Mask     Proto    Pre  Cost  Flags    NextHop      Interface

    1.1.1.1/32       Static   60   0     D        0.0.0.0      NULL0
    2.2.2.2/32       Static   60   0     D        100.0.0.2    Vlanif100
    100.0.0.0/24     Direct   0    0     D        100.0.0.1    Vlanif100
    100.0.0.1/32     Direct   0    0     D        127.0.0.1    Vlanif100
    127.0.0.0/8      Direct   0    0     D        127.0.0.1    InLoopBack0
    127.0.0.1/32     Direct   0    0     D        127.0.0.1    InLoopBack0
```

图 6 – 2　路由表

Destination/Mask：表示此路由的目的网络地址与网络掩码。将目的地址和子网掩码"逻辑与"后可得到目的主机或路由器所在网段的地址。例如：目的地址为 1.1.1.1，掩码为 255.255.255.0 的主机或路由器所在网段的地址为 1.1.1.0。

Proto（Protocol）：该路由的协议类型，也即路由器是通过什么协议获知该路由的。

Pre（Preference）：表示此路由的路由协议优先级。针对同一目的地，可能存在不同下一跳、出接口等多条路由，这些不同的路由可能是由不同的路由协议发现的，也可以是手工配置的静态路由。优先级最高（数值最小）者，将成为当前的最优路由。

Cost：路由开销。当到达同一目的地的多条路由具有相同的路由优先级时，路由开销最小的将成为当前的最优路由。

Flags：通常用于描述路由表条目的特定属性或状态。在不同的操作系统和网络设备中，Flags 字段的具体表示和含义可能有所不同。

NextHop：表示对于本路由器而言，到达该路由指向的目的网络的下一跳地址。该字段指明了数据转发的下一个设备。

Interface：表示此路由的出接口。指明数据将从本路由器的哪个接口转发出去。

当路由器从多种不同的途径获知到达同一个目的网段的路由（这些路由的目的网络地址及网络掩码均相同）时，路由器会比较这些路由的优先级。优选优先级值最小的路由。

路由来源的优先级值（Preference）越小，代表加入路由表的优先级越高。拥有最高优先级的路由将被添加进路由表，如图 6 – 3 所示。

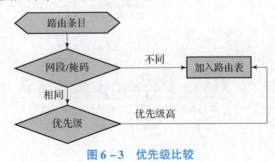

图 6 – 3　优先级比较

优先级的比较过程如图 6 – 4 所示，RTA 通过动态路由协议 OSPF 和手动配置的方式都发现了到达 10.0.0.0/30 的路由，此时会比较这两条路由的优先级，优选优先级值最小的路由。

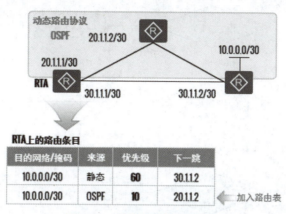

图 6 – 4　优先级比较过程示例

每一种路由协议都有相应的优先级，OSPF 拥有更优的优先级（路由优先级见表 6 – 1），因此，通过 OSPF 学习到的路由被添加到路由表中。

表 6 – 1　路由优先级

路由来源	路由类型	默认优先级
直连路由	直连路由	0
静态路由	静态路由	60
动态路由	OSPF 内部路由	10
	OSPF 外部路由	150

当路由器通过某种路由协议发现了多条到达同一个目的网络的路由时（拥有相同的路由优先级），度量值将作为路由优选的依据之一。

路由度量值表示到达这条路由所指目的地址的代价。一些常用的度量值有：跳数、带宽、时延、代价、负载、可靠性等。度量值数值越小者越优先，度量值最小路由将会被添加到路由表中，度量值很多时候被称为开销（Cost）。比较过程如图 6 – 5 所示。

如图 6 – 6 所示，RTA 通过动态路由协议 OSPF 学习到了两条目的地为 10.0.0.0/30 的路由，学习自同一路由协议、优先级相同，因此，需要继续比较度量值。两条路由拥有不同的度量值，下一跳为 30.1.1.2 的 OSPF 的路由条目拥有更小的度量值，因此被加入路由表中。

2. 路由转发

当路由器收到一个 IP 数据包时，会将数据包的目的 IP 地址与自己本地路由表中的所有路由表项进行逐位（Bit – By – Bit）比对，直到找到匹配度最长的条目，这就是最长前缀匹配机制，如图 6 – 7 所示。

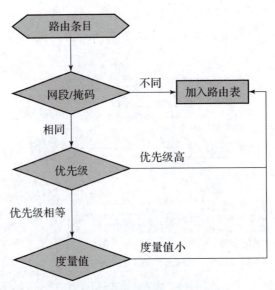

图 6-5　度量值比较过程

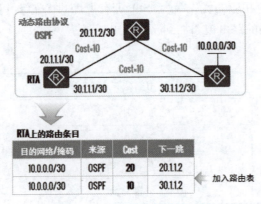

图 6-6　度量值比较过程示例

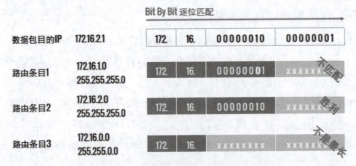

图 6-7　最长前缀匹配原则

　　如图 6-8 所示，根据最长匹配原则进行匹配，能够匹配 192.168.2.2 的路由有两条，但是路由的掩码长度中，一个为 16 bit，另一个为 24 bit，掩码长度为 24 bit 的路由满足最长匹配原则，因此被选择来指导去往 192.168.2.2 的报文转发。

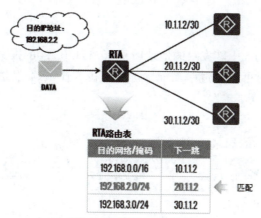

图 6-8   最长匹配示例

如图 6-9 所示，来自 10.0.1.0/24 网段的 IP 报文想要去往 40.0.1.0/24 网段，首先到达网关，网关查找路由表项，确定转发的下一跳、出接口，之后报文转发给 R2。报文到达 R2 之后，R2 通过查找路由表项转发给 R3，R3 收到后查找路由表项，发现 IP 报文目的 IP 属于本地接口所在网段，直接进行本地转发。

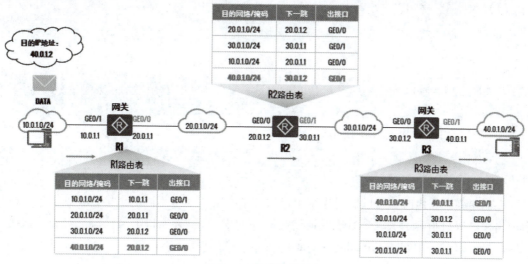

图 6-9   路由转发流程

当路由器从多种不同的途径获知到达同一个目的网段的路由（这些路由的目的网络地址及网络掩码均相同）时，会选择路由优先级值最小的路由；如果这些路由学习自相同的路由协议，则优选度量值最优的。总之，最优的路由加入路由表。

当路由器收到一个数据包时，会在自己的路由表中查询数据包的目的 IP 地址。如果能够找到匹配的路由表项，则依据表项所指示的出接口及下一跳来转发数据；如果没有匹配的表项，则丢弃该数据包。

路由器的行为是逐跳的，数据包从源到目的地所经路径上的每个路由器都必须有关于目标网段的路由，否则，就会造成丢包。

数据通信往往是双向的，因此要关注流量的往返（往返路由）。

二、静态路由的配置

如图 6-10 所示，RTA 上转发目的地址属于 20.1.1.0/24 的报文，在只有直连路由的情况下没有路由匹配。此时可以通过手动配置静态路由，使 RTA 发送前往 20.1.1.0/24 网段的报文交给下一跳 10.0.0.2 转发。

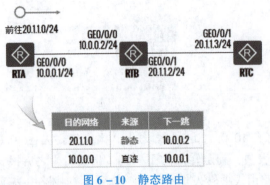

图 6-10　静态路由

静态路由基本的配置命令如下：

（1）关联下一跳 IP 的方式

```
[Huawei]ip route-static ip-address { mask | mask-length } nexthop-address
```

（2）关联出接口的方式

```
[Huawei]ip route-static ip-address { mask | mask-length } interface-type interface-number
```

（3）关联出接口和下一跳 IP 方式

```
[Huawei]ip route-static ip-address { mask | mask-length } interface-type interface-number[ nexthop-address]
```

在创建静态路由时，可以同时指定出接口和下一跳。对于不同的出接口类型，也可以只指定出接口或只指定下一跳。对于点到点接口（如串口），必须指定出接口。对于广播接口（如以太网接口）和 VT（Virtual-Template）接口，必须指定下一跳。

静态路由配置案例：

如图 6-11 所示，RTA 与 RTC 上配置静态路由，实现 10.0.0.0/24 与 20.1.1.0/24 的互通。因为报文是逐跳转发的，所以每一跳路由设备上都需要配置到达相应目的地址的路由。另外，需要注意通信是双向的，针对通信过程中的往返流量，都需关注途径设备上的路由配置。

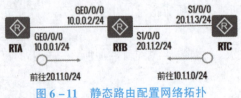

图 6-11　静态路由配置网络拓扑

RTA 的配置：

```
[RTA]ip route-static 20.1.1.0 255.255.255.0 10.0.0.2
```

RTC 的配置：

```
[RTC]ip route-static 10.0.0.0 255.255.255.0 S1/0/0
```

默认路由是一种特殊的路由，当报文没有在路由表中找到匹配的具体路由表项时才使用。如果报文的目的地址不能与路由表的任何目的地址相匹配，那么该报文将选取默认路由进行转发。

默认路由在路由表中的形式为 0.0.0.0/0。

默认路由一般用于企业网络出口，如图 6-12 所示，通过配置一条默认路由让出口设备能够转发前往 Internet 上任意地址的 IP 报文。

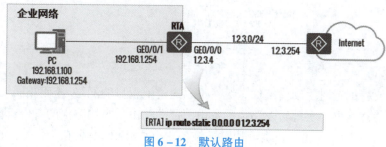

图 6-12　默认路由

三、路由高级特性

1. 路由递归

路由必须有直连的下一跳才能够指导转发，但是路由生成时，下一跳可能不是直连的，因此，需要计算出一个直连的下一跳和对应的出接口，这个过程就叫作路由递归。路由递归也称为路由迭代。如图 6-13 所示，在 RTA 上配置一条去往 30.1.2.0/24 的路由，下一跳为 20.1.1.3，非本地直连网络。如果路由表中没有去往 20.1.1.3 的路由，那么该静态路由将不会生效，无法作为有效路由条目，不会出现在路由表中。所以，需添加一条去往 20.1.1.3 的路由，下一跳为直连网络内的 IP 地址 10.0.0.2。去往 30.1.2.0/24 的路由通过递归查询得到一个直连的下一跳，该路由因此生效。

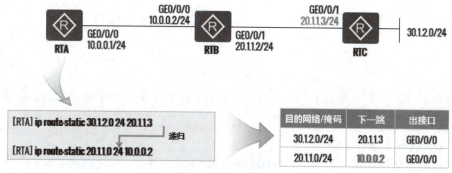

图 6-13　路由递归

2. 等价路由

如图 6 – 14 所示，路由器 RTA 去往 10.0.0.0/30 网络的路由有两条，它们来源相同、开销相同，只是下一跳不同，这两条路由都会被加入路由表，形成的路由为等价路由，路由转发会将流量分布到多条路径上。路由表中存在等价路由之后，前往该目的网段的 IP 报文路由器会通过所有有效的接口、下一跳转发，这种转发行为称为负载分担。

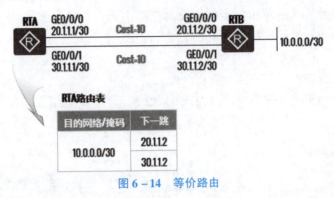

图 6 – 14　等价路由

3. 浮动路由

静态路由支持配置时手动指定优先级，可以通过配置目的网络/掩码相同、优先级不同、下一跳不同的静态路由，实现转发路径的备份。浮动路由是主用路由的备份，保证链路故障时提供备份路由。主用路由下一跳可达时，该备份路由不会出现在路由表。如图 6 – 15 所示，在 RTA 上配置如下浮动路由：

```
[RTA]ip route - static 20.0.0.0 30 10.1.1.2
[RTA]ip route - static 20.0.0.0 30 10.1.2.2 preference 70
```

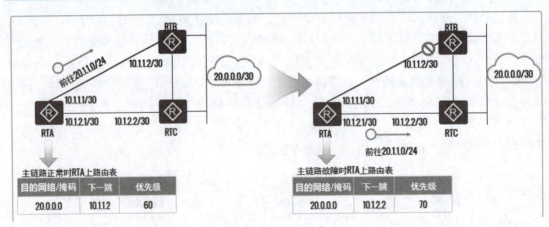

图 6 – 15　浮动路由

主链路正常时，下一跳为 10.1.1.2 的路由出现在 RTA 中，当主链路出现故障时，下一跳为 10.1.2.2 的路由出现在 RTA 的路由表中。

4. 无类别域间路由（CIDR）

无类别域间路由（Classless Inter – Domain Routing，CIDR）采用 IP 地址加掩码长度来标识网络和子网，而不是按照传统 A、B、C 等类型对网络地址进行划分。

CIDR 容许任意长度的掩码长度,将 IP 地址看成连续的地址空间,可以使用任意长度的前缀分配,多个连续的前缀可以聚合成一个网络。该特性可以有效减少路由表条目数量。如图 6-16 所示,通过 CIDR 将 4 个网络聚合为一个网络。

图 6-16　网络聚合

5. 路由汇总

为减少路由条目数量,可以使用路由汇总,路由汇总将一组具有相同前缀的路由汇聚成一条路由,从而达到减小路由表规模以及优化设备资源利用率的目的。路由汇总采用了 CIDR 的思想,即将相同前缀的地址聚合成一个。汇聚之前的这组路由称为精细路由或明细路由,汇聚之后的这条路由称为汇总路由或聚合路由。

如图 6-17 所示,RTA 为了能够前往远端地址,需要为每一个远端网段配置一条明细路由。去往 10.1.1.0/24、10.1.2.0/24、10.1.3.0/24、…拥有相同下一跳。将拥有相同下一跳,一组有规律的路由汇总成一条路由 10.1.0.0/16,这叫作路由汇总。路由汇总可以有效减小路由表项大小。

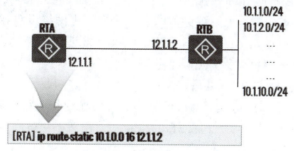

图 6-17　路由汇总

6. 精确汇总

如图 6-18 所示,基于一系列连续的、有规律的 IP 网段,如果需计算相应的汇总路由,且确保得出的汇总路由刚好"囊括"图中的 IP 网段,则需保证汇总路由的掩码长度尽可能长。

诀窍在于将明细路由的目的网络地址都换算成二进制,然后排列起来,找出所有目的网络地址中"相同的比特位"。

当然,路由汇总也会带来一些问题,如路由环路的问题。如图 6-19 所示,在 RTA 上配置一条默认路由指向 RTA,在 RTA 上配置一条去往 10.1.0.0/16 的汇总路由,此时 RTB 若收到去往 10.1.20.0/24 的数据包,该包在 RTB 与 RTA 之间循环转发,即会形成路由环路。

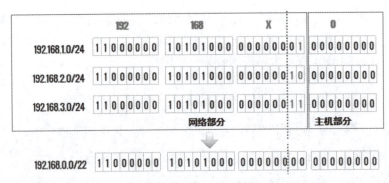

图 6 – 18　汇总路由

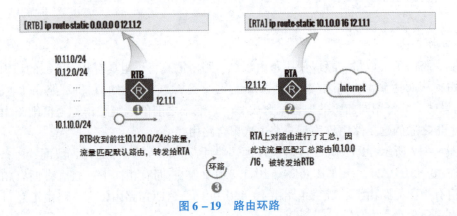

图 6 – 19　路由环路

在 RTB 上增加一条指向 Null0 的路由（［RTB］ip route – static 10.1.0.0 16 0 NULL0），即可解决上述问题。Null0 是一个系统保留的逻辑接口，当网络设备在转发某些数据包时，如果使用出接口为 Null0 的路由，那么这些报文将被直接丢弃，就像被扔进了一个黑洞里，因此，出接口为 Null0 的路由又称为黑洞路由。

因此，在部署路由汇总的时候要格外注意，要规避环路问题。

在配置汇总路由时，有时可能会造成网络的丢包，如图 6 – 20 所示，为了让 RTA 能够到达 RTB 上的 172.16.1.0/24 ~ 172.16.31.0/24 网段，配置了一条静态的汇总路由：

```
[RTA]ip route – static 172.16.0.0 16 10.0.0.2
```

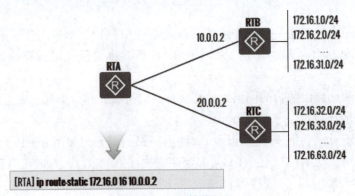

图 6 – 20　不精确汇总

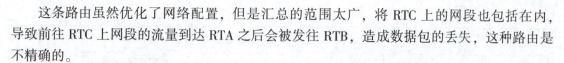

这条路由虽然优化了网络配置，但是汇总的范围太广，将 RTC 上的网段也包括在内，导致前往 RTC 上网段的流量到达 RTA 之后会被发往 RTB，造成数据包的丢失，这种路由是不精确的。

所以，在配置汇总路由时要尽可能精确，掩码要尽可能长，精确汇总如图 6 – 21 所示。

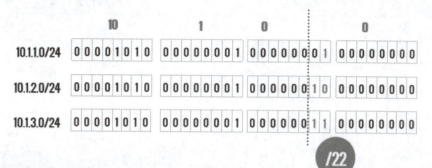

图 6 – 21　精确汇总

任务 6.2　VLAN 间的路由调试

【任务工单】

任务名称	VLAN 间的路由调试				
组别		成员		小组成绩	
学生姓名				个人成绩	
任务情境	传统交换二层组网中，默认所有网络都处于同一个广播域，这带了诸多问题。VLAN（Virtual Local Area Network，虚拟局域网）技术的提出，满足了二层组网隔离广播域需求，使得属于不同 VLAN 的网络无法互访，但不同 VLAN 之间又存在着相互访问的需求。需要实现不同 VLAN 之间的相互通信				
任务目标	通过使用 VLANIF 技术实现不同 VLAN 间的通信				
任务要求	按本任务后面列出的具体任务内容，实现 VLAN 的通信				
知识链接					

续表

任务名称	VLAN 间的路由调试			
组别		成员	小组成绩	
学生姓名			个人成绩	
计划决策				
任务实施	1. 了解 VLAN 间通信的技术背景 2. 掌握使用路由器实现 VLAN 间通信 3. 掌握使用 VLANIF 技术实现 VLAN 间通信			
检查	1. 路由器子接口的配置；2. VLANIF 接口的配置；3. 不同 VLAN 间通信验证			
实施总结				
小组评价				
任务点评				

【前导知识】

VLAN 技术很好地限制了广播域的范围，这样也导致了不同 VLAN 间不能互通。要实现不同 VLAN 间的通信，可以使用路由器或者三层交换机。

【任务内容】

1. 了解 VLAN 间通信的技术背景。
2. 掌握使用路由器实现 VLAN 间通信的方法。
3. 掌握使用 VLANIF 技术实现 VLAN 间通信的方法。

【任务实施】

1. VLAN 间通信的技术背景

在局域网中，相同 VLAN 下相同网段的 PC 之间可直接进行通信，不需要借助三层设备。但实际网络部署中，一般会将不同 IP 地址段划分到不同的 VLAN，如图 6 – 22 所示，这时，不同 VLAN 间要实现互访，需要借助三层设备。常见的三层设备有路由器、三层交换机、防火墙等。

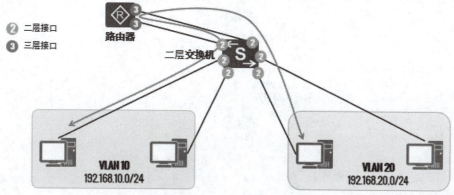

图 6 – 22　不同 VLAN 间通信

2. 路由器实现 VLAN 间通信

如图 6 – 23 所示，在二层交换机 SW1 上配置 VLAN，每个 VLAN 单独使用一个交换机接口与路由器互连。路由器使用两个物理接口，分别作为 VLAN 10 及 VLAN 20 内 PC 的默认网关，使用路由器的物理接口实现 VLAN 之间的通信。

数据通信
网络基础

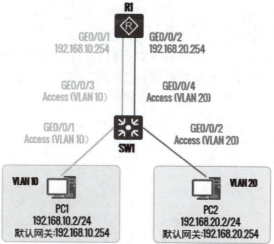

图 6 – 23　路由器实现 VLAN 间通信

路由器三层接口作为网关，转发本网段前往其他网段的流量。路由器三层接口无法处理携带 VLAN Tag 的数据帧，因此，交换机上连路由器的接口需配置为 Access。

路由器的一个物理接口作为一个 VLAN 的网关，因此，存在一个 VLAN 就需要占用一个路由器物理接口。路由器作为三层转发设备，其接口数量较少，这种方案的可扩展性太差。

还可以使用路由器的子接口来实现不同 VLAN 间的通信，子接口（Sub – Interface）是基于路由器以太网接口所创建的逻辑接口，以物理接口 ID + 子接口 ID 进行标识，子接口同物理接口一样，可进行三层转发。

如图 6 – 24 所示，R1 使用一个物理接口（GE0/0/1）与交换机 SW1 对接，并基于该物理接口创建两个子接口：GE0/0/1.10 及 GE0/0/1.20，分别使用这两个子接口作为 VLAN 10 及 VLAN 20 的默认网关。

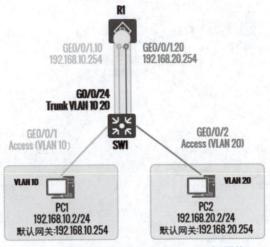

图 6 – 24　路由器子接口实现 VLAN 间通信

由于三层子接口不支持 VLAN 报文，当它收到 VLAN 报文时，会将 VLAN 报文当成非法报文而丢弃。因此，需要在子接口上将 VLAN Tag 剥掉，也就是需要 VLAN 终结（VLAN Termination）。

如图 6 – 25 所示，交换机连接路由器的接口类型配置为 Trunk，根据报文的 VLAN Tag 不同，路由器将收到的报文交由对应的子接口处理。子接口终结 VLAN 的实质包含两个方面：一个是对接口接收到的报文，剥除 VLAN 标签后进行三层转发或其他处理；另一个是对接口发出的报文，将相应的 VLAN 标签添加到报文中后再发送。通过子接口，设备可以三层转发实现 VLAN 间通信。

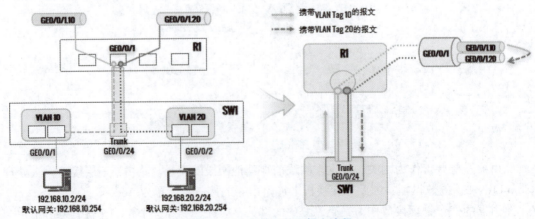

图 6 – 25　子接口处理报文流程

图 6 – 24 拓扑中路由器 R1 对子接口的配置如下：

```
[R1]interface GigabitEthernet0/0/1.10
[R1-GigabitEthernet0/0/1.10]dot1q termination vid 10
[R1-GigabitEthernet0/0/1.10]ip address 192.168.10.254 24
[R1-GigabitEthernet0/0/1.10]arp broadcast enable
[R1]interface GigabitEthernet0/0/1.20
[R1-GigabitEthernet0/0/1.20]dot1q termination vid 20
[R1-GigabitEthernet0/0/1.20]ip address 192.168.20.254 24
[R1-GigabitEthernet0/0/1.20]arp broadcast enable
```

3. VLANIF 技术实现 VLAN 间通信

除了路由器外，三层交换机也可以实现 VLAN 间的通信，三层交换机除了具备二层交换机的功能，还支持通过三层接口（VLANIF 接口）实现路由转发功能。VLANIF 接口是一种三层的逻辑接口，支持 VLAN Tag 的剥离和添加，因此，可以通过 VLANIF 接口实现 VLAN 之间的通信。VLANIF 接口编号与所对应的 VLAN ID 相同，如 VLAN 10 对应 VLANIF 10。

如图 6 – 26 所示，两台 PC 分别属于 VLAN 10、VLAN 20。通过三层交换机完成两台 PC 之间的相互通信。配置如下：

```
[SW1]vlan batch 10 20
[SW1]interface GigabitEthernet 0/0/1
[SW1-GigabitEthernet0/0/1]port link-type access
[SW1-GigabitEthernet0/0/1]port default vlan 10
[SW1]interface GigabitEthernet 0/0/2
[SW1-GigabitEthernet0/0/2]port link-type access
[SW1-GigabitEthernet0/0/2]port default vlan 20
[SW1]interface Vlanif 10
[SW1-Vlanif10]ip address 192.168.10.254 24
[SW1]interface Vlanif 20
[SW1-Vlanif20]ip address 192.168.20.254 24
```

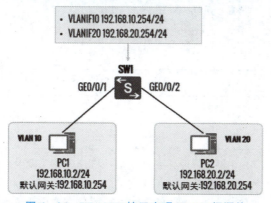

图 6 – 26　VLANIF 接口实现 VLAN 间通信

VLANIF 转发流程如图 6 – 27 所示。PC1 通过本地 IP 地址、本地掩码、对端 IP 地址进行计算，发现目的设备 PC2 与自身不在同一个网段，判断该通信为三层通信，将去往 PC2 的流量发给网关。PC1 发送的数据帧为：源 MAC = MAC1，目的 MAC = MAC2。

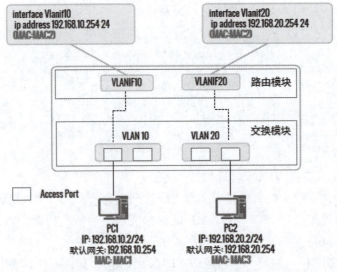

图 6－27　**VLANIF 转发流程**

交换机收到 PC1 发送的去往 PC2 的报文，经解封装，发现目的 MAC 为 VLANIF10 接口的 MAC 地址，所以将报文交给路由模块继续处理。

路由模块解析发现目的 IP 为 192.168.20.2，非本地接口存在的 IP 地址，因此，需要对该报文进行三层转发。查找路由表后，匹配 VLANIF20 产生的直连路由。

因为匹配的是直连路由，说明已经到达最后一跳，所以，交换机在 ARP 表中查找 192.168.20.2，获取 192.168.20.2 的 MAC 地址，交由交换模块重新封装为数据帧。

交换模块查找 MAC 地址表，以明确报文出接口、是否需要携带 VLAN Tag。最终交换模块发送的数据帧为：源 MAC＝MAC2，目的 MAC＝MAC3，VLAN Tag＝None。至此，三层交换机成功实现不同 VLAN 间的通信。

任务6.3　深入研究 OSPF

【任务工单】

任务名称	深入研究 OSPF				
组别		成员		小组成绩	
学生姓名				个人成绩	
任务情境	由于静态路由由网络管理员手工配置，因此，当网络发生变化时，静态路由需要手动调整，这制约了静态路由在现网大规模的应用。动态路由协议因其灵活性高、可靠性好、易于扩展等特点被广泛应用于现网。在动态路由协议之中，OSPF（Open Shortest Path First，开放式最短路径优先）协议是使用非常广泛的动态路由协议之一				
任务目标	了解链路状态路由协议 OSPF 的基本概念、工作原理、基本配置				

续表

任务名称	深入研究 OSPF			
组别		成员	小组成绩	
学生姓名			个人成绩	
任务要求	按本任务后面列出的具体任务内容，成功配置 OSPF 路由协议，实现网络通信			
知识链接				
计划决策				
任务实施	1. 了解 OSPF 协议的基本概念 2. 理解 OSPF 协议的工作原理 3. 掌握 OSPF 协议的基本配置			
检查	1. OSPF 基本配置；2. OSPF 邻居表；3. OSPF 路由表			
实施总结				
小组评价				
任务点评				

【前导知识】

OSPF 是广泛使用的一种动态路由协议，它属于链路状态路由协议，具有路由变化收敛速度快、无路由环路、支持变长子网掩码（VLSM）和汇总、层次区域划分等优点。在网络中使用 OSPF 协议后，大部分路由将由 OSPF 协议自行计算和生成，无须网络管理员人工配置。当网络拓扑发生变化时，协议可以自动计算、更正路由，极大地方便了网络管理。

【任务内容】

1. 了解 OSPF 的基本概念。
2. 理解 OSPF 的工作原理。
3. 掌握 OSPF 路由的基本配置。

【任务实施】

1. OSPF 概述

在路由基础中已经讲过静态路由，静态路由是由工程师手动配置和维护的路由条目，它适用于小型或稳定的网络，无法适应规模较大的网络，因为随着设备数量增加，配置量急剧增加。同时，静态路由无法动态响应网络的变化，网络如果发生变化，无法自动收敛网络，需要工程师手动修改。

数据通信
网络基础

动态路由比较适合规模较大的网络。动态路由按工作区域分类，可以分为：内部网关协议（IGP），内部网关协议有 RIP、OSPF、IS – IS；外部网关协议（EGP），外部网关协议有 BGP。按工作机制及算法分类，可以分为距离矢量路由协议（RIP）和链路状态路由协议（OSPF、IS – IS）。

运行距离矢量路由协议的路由器周期性地泛洪自己的路由表。通过路由的交互，每台路由器都从相邻的路由器学习到路由，并且加载进自己的路由表中。对于网络中的所有路由器而言，路由器并不清楚网络的拓扑，只是简单地知道要去往某个目的方向在哪里，距离有多远。这即是距离矢量算法的本质。

与距离矢量路由协议不同，链路状态路由协议通告的是链路状态而不是路由表。运行链路状态路由协议的路由器之间首先会建立一个协议的邻居关系，然后彼此之间开始交互 LSA（Link State Advertisement，链路状态通告）。如图 6 – 28 所示，链路状态通告可以简单地理解为每台路由器都产生一个描述自己直连接口的状态（包括接口的开销、与邻居路由器之间的关系等）的通告。

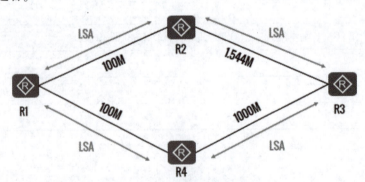

图 6 – 28　链路状态通告 LSA

每台路由器都会产生 LSA，路由器将接收到的 LSA 放入自己的 LSDB（Link State DataBase，链路状态数据库）中，LSDB 汇总了网络中路由器对自己接口的描述，路由器通过 LSDB 掌握了全网的拓扑。

每台路由器基于 LSDB，使用 SPF（Shortest Path First，最短路径优先）算法进行计算。

每台路由器都计算出一棵以自己为根的、无环的、拥有最短路径的"树"。有了这棵"树"，路由器就已经知道了到达网络各个角落的优选路径，如图6-29所示。

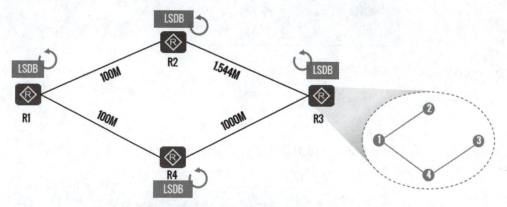

图6-29　最短路径

最后，路由器将计算出来的优选路径，加载进自己的路由表（Routing Table）。

链路状态路由协议有4个步骤（图6-30）：

第1步：建立相邻路由器之间的邻居关系。

第2步：邻居之间交互链路状态信息和同步LSDB。

第3步：进行优选路径计算。

第4步：根据最短路径树生成路由表项加载到路由表。

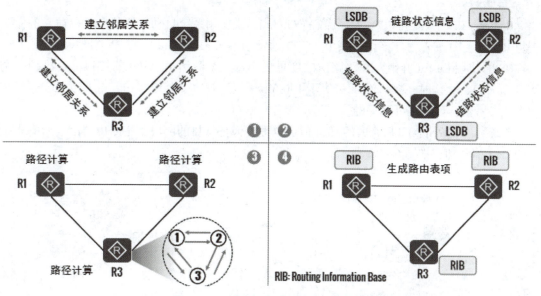

图6-30　链路状态路由协议4个步骤

OSPF是典型的链路状态路由协议，是目前业内使用非常广泛的IGP协议之一。OSPF Area用于标识一个OSPF的区域。区域是从逻辑上将设备划分为不同的组，每个组用区域号（Area ID）来标识，如图6-31所示。

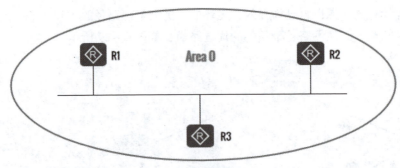

图 6 – 31　OSPF 区域

Router – ID（Router Identifier，路由器标识符）用于在一个 OSPF 域中唯一地标识一台路由器，如图 6 – 32 所示。

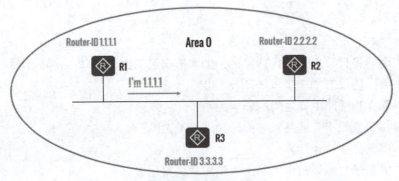

图 6 – 32　Router – ID

Router – ID 的设定可以通过手工配置的方式，或使用系统自动配置的方式。通常的做法是将 Router – ID 配置为与该设备某个接口（通常为 Loopback 接口）的 IP 地址一致。

OSPF 使用 Cost（开销）作为路由的度量值。每一个激活了 OSPF 的接口都会维护一个接口 Cost 值，默认时，接口 Cost 值等于 100 Mb/s 接口带宽。其中，100 Mb/s 为 OSPF 指定的默认参考值，该值是可配置的。

笼统地说，一条 OSPF 路由的 Cost 值可以理解为是从目的网段到本路由器沿途所有入接口的 Cost 值累加，如图 6 – 33 所示。

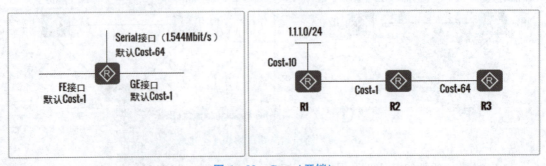

图 6 – 33　Cost（开销）

OSPF 有 5 种类型的协议报文，分别是 Hello、Database Description、Link State Request、Link State Update、Link State ACK。这些协议报文在 OSPF 路由器之间的交互中起不同的作用，具体作用见表 6 – 1。

表 6-1 OSPF 报文

报文名称	报文功能
Hello	周期性发送，用来发现和维护 OSPF 邻居关系
Database Description	描述本地 LSDB 的摘要信息，用于两台设备进行数据库同步
Link State Request	用于向对方请求所需的 LSA。设备只有在 OSPF 邻居双方成功交换 DD 报文后，才会向对方发出 LSR 报文
Link State Update	用于向对方发送其所需的 LSA
Link State ACK	用来对收到的 LSA 进行确认

OSPF 有 3 张重要的表项，分别是 OSPF 邻居表、LSDB 表和路由表。

第一张是 OSPF 邻居表。OSPF 在传递链路状态信息之前，需先建立 OSPF 邻居关系。OSPF 的邻居关系通过交互 Hello 报文建立，OSPF 邻居表显示了 OSPF 路由器之间的邻居状态，使用 display ospf peer 查看，如图 6-34 所示。

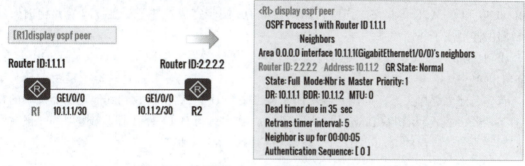

图 6-34 OSPF 邻居表

第二张是 LSDB 表。LSDB 会保存自己产生的及从邻居收到的 LSA 信息。如图 6-35 所示，R1 的 LSDB 包含了三条 LSA。Type 标识 LSA 的类型，AdvRouter 标识发送 LSA 的路由器。使用命令行 display ospf lsdb 查看 LSDB 表。

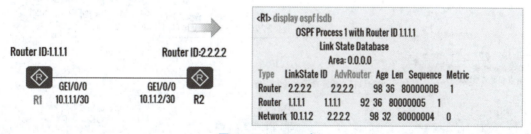

图 6-35 LSDB 表

第三张是路由表。OSPF 路由表和路由器路由表是两张不同的表项。如图 6-36 所示，OSPF 路由表有三条路由。OSPF 路由表包含 Destination、Cost 和 NextHop 等指导路由转发的信息。使用命令 display ospf routing 查看 OSPF 路由表。

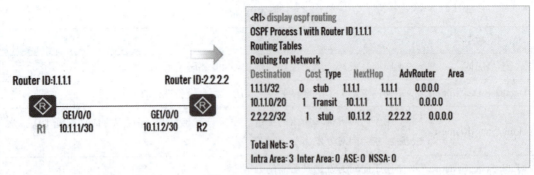

图 6-36　OSPF 路由表

2. OSPF 协议的工作原理

（1）OSPF 邻接关系的建立

OSPF 路由器之间的关系有两个重要的概念：邻居关系和邻接关系。路由器接口上激活 OSPF 后，就开始发送及侦听 Hello 报文。在通过 Hello 报文发现彼此后，这两台路由器便形成了邻居关系。

邻居关系的建立只是一个开始，后续会进行一系列的报文交互，例如前文提到的 DD、LSR、LSU 和 LS ACK 等报文。当两台路由器 LSDB 同步完成，并开始独立计算路由时，这两台路由器形成了邻接关系。

OSPF 完成邻接关系的建立有 4 个步骤：建立邻居关系，协商主/从，交互 LSDB 信息，同步 LSDB。

首先是建立邻居关系。如图 6-37 所示，当一台 OSPF 路由器收到其他路由器发来的首个 Hello 报文时，会从初始 Down 状态切换为 Init 状态。当 OSPF 路由器收到的 Hello 报文中的邻居字段包含自己的 Router ID 时，则从 Init 切换 2-way 状态。

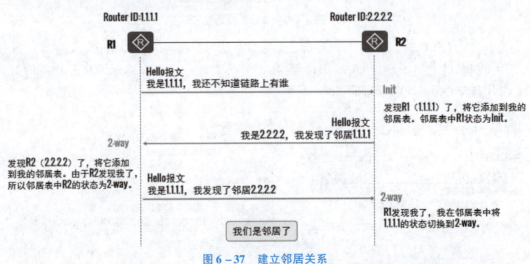

图 6-37　建立邻居关系

邻居状态机从 2-way 转为 Exstart 状态后，开始主从关系选举，如图 6-38 所示。

R1 向 R2 发送的第一个 DD 报文内容为空，其 Seq 序列号假设为 X。

R2 也向 R1 发出第一个 DD 报文，其 Seq 序列号假设为 Y。

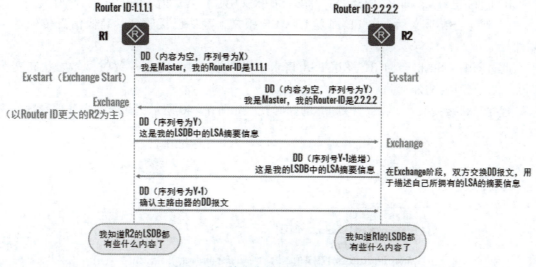

图 6 – 38 协商主从/交互 LSDB 信息

选举主从关系的规则是比较 Router ID，越大者越优先。R2 的 Router ID 比 R1 的大，因此，R2 成为真正的主设备。主从关系比较结束后，R1 的状态从 Exstart 转变为 Exchange。

R1 邻居状态变为 Exchange 后，R1 发送一个新的 DD 报文，包含自己 LSDB 的描述信息，其序列号采用主设备 R2 的序列号。R2 收到后，邻居状态从 Exstart 转变为 Exchange。

R2 向 R1 发送一个新的 DD 报文，包含自己 LSDB 的描述信息，序列号为 Y + 1。

R1 作为从路由器需要对主路由 R2 发送的每个 DD 报文进行确认，回复报文的序列号与主路由 R2 的一致。

发送完最后一个 DD 报文后，R1 将邻居状态切换为 Loading。

邻居状态转变为 Loading 后，R1 向 R2 发送 LSR 报文，请求那些在 Exchange 状态下通过 DD 报文发现的，但是在本地 LSDB 中没有的 LSA，如图 6 – 39 所示。

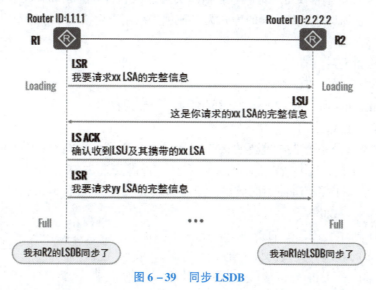

图 6 – 39 同步 LSDB

R2 收到报文后，向 R1 回复 LSU。在 LSU 报文中，包含被请求的 LSA 的详细信息。

R1 收到 LSU 报文后，向 R2 回复 LS ACK 报文，确认已接收到，确保信息传输的可靠性。

此过程中，R2 也会向 R1 发送 LSA 请求。当两端 LSDB 完全一致时，邻居状态变为 Full，表示成功建立邻接关系。

建立完邻接关系后，再查看 OSPF 的邻居表，如图 6－40 所示，邻居表中各项参数的含义如下。

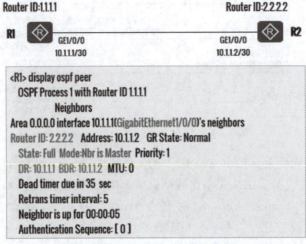

图 6－40　建立邻接关系后的邻居表

Router ID：邻居 OSPF 路由器 ID。

Address：邻居接口地址。

GR State：使能 OSPF GR 功能后显示 GR 的状态（GR 为优化功能），默认为 Normal。

State：邻居状态。正常情况下，LSDB 同步完成之后，稳定停留状态为 Full。

Mode：用于标识本台设备在链路状态信息交互过程中的角色是 Master 还是 Slave。

Priority：用于标识邻居路由器的优先级（该优先级用于后续 DR 角色选举）。

DR：指定路由器。

BDR：备份指定路由器。

MTU：邻居接口的 MTU 值。

Retrans timer interval：重传 LSA 的时间间隔，单位为秒。

（2）OSPF 网络类型

OSPF 网络类型是一个非常重要的接口变量，这个变量将影响 OSPF 在接口上的操作，例如，采用什么方式发送 OSPF 协议报文，以及是否需要选举 DR、BDR 等。接口默认的 OSPF 网络类型取决于接口所使用的数据链路层封装。OSPF 有 4 种网络类型，分别是 P2P、Broadcast、NBMA、P2MP。

如图 6－41 所示，P2P 指的是在一段链路上只能连接两台网络设备的环境。典型的例子是 PPP 链路。当接口采用 PPP 封装时，OSPF 在该接口上采用的默认网络类型为 P2P。

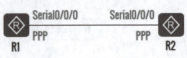

图 6－41　PPP 链路

Broadcast 网络指的是一个允许多台设备接入的、支持广播的环境。典型的例子是 Ethernet（以太网）。当接口采用 Ethernet 封装时，OSPF 在该接口上采用的默认网络类型为 BMA（Broadcast），如图 6 – 42 所示。

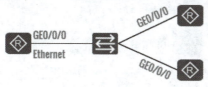

图 6 – 42　BMA

NBMA 指的是一个允许多台网络设备接入且不支持广播的环境。典型的例子是帧中继（Frame – Relay）网络，如图 6 – 43 所示。

图 6 – 43　NBMA

P2MP 相当于将多条 P2P 链路的一端进行捆绑得到的网络。没有一种链路层协议会被默认为 P2MP 网络类型。该类型必须由其他网络类型手动更改。常用做法是将非全连通的 NBMA 改为点到多点的网络，如图 6 – 44 所示。

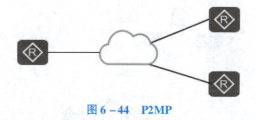

图 6 – 44　P2MP

MA（Multi – Access）多路访问网络有两种类型：广播型多路访问网络（BMA）及非广播型多路访问网络（NBMA）。以太网（Ethernet）是一种典型的广播型多路访问网络。

在 MA 网络中，如果每台 OSPF 路由器都与其他的所有路由器建立 OSPF 邻接关系，便会导致网络中存在过多的 OSPF 邻接关系，增加设备负担，也增加了网络中泛洪的 OSPF 报文数量。当拓扑出现变更时，网络中的 LSA 泛洪可能会造成带宽的浪费和设备资源的损耗。

（3）OSPF 区域

为优化 MA 网络中 OSPF 的邻接关系，OSPF 指定了三种 OSPF 路由器身份：DR（Designated Router，指定路由器）、BDR（Backup Designated Router，备用指定路由器）和 DRother 路由器，如图 6 – 45 所示。

只允许 DR、BDR 与其他 OSPF 路由器建立邻接关系。DRother 之间不会建立全毗邻的 OSPF 邻接关系，双方停滞在 2 – way 状态。BDR 会监控 DR 的状态，并在当前 DR 发生故障时接替其角色，DR 具有非抢占性。

OSPF 域（Domain）就是一系列使用相同策略的连续 OSPF 网络设备所构成的网络。OSPF 路由器在同一个区域（Area）的网络中泛洪 LSA。为了确保每台路由器都拥有对网络拓扑的一致认知，LSDB 需要在区域内进行同步。

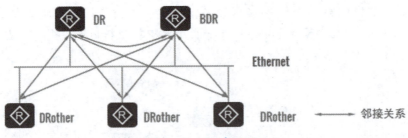

图 6-45 DR 与 BDR

如果 OSPF 域仅有一个区域，随着网络规模越来越大，OSPF 路由器的数量越来越多，这将导致诸多问题：LSDB 越来越庞大，同时，OSPF 路由表规模增加；路由器资源消耗多，设备性能下降，影响数据转发；基于庞大的 LSDB 进行路由计算变得困难；当网络拓扑变更时，LSA 全域泛洪和全网 SPF 重计算带来巨大负担。

如果将一个 OSPF 区域划分成多个区域，如图 6-46 所示，可以使 OSPF 支撑更大规模组网。OSPF 多区域的设计减小了 LSA 泛洪的范围，有效地把拓扑变化的影响控制在区域内，达到网络优化的目的。

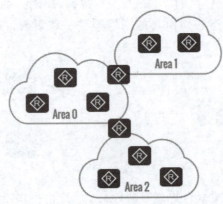

图 6-46 OSPF 多区域

在区域边界可以做路由汇总，减小了路由表规模。多区域提高了网络扩展性，有利于组建大规模的网络。

区域分为骨干区域与非骨干区域。骨干区域即 Area 0，除 Area 0 以外的其他区域都称为非骨干区域。多区域互连原则：基于防止区域间环路的考虑，非骨干区域与非骨干区域不能直接相连，所有非骨干区域必须与骨干区域相连。

OSPF 路由器根据其位置或功能不同，有区域内路由器（Internal Router）、区域边界路由器 ABR（Area Border Router）、骨干路由器（Backbone Router）、自治系统边界路由器 ASBR（AS Boundary Router）。

区域内路由器所有接口属于同一个 OSPF 区域。

区域边界路由器的接口同时属于两个以上的区域，但至少有一个接口属于骨干区域。

骨干路由器至少有一个接口属于骨干区域。

自治系统边界路由器与其他 AS 交换路由信息。只要一台 OSPF 路由器引入了外部路由的信息，它就成为 ASBR。

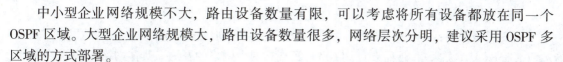

中小型企业网络规模不大，路由设备数量有限，可以考虑将所有设备都放在同一个 OSPF 区域。大型企业网络规模大，路由设备数量很多，网络层次分明，建议采用 OSPF 多区域的方式部署。

3. OSPF 协议的基础配置

（1）OSPF 基础配置命令

创建并运行 OSPF 进程：

```
[Huawei]ospf[ process - id | router - id router - id]
```

porcess - id 用于标识 OSPF 进程，默认进程号为 1。OSPF 支持多进程，在同一台设备上可以运行多个不同的 OSPF 进程，它们之间互不影响，彼此独立。router - id 用于手工指定设备的 ID 号。如果没有通过命令指定 ID 号，系统会从当前接口的 IP 地址中自动选取一个作为设备的 ID 号。

创建并进入 OSPF 区域：

```
[Huawei - ospf -1]area area - id
```

area 命令用来创建 OSPF 区域，并进入 OSPF 区域视图。area - id 可以是十进制整数或点分十进制格式。采取整数形式时，取值范围是 0 ~ 4 294 967 295。

指定运行 OSPF 的接口：

```
[Huawei - ospf -1 - area - 0.0.0.0]network network - address wildcard - mask
```

network 命令用来指定运行 OSPF 协议的接口和接口所属的区域。network - address 为接口所在的网段地址。wildcard - mask 为 IP 地址的反码，相当于将 IP 地址的掩码反转（0 变 1，1 变 0），例如，0.0.0.255 表示掩码长度 24 bit。

配置 OSPF 接口开销：

```
[Huawei - GE1 /0 /1]ospf cost cost
```

ospf cost 命令用来配置接口上运行 OSPF 协议所需的开销。默认情况下，OSPF 会根据该接口的带宽自动计算其开销值。cost 的取值范围是 1 ~ 65 535。

设置 OSPF 带宽参考值：

```
[Huawei - ospf -1]bandwidth - reference value
```

bandwidth - reference 命令用来设置通过公式计算接口开销所依据的带宽参考值。value 的取值范围是 1 ~ 2 147 483 648，单位是 Mb/s，默认值是 100 Mb/s。

设置接口在选举 DR 时的优先级：

```
[Huawei - GigabitEthernet0 /0 /0]ospf dr - priority priority
```

ospf dr - priority 命令用来设置接口在选举 DR 时的优先级。priority 值越大，优先级越高，取值范围是 0 ~ 255。

（2） OSPF 配置案例

有 3 台路由器：R1、R2 和 R3，其中，R1 和 R3 分别连接网络 1.1.1.1/32 和 3.3.3.3/32（LoopBack 0 模拟），现需要使用 OSPF 实现这两个网络的互通。具体网络拓扑如图 6 − 47 所示。

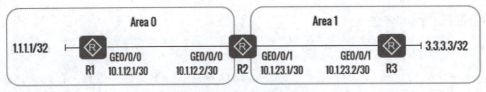

图 6 − 47　OSPF 网络拓扑

配置过程分为三个步骤：配置设备接口、配置 OSPF 和验证结果。

根据规划配置 R1、R2 和 R3 接口的 IP 地址：

```
[R1]interface LoopBack 0
[R1 − LoopBack0]ip address 1.1.1.1 32
[R1 − LoopBack0]interface GigabitEthernet 0/0/0
[R1 − GigabitEthernet0/0/0]ip address 10.1.12.1 30
[R2]interface GigabitEthernet 0/0/0
[R2 − GigabitEthernet0/0/0]ip address 10.1.12.2 30
[R2 − GigabitEthernet0/0/0]interface GigabitEthernet 0/0/1
[R2 − GigabitEthernet0/0/1]ip address 10.1.23.1 30
[R3]interface LoopBack 0
[R3 − LoopBack0]ip address 3.3.3.3 32
[R3 − LoopBack0]interface GigabitEthernet 0/0/1
[R3 − GigabitEthernet0/0/1]ip address 10.1.23.2 30
```

OSPF 参数规划：OSPF 进程号为 1。R1、R2 和 R3 的 Router ID 分别为 1.1.1.1、2.2.2.2 和 3.3.3.3。OSPF 配置如下：

```
[R1]ospf 1 router − id 1.1.1.1
[R1 − ospf − 1]area 0
[R1 − ospf − 1 − area − 0.0.0.0]network 1.1.1.1 0.0.0.0
[R1 − ospf − 1 − area − 0.0.0.0]network 10.1.12.0 0.0.0.3
[R2]ospf 1 router − id 2.2.2.2
[R2 − ospf − 1]area 0
[R2 − ospf − 1 − area − 0.0.0.0]network 10.1.12.0 0.0.0.3
[R2 − ospf − 1 − area − 0.0.0.0]area 1
[R2 − ospf − 1 − area − 0.0.0.1]network 10.1.23.0 0.0.0.3
[R3]ospf 1 router − id 3.3.3.3
[R3 − ospf − 1]area 1
[R3 − ospf − 1 − area − 0.0.0.1]network 3.3.3.3 0.0.0.0
[R3 − ospf − 1 − area − 0.0.0.1]network 10.1.23.0 0.0.0.3
```

最后，在路由器 R2 上查看 OSPF 邻居表，如图 6 − 48 所示。

从 R2 的邻居表中可以看出，配置完 OSPF 后，其邻居 id 为 1.1.1.1 和 3.3.3.3，即 R1 和 R3。R2 与 R1、R3 之间也建立了邻接关系，也可以通过 ping 命令验证网络的连通性。

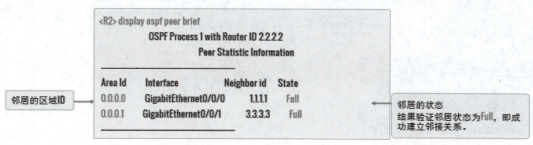

图 6 - 48　OSPF 邻居表

【知识考核】

一、填空题

1. 路由的分类包括_____、_____、_____。

2. 动态路由协议按照算法分类，可以分为_____和_____。

二、单选题

1. 从协议作用范围和协议算法来划分，OSPF 属于（　　）路由协议。

A. IGP　　　　　B. EGP　　　　　C. 距离矢量　　　　　D. 链路状态

2. 支持可变长子网掩码的路由协议有（　　）。

A. RIPv1　　　　B. RIPv2　　　　C. OSPF　　　　D. IS - IS

三、多选题

1. 路由选择表中显示的信息包含（　　）。

A. 路由学习的途径　　　　　　　B. 目的网络的网络地址

C. 到达对应网络的跳数　　　　　D. 到达对应网络经由转发数据的端口

2. 在路由过程中，数据报文的（　　）的内容不会改变。

A. 源和目的 IP　　　　　　　　B. IP 层以上的内容

C. 源 MAC　　　　　　　　　　D. 目的 MAC

3. 对默认路由的描述，正确的是（　　）。

A. 默认路由是一条特殊的静态路由

B. 默认用来转发那些路由表中没有明确表示该如何转发的数据包的路由

C. 默认路由是一条最佳路由

D. 默认路由最后执行

4. 在建立 OSPF 邻居和邻接关系的过程中，稳定的状态是（　　）。

A. Exstart　　　　B. 2 - way　　　　C. Exchange　　　　D. Full

5. 以下（　　）情况下，路由器之间会建立邻接关系。

A. 点到点链路上的两台路由器　　B. 广播型网络中的 DR 和 BDR

C. NBMA 网络中的 DR other 和 DB other　D. 广播型网络中的 BDR 和 DR other

四、简答题

路由器如何优选路由条目？

项目 7

常用的技术研究

【项目导读】

作为数据通信的重要部分，本项目首先介绍如何让设备根据一定规则判断是否应该对数据包进行转发，即通过 ACL（Access Control List，访问控制列表）限制网络流量，并且结合华为设备的配置方法，展示 ACL 的配置命令。然后介绍 NAT 的几种分类、几种 NAT 技术的原理及配置，接着介绍 DHCP 的工作原理及 DHCP 支持配置全局地址池和接口地址池，最后介绍 VRRP 的工作原理及 VRRP 的基本配置。

【项目目标】

> ACL 的基本原理和基本作用。
> ACL 的基本组网配置。
> NAT 的分类和技术原理。
> 四种 NAT 技术的配置。
> DHCP 技术原理。
> DHCP 的基本配置。
> VRRP 的基本概念及技术原理。
> VRRP 的基本配置。

【项目地图】

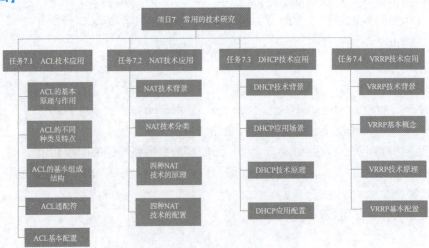

【任务工单】

任务名称	ACL 技术应用				
组别		成员		小组成绩	
学生姓名				个人成绩	
任务情境	你是一名网络管理员，负责管理和保护公司内部网络的安全。公司为保证财务数据安全，禁止研发部门访问财务服务器，但总裁办公室不受限制。在此实验中，你需要使用路由器和交换机等网络设备来实现 ACL，并验证 ACL 规则是否能够实现预期的网络流量控制和安全策略				
任务目标	1. ACL 的基本原理和基本作用 2. ACL 的不同种类及特点 3. ACL 规则的基本组成结构和匹配顺序 4. ACL 中通配符的使用方法 5. ACL 的基本组网配置				
任务要求	按本任务后面列出的具体任务内容，能够完成 ACL 配置				
知识链接					
计划决策					
任务实施	1. ACL 的基本原理和基本作用 2. 区分 ACL 的不同种类及特点 3. ACL 规则的基本组成结构和匹配顺序				

续表

任务名称	ACL 技术应用				
组别		成员		小组成绩	
学生姓名				个人成绩	
任务实施	4. ACL 中通配符的使用方法 5. 完成 ACL 的基本组网配置				
检查					
实施总结					
小组评价					
任务点评					

【前导知识】

随着网络的飞速发展，网络安全和网络服务质量 QoS（Quality of Service）问题日益突出，访问控制列表（Access Control List，ACL）是与其紧密相关的一个技术。ACL 可以通过对网络中报文流的精确识别，与其他技术相结合，达到控制网络访问行为、防止网络攻击和提高网络带宽利用率的目的，从而切实保障网络环境的安全性和网络服务质量的可靠性。

访问控制列表

1. ACL 的基本原理和作用

（1）ACL 的基本原理

ACL 由一系列规则组成，通过将报文与 ACL 规则进行匹配，设备可以过滤出特定的报文。

（2）ACL 的基本作用

随着网络的飞速发展，网络安全和网络服务质量问题日益突出。

- 企业重要服务器资源被随意访问，企业机密信息容易泄露，造成安全隐患。
- Internet 病毒肆意侵略企业内网，内网环境的安全性堪忧。
- 网络带宽被各类业务随意挤占，服务质量要求最高的语音、视频业务的带宽得不到保障，造成用户体验差。

以上种种问题，都对正常的网络通信造成了很大的影响，因此，提高网络安全性服务质量迫在眉睫。ACL 就在这种情况下诞生了。通过 ACL 可以实现对网络中报文流的精确识别和控制，达到控制网络访问行为、防止网络攻击和提高网络带宽利用率的目的，从而切实保障网络环境的安全性和网络服务质量的可靠性。

2. ACL 的分类

（1）基于 ACL 标识方法的划分

划分如下：

数字型 ACL：传统的 ACL 标识方法。创建 ACL 时，指定唯一的数字标识该 ACL。

命名型 ACL：通过名称代替编号来标识 ACL。

用户在创建 ACL 时，可以为其指定编号，不同的编号对应不同类型的 ACL，见表 7－1。同时，为了便于记忆和识别，用户还可以创建命名型 ACL，即在创建 ACL 时为其设置名称。命名型 ACL，也可以是"名称 数字"的形式，即在定义命名型 ACL 时，同时指定 ACL 编号。如果不指定编号，系统会自动为其分配一个数字型 ACL 的编号。

（2）基于对 IPv4 和 IPv6 支持情况的划分

划分如下：

ACL4：通常直接叫作"ACL"，特指仅支持过滤 IPv4 报文的 ACL。

ACL6：又叫作"IPv6 ACL"，特指仅支持过滤 IPv6 报文的 ACL。

以上两种 ACL，以及既支持过滤 IPv4 报文又支持过滤 IPv6 报文的 ACL，统一称为 ACL。各类型 ACL 对 IPv4 和 IPv6 的支持情况见表 7－1。

表 7－1　ACL 基于 IPv4 和 IPv6 支持情况

分类	适用的 IP 版本	规则定义描述	编号范围
基本 ACL	IPv4	仅使用报文的源 IP 地址、分片信息和生效时间段信息来定义规则	2 000～2 999
高级 ACL	IPv4	既可使用 IPv4 报文的源 IP 地址，也可使用目的 IP 地址、IP 协议类型、ICMP 类型、TCP 源/目的端口、UDP 源/目的端口号、生效时间段等来定义规则	3 000～3 999
二层 ACL	IPv4 和 IPv6	使用报文的以太网帧头信息来定义规则，如根据源 MAC（Media Access Control）地址、目的 MAC 地址、二层协议类型等	4 000～4 999
用户自定义 ACL	IPv4 和 IPv6	使用报文头、偏移位置、字符串掩码和用户自定义字符串来定义规则，即以报文头为基准，指定从报文的第几个字节开始与字符串掩码进行"与"操作，并将提取出的字符串与用户自定义的字符串进行比较，从而过滤出相匹配的报文	5 000～5 999

分类	适用的 IP 版本	规则定义描述	编号范围
用户 ACL	IPv4	既可使用 IPv4 报文的源 IP 地址，也可使用目的 IP 地址、IP 协议类型、ICMP 类型、TCP 源端口/目的端口、UDP 源端口/目的端口号等来定义规则	6 000 ~ 6 031
基本 ACL6	IPv6	可使用 IPv6 报文的源 IPv6 地址、分片信息和生效时间段来定义规则	2 000 ~ 2 999
高级 ACL6	IPv6	可以使用 IPv6 报文的源 IPv6 地址、目的 IPv6 地址、IPv6 协议类型、ICMPv6 类型、TCP 源/目的端口、UDP 源/目的端口号、生效时间段等来定义规则	3 000 ~ 3 999

3. ACL 的组成

ACL 由若干条 permit 或 deny 语句组成。每条语句就是该 ACL 的一条规则，每条语句中的 permit 或 deny 就是与这条规则相对应的处理动作。

ACL 编号：用于标识 ACL，表明该 ACL 是数字型 ACL，如图 7 - 1 所示。

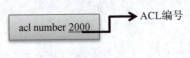

图 7 - 1　ACL 编号

规则：描述报文匹配条件的判断语句，如图 7 - 2 所示。

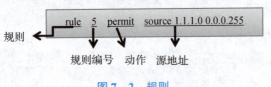

图 7 - 2　规则

规则编号：用于标识 ACL 规则。可以自行配置规则编号，也可以由系统自动分配。

ACL 规则的编号范围是 0 ~ 4 294 967 294，所有规则均按照规则编号从小到大进行排序。系统按照规则编号从小到大的顺序，将规则依次与报文匹配，一旦匹配上一条规则，即停止匹配。

动作：包括 permit/deny 两种动作，表示允许/拒绝。

4. ACL 的匹配机制

一个 ACL 可以由多条"deny | permit"语句组成，每一条语句描述了一条规则。设备收到数据流量后，会逐条匹配 ACL 规则，看其是否匹配。如果不匹配，则匹配下一条。一旦找到一条匹配的规则，则执行规则中定义的动作，并不再继续与后续规则进行匹配。如果找不到匹配的规则，则设备不对报文进行任何处理。需要注意的是，ACL 中定义的这些规则可能存在重复或矛盾的地方。规则的匹配顺序决定了规则的优先级，ACL 通过设置规则的

优先级来处理规则之间重复或矛盾的情形。

华为系列路由器支持两种匹配顺序：配置顺序和自动排序。

配置顺序按 ACL 规则编号（rule-id）从小到大进行匹配。设备会在创建 ACL 的过程中自动为每一条规则分配一个编号，规则编号决定了规则被匹配的顺序。例如，如果将步长设定为 5，则规则编号将按照 5、10、15、…这样的规律自动分配。如果步长设定为 2，则规则编号将按照 2、4、6、8、…这样的规律自动分配。通过设置步长，使规则之间留有一定的空间，用户可以在已存在的两个规则之间插入新的规则。路由器匹配规则时，默认采用配置顺序。

自动排序使用"深度优先"的原则进行匹配，即根据规则的精确度排序。

5. 通配符掩码

将源/目的 IP 地址定义为规则匹配项时，需要在源/目的 IP 地址字段后面同时指定通配符掩码，用来与源/目的 IP 地址字段共同确定一个地址范围。

IP 地址通配符掩码与 IP 地址的反向子网掩码类似，也是一个 32 比特位的数字字符串，用于指示 IP 地址中的哪些位将被检查。各比特位中，"0"表示"检查相应的位"，"1"表示"不检查相应的位"，概括为一句话，就是"检查 0，忽略 1"。但与 IP 地址子网掩码不同的是，子网掩码中的"0"和"1"要求必须连续，而通配符掩码中的"0"和"1"可以不连续。

通配符掩码可以为 0，相当于 0.0.0.0，表示源/目的地址为主机地址；也可以为255.255.255.255，表示任意 IP 地址，相当于指定 any 参数。

【任务实施】

1. 任务描述

假设你是一名网络管理员，负责管理和保护公司内部网络的安全。公司为保证财务数据安全，禁止研发部门访问财务服务器，但总裁办公室不受限制。在此实验中，你决定通过配置 ACL 来实现网络的基本访问控制。具体任务要求如下：

①将研发部门（192.168.1.0/24 网段）的数据包过滤掉，不能访问财务服务器。

②总裁办公室（192.168.2.0/24 网段）可以访问财务服务器。

2. 基本 ACL 的基础配置命令

（1）创建基本 ACL

```
[Huawei] acl [ number ] acl-number [ match-order config ]
```

使用编号（2 000~2 999）创建一个数字型的基本 ACL，并进入基本 ACL 视图。

```
[Huawei] acl name acl-name { basic | acl-number } [ match-order config ]
```

使用名称创建一个命名型的基本 ACL，并进入基本 ACL 视图。

（2）配置基本 ACL 的规则

```
[Huawei-acl-basic-2000] rule [ rule-id ] { deny | permit } [ source
{ source-address source-wildcard | any } | time-range time-name ]
```

在基本 ACL 视图下，通过此命令来配置基本 ACL 的规则。

3. 任务配置

公司网络拓扑如图 7 – 3 所示。

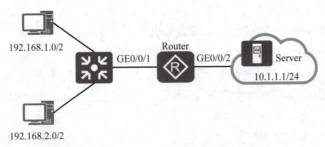

图 7 – 3　公司网络拓扑

①Router 已完成 IP 地址和路由的相关配置，并且研发部门和总裁办公室都能够访问财务服务器。

②在 Router 上创建基本 ACL，禁止 192.168.1.0/24 网段访问服务器网络。

```
[Router] acl 2000
[Router - acl - basic - 2000]rule deny source 192.168.1.0 0.0.0.255
[Router - acl - basic - 2000] rule permit source any
```

③由于从接口 GE0/0/1 进入 Router，所以，在接口 GE0/0/1 的入方向配置流量过滤。

```
[Router] interface GigabitEthernet 0 /0 /1
[Router - GigabitEthernet0 /0 /1] traffic - filter inbound acl 2000
[Router - GigabitEthernet0 /0 /1] quit
```

【任务扩展】

如图 7 – 4 所示，财务部（VLAN 10）、总裁办公室（VLAN 20）的用户都连接在 Router 上。要求财务部的用户在周一至周五允许访问服务器，总裁办公室的用户在任何时候都可以访问。

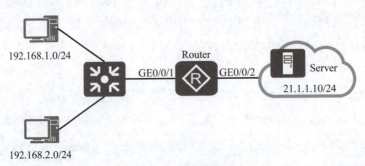

图 7 – 4　网络拓扑

IP 地址分配如下：

财务部的 IP 地址段为 192.168.1.0/24。

总裁办公室 IP 地址段为 192.168.2.0。

服务器 IP 地址为 21.1.1.10。

任务 7.2　NAT 技术应用

【任务工单】

任务名称	NAT 技术应用				
组别		成员		小组成绩	
学生姓名				个人成绩	
任务情境	你是一名网络管理员，负责管理和保护公司内部网络的安全。为了实现内部网络与外部网络之间的通信，并确保内部网络的安全性，你被要求配置 NAT。在此实验中，你将使用路由器进行 NAT 的配置，并验证其在网络通信和安全方面的效果				
任务目标	1. 了解 NAT 的技术背景 2. 掌握 NAT 的分类和技术原理 3. 掌握不同场景下如何选用不同类型的 NAT 技术				
任务要求	1. 掌握 NAT 的分类和技术原理 2. 能够在不同场景下选用不同类型的 NAT 技术，并且能够配置成功				
知识链接					
计划决策					
任务实施	1. 理解 NAT 的技术背景 2. 熟悉 NAT 的分类和技术原理 3. 熟悉不同场景下如何选用不同类型的 NAT 技术				
检查					
实施总结					
小组评价					
任务点评					

【前导知识】

1. NAT 概述

随着 Internet 的发展和网络应用的增多，有限的 IPv4 公有地址已经成为制约网络发展的"瓶颈"。为解决这个问题，NAT（Network Address Translation，网络地址转换）技术应需而生。NAT 技术主要用于实现内部网络的主机访问外部网络。一方面，NAT 缓解了 IPv4 地址短缺的问题；另一方面，NAT 技术让外网无法直接与使用私有地址的内网进行通信，提升了内网的安全性。

网络地址转换

2. NAT 类型

4 种类型的 NAT 介绍如下。

静态 NAT：把一个私有 IP 地址映射为一个固定公有 IP 地址。

动态 NAT：把一个私有 IP 地址映射为一个非固定公有 IP 地址。静态 NAT 需要管理员通过使用命令来绑定私有 IP 地址与公有 IP 地址；动态 NAT 可以将私有 IP 地址与一个地址池中的公有地址进行动态关联，管理员在地址池中指定可以使用的公有 IP 地址范围即可，无须静态配置一对一的映射。需要注意的是，公有地址池中的 IP 地址数量应不少于需要访问互联网的内部主机数量，否则，当公有地址池中的 IP 地址耗尽后，更多的内部主机将无法获得 NAT 所需的公有 IP 地址，导致无法访问互联网。

NAPT 和 Easy IP：把多个私有 IP 地址映射为一个或多个公有 IP 地址。NAPT（Network Address Port Translation，网络地址端口转换）和 Easy IP 的工作原理相同，在 Easy IP 的配置中，NAT 设备使用本地连接互联网接口的地址作为公有 IP 地址，为内部主机提供互联网连接。在一般的 NAPT 配置中，管理员可以像配置动态 NAT 一样设置地址池，而且地址池中可用的公有 IP 地址数量可以远小于需要访问互联网的内部主机数量。

NAT Server：NAT Server 与静态 NAT 类似，也是将一个私有 IP 地址映射为一个固定公有 IP 地址。NAT Server 的映射还添加了端口号信息，使内部主机能够对外（互联网）提供服务。

【任务实施】

1. 静态 NAT

（1）静态 NAT 的工作原理

静态 NAT 的特点是每个私有 IP 地址有一个与之绑定的公有 IP 地址。这种固定的绑定关系能够实现双向访问，即一旦在 NAT 设备上创建了私有 IP 地址 A 与公有 IP 地址 B 之间的映射关系，互联网上的设备就可以主动向公有 IP 地址 B 发起连接，并成功连接到使用私有 IP 地址 A 的内部主机。图 7 - 5 展示了静态 NAT 工作原理。

在图 7 - 5 展示的使用场景中，源地址为 192.168.1.1 的报文需要发往公网地址 200.1.2.3。在网关上配置了一个私网地址 192.168.1.1 到公网地址 122.1.2.1 的映射。当网关收到主机 A 发送的数据包后，会先将报文中的源地址 192.168.1.1 转换为 122.1.2.1，然后转发报文到目的设备。目的设备回复的报文目的地址是 200.1.2.3。当网关收到回复报文后，也会执行静态地址转换，将 200.1.2.3 转换成 192.168.1.1，然后转发报文到主机 A。当外网主机想要访问内网主机时，其原理也是类似的。

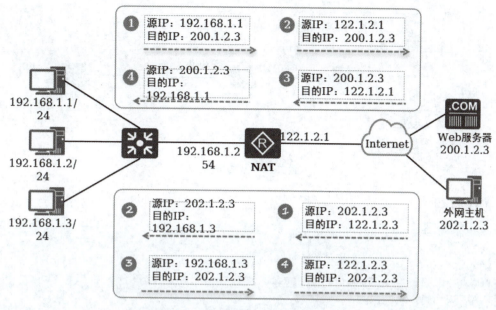

图7-5　静态NAT工作原理

（2）静态NAT的配置

静态NAT的配置非常简单，即配置静态的私有IP地址与公有IP地址之间的映射关系，并且将映射关系与某个接口进行关联。配置静态NAT的两种方法如下。

- 直接在具体的接口视图下配置映射关系。
- 在系统视图下配置映射关系，并在接口视图下启用静态NAT。

接口视图下配置静态NAT的命令格式如下：

```
[Huawei-GigabitEthernet0/0/0] nat static global { global-address } inside { host-address }
```

其中，global参数用于配置外部公有地址；inside参数用于配置内部私有地址。

系统视图下配置静态NAT命令格式如下：

```
[Huawei] nat static global { global-address } inside { host-address }
```

配置命令相同，视图为系统视图，之后在具体的接口下开启静态NAT：

```
[Huawei-GigabitEthernet0/0/0] nat static enable
```

任务描述：通过在路由器上配置NAT，使主机A发出的流量经过路由器时，使用静态NAT技术将报文中的源IP地址192.168.1.1静态映射为200.10.10.1，并在收到回复报文时将报文中的目的IP地址200.10.10.1转换为192.168.1.1，主机A发出的流量经过路由器时，使用静态NAT技术将报文中的源IP地址192.168.1.2静态映射为200.10.10.2，并在收到回复报文时将报文中的目的IP地址200.10.10.2转换为192.168.1.2，通过display nat static检查所配置的静态NAT是否正确。其网络拓扑如图7-6所示。

图 7 - 6　网络拓扑

其配置如下：

```
[RTA] interface GigabitEthernet0/0/1
[RTA-GigabitEthernet0/0/1] ip address 192.168.1.254 24
[RTA-GigabitEthernet0/0/1]interface serial1/0/0
[RTA-Serial1/0/0] ip address 200.10.10.2 24
[RIA-Serial1/0/0] nat static global 202.10.10.1 inside 192.168.1.1
[RTA-Serial1/0/0] nat static global 202.10.10.2 inside 192.168.1.2
```

通过 display nat static 检查所配置的静态 NAT 是否正确。

```
[RTA] display nat static
  Static Nat Information:
  Interface   : serial1/0/0
   Global   IP/Port  : 202.10.10.1/----
    Inside  IP/Port  : 192.168.1.1/-----
......
Global   IP/Port  : 202.10.10.2/----
    Inside  IP/Port  : 192.168.1.2/----
......

Total  :  2
```

2. 动态 NAT

（1）动态 NAT 原理

动态 NAT：静态 NAT 严格地一对一进行地址映射，这就导致即便内网主机长时间离线或者不发送数据，与之对应的公有地址也处于使用状态。为了避免地址浪费，动态 NAT 提出了地址池的概念：所有可用的公有地址组成地址池。图 7 - 7 展示了动态 NAT 工作原理。

本示例中，当内部主机 B 需要与公网中的 Web 服务器通信时，网关 NAT 会从配置的公网地址池中选择一个未使用的公网地址与之做映射，同时，将该地址的标记变为"In Use"。每台主机都会分配到地址池中的唯一地址。当不需要此连接时，对应的地址映射将会被删除，公网地址也会被恢复到地址池中待用。当网关收到回复报文后，会根据之前的映射再次进行转换之后转发给对应主机。需要注意的是，当动态 NAT 地址池中的地址用尽以后，只能等待被占用的公用 IP 被释放后，其他主机才能使用它来访问公网。

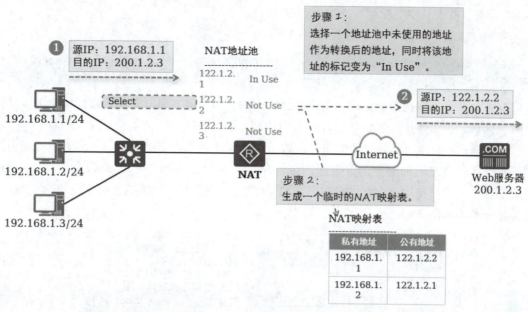

图7-7 动态 NAT 工作原理

（2）动态 NAT 配置

与静态 NAT 类似，配置动态 NAT 也需要指定被转换的私有 IP 地址能够提供转换的公有 IP 地址，但此时私有 IP 地址与公有 IP 地址不是一一对应的关系。配置动态 NAT 的方法如下：

指定公有 IP 地址：使用 NAT 地址池指定公有 IP 地址。

指定私有 IP 地址：使用 ACL 指定需要被转换的私有 IP 地址。因为只需指定源 IP 地址，所以使用基本 ACL 即可。当 ACL 用于 NAT 时，需要配置 permit 行为，并且匹配源 IP 地址。所有匹配 ACL 规则的数据包需要被转换，未匹配 ACL 规则的数据包则会按照原始方式进行转发处理。

创建 NAT 地址池并指定公有 IP 地址的命令如下：

```
[Huawei] nat address-group group-index start-address end-address
```

配置公有地址范围，其中，group-index 为地址池编号，start-address、end-address 分别为地址池起始地址、结束地址。

创建 ACL 并指定私有 IP 地址的命令如下：

```
[Huawei] acl number
```

这条命令可以创建 ACL 并让系统进入 ACL 的配置视图。基本 ACL 的编号范围为 2 000 ~ 2 999，高级 ACL 的编号范围为 3 000 ~ 3 999。

配置 ACL 中的规则需要使用以下命令：

```
[Huawei-acl-basic-number] rule permit source source-address source-wildcard
```

这条命令可以配置 ACL 中的规则。为了使私有 IP 地址能够执行 NAT，管理员需要配置

permit 行为，并在其中匹配被转换的私有 IP 地址范围。

在接口视图下进行 NAT 配置的命令如下：

［Huawei – GigabitEthernet0／0／0］**nat outbound** *acl – number* **address – group** *group – index*［**no – pat**］

这条命令是接口视图的命令，指明地址转换的方向为出方向，即在将数据包从该接口转发时，确认是否需要执行 NAT，并在需要时执行。

任务描述：你是一名网络管理员，负责管理和保护公司内部网络的安全。为了实现内部网络与外部网络之间的通信，并确保内部网络的安全性，你被要求配置和应用动态 NAT。在此实验中，你将使用路由器进行动态 NAT 配置，并验证其在网络通信和安全方面的效果。具体任务要求如图 7 – 8 所示。

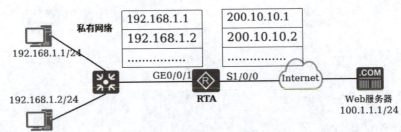

图 7 – 8   具体任务要求

其配置如下：

［RTA］nat address – group 1 200.10.10.1 200.10.10.2
［RTA］acl 2000
［RTA – acl – basic – 2000］rule 5 permit source 192.168.1.0 0.0.0.255
［RTA – acl – basic – 2000］quit
［RTA］interface serial1／0／0
［RTA – GigabitEthernet0／0／1］nat outbound 2000 address – group 1 no – pat

配置验证，使用 display nat address – group 命令查看 NAT 地址池配置信息，其结果如下：

```
［RTA］display nat address – group 1
NAT Address – Group Information:
-------------------------------------------
Index   Start – address   End – address
  1     200.10.10.1       200.10.10.200


［RTA］display nat outbound
NAT   Outbound   Information:
---------------------------------------------------------------
Interface   Acl     Address – group/IP/Interface        Type
---------------------------------------------------------------
Serial1/0/0  2000                             1          no – pat
---------------------------------------------------------------
Total : 1
```

3. NAPT

（1）NAPT 原理

NAPT 从地址池中选择公有 IP 地址进行转换时，同时对端口号进行转换，实现一对多的转换。一个公有 IP 地址可以为多台内部主机提供上网服务，有效提高 IP 地址的利用率。NAPT 的工作原理如图 7-9 所示。

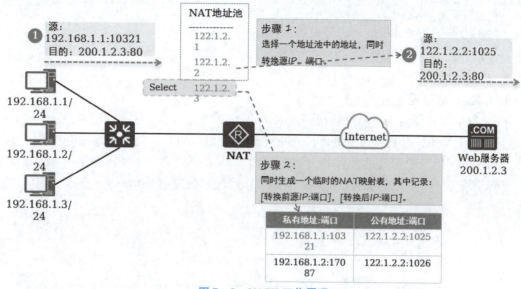

图 7-9　NAPT 工作原理

NAT 收到一个私网主机发送的报文，源 IP 地址是 192.168.1.1，源端口号是 10321，目的 IP 地址是 200.1.2.3，目的端口号是 80。NAT 会从配置的公网地址池中选择一个空闲的公网 IP 地址和端口号，并建立相应的 NAPT 表项。这些 NAPT 表项指定了报文的私网 IP 地址和端口号的映射关系及公网 IP 地址和端口号的映射关系。之后，RTA 将报文的源 IP 地址和端口号转换成公网地址 122.1.2.2 和端口号 1025，并转发报文到公网。当网关 NAT 收到回复报文后，会根据之前的映射表再次进行转换之后转发给主机。其他主机同理。

（2）NAPT 配置

任务描述：假设需要转换的私有 IP 地址为 192.168.1.0/24，可用公有 IP 地址为 122.1.2.1，连接互联网的接口为 G0/0/1，要求在 R1 上配置 NAPT 让内网所有私有地址通过 122.1.2.1 访问公网。其网络拓扑如图 7-10 所示。

图 7-10　NAPT 配置网络拓扑

根据需求可以发现，基于的需求与动态 NAT 配置的需求类似，因此，NAT 地址池和 ACL 的配置类似，唯一不同的是，接口的配置命令中不包含关键词 no – pat，即启用端口转换。

根据要求配置如下：

```
[R1] nat address – group 1 122.1.2.1 122.1.2.1
[R1] acl 2000
[R1 – acl – basic – 2000] rule 5 permit source 192.168.1.0 0.0.0.255
[R1 – acl – basic – 2000] quit
[R1] interface GigabitEthernet0 /0 /1
[R1 – GigabitEthernet0 /0 /1] nat outbound 2000 address – group 1
```

4. Easy IP

（1）Easy IP 原理

Easy IP 的工作原理与 NAPT 的相同，也是结合 IP 地址和端口号进行转换，只不过 Easy IP 的环境更为简单，是直接连接 ISP 的出口 IP 地址提供 NAT，这是因为连接 ISP 的接口 IP 地址通常会使用由 ISP 分配的公有 IP 地址。同时，Easy IP 还有一个特殊的使用场景，即用于不具有固定公有 IP 地址的环境。Easy IP 的工作原理如图 7 – 11 所示。

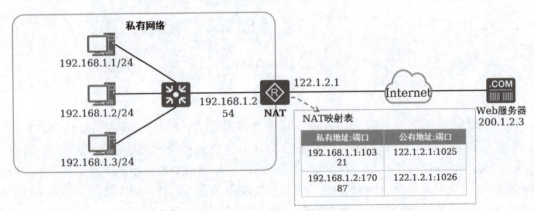

图 7 – 11　Easy IP 的工作原理

本示例说明了 Easy IP 的实现过程。NAT 收到一个主机 A 访问公网的请求报文，报文的源 IP 地址是 192.168.1.1，源端口号是 103。RTA 会建立 Easy IP 表项，这些表项指定了源 IP 地址和端口号的映射关系及出接口的公网 IP 地址和端口号的映射关系。之后，根据匹配的 Easy IP 表项，将报文的源 IP 地址和端口号转换成出接口的 IP 地址和端口号，并转发报文到公网。报文的源 IP 地址转换成 122.1.2.1，相应的端口号是 1025。

路由器收到回复报文后，会根据报文的目的 IP 地址和端口号，查询 Easy IP 表项。路由器根据匹配的 Easy IP 表项，将报文的目的 IP 地址和端口号转换成私网主机的 IP 地址和端口号，并转发报文到主机。

（2）Easy IP 配置

任务描述：你是一家中型企业的网络工程师，负责设计和管理企业内部的数据通信网络。最近，你的公司计划通过特殊 NAT 技术（Easy – IP）来优化网络性能和加强安全性。作为网络工程师，你需要进行相关的研究和实施工作，以确保特殊 NAT 技术的有效部署和运行。其网络拓扑如图 7 – 12 所示。

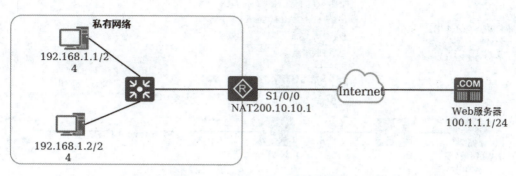

图 7 – 12   **Easy IP** 配置网络拓扑

Easy IP 无须配置 NAT 地址池，只需要在 ACL 中指定需要被转换的私有 IP 地址，并在接口上进行关联即可。配置如下：

```
[RTA]acl 2000
[RTA-acl-basic-2000] rule 5 permit source 192.168.1.0 0.0.0.255
[RTA-acl-basic-2000] quit
[RTA] interface serial1/0/0
[RTA-Serial1/0/0] nat outbound 2000
```

在本例中，命令 nat outbound 2000 表示对 ACL 2000 定义的地址段进行地址转换，并且直接使用 Serial1/0/0 接口的 IP 地址作为 NAT 转换后的地址。

配置完成后，还需要进行配置验证。可以使用 display nat outbound 命令来验证配置是否正确。配置验证如下所示：

```
[RTA] display nat outbound
NAT    Outbound    Information:
------------------------------------------------------------
Interface    Acl        Address-group/IP/Interface    Type
------------------------------------------------------------
Serial1/0/0  2000                 200.10.10.1        easyip
------------------------------------------------------------
Total : 1
```

5. NAT Server

（1）NAT Server 原理

NAT 在使内网用户访问公网的同时，也屏蔽了公网用户访问私网主机的需求。当一个私网需要向公网用户提供 Web 和 SFTP 服务时，私网中的服务器必须随时可供公网用户访问。NAT Server 可以实现这个需求，但是需要将服务器私网 IP 地址和端口号转换为公网 IP 地址和端口号并发布出去。路由器在收到一个公网主机的请求报文后，根据报文的目的 IP 地址和端口号查询地址转换表项。路由器根据匹配的地址转换表项，将报文的目的 IP 地址和端口号转换成私网 IP 地址和端口号，并转发报文到私网中的服务器。NAT Server 的工作原理如图 7 – 13 所示。

主机 C 需要访问私网服务器，发送报文的目的 IP 地址是 122.1.2.1，目的端口号是 80。NAT 收到此报文后，会查找地址转换表项，并将目的 IP 地址转换成 192.168.1.10，目的端

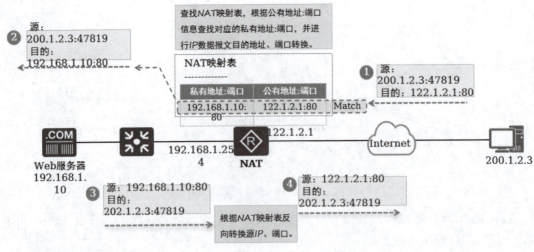

图 7-13　**NAT Server** 的工作原理

口号保持不变。Web 服务器收到报文后会进行响应，NAT 收到私网服务器发来的响应报文后，根据报文的源 IP 地址 192.168.1.10 和端口号 80 查询地址转换表项。然后，路由器根据匹配的地址转换表项，将报文的源 IP 地址和端口号转换成公网 IP 地址 122.1.2.1 和端口号 80，并转发报文到目的公网主机。

（2）NAT Server 配置

配置 NAT Server 的命令如下：

nat server protocol｜tcp｜udp｜global *global-address global-port* inside *host-address host-port*

通过关键词 tcp 或 udp 来确定传输协议，在 global 部分设置公有 IP 地址和端口号，在 inside 部分设置私有 IP 地址和端口号。

任务描述：在网络拓扑图 7-14 中，内部服务器需要向主机提供服务（TCP 端口 80），其私有 IP 地址为 192.168.1.10，路由器将内部服务器私有 IP 地址和端口号（192.168.1.1：80）映射为公有 IP 地址和端口号（202.10.10.1：8080）。所有访问 202.10.10.1：8080 的流量都会通过 NAT 执行目的 IP 地址和端口号转换，并正确转发到内部服务器。在服务器进行回应时，路由器会根据映射规则将服务器的私有 IP 地址和端口号进行相应转换。根据要求，运用 NAT Server 对其配置和验证。

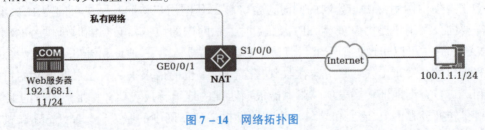

图 7-14　网络拓扑图

根据要求配置如下：

[RTA] interface GigabitEthernet0 /0 /1

```
[RTA -GigabitEthernet0 /0 /1] ip address 192.1681.254 24
[RTA -GigabitEthernet0 /0 /1] interface Serial1 /0 /0
[RTA -Serial1 /0 /0] ip address 200.10.10.1 24
[RTA - Serial1 /0 /0] nat server protocol tcp global 202.10.10.1 www inside
192.168.1.1 8080
```

通过命令 display nat server 查看详细的 NAT Server 配置结果。

```
[RTA]display nat server
  Nat Server Information:
  Interface : Serial1 /0 /0
    Global IP /Port       : 202.10.10.1 /80 (www)
    Inside IP /Port       :192.168.1.1 /8080
    Protocol   :   6 (tcp)
    VPN instance - name   : ----
    Acl number            : ----
    Description   : ----
  Total :      1
```

可以通过此命令验证地址转换的接口、全局和内部 IP 地址以及关联的端口号。在本示例中，全局地址 202.10.10.1 和关联的端口号 80（www）分别被转换成内部服务器地址 192.168.1.1 和端口号 8080。

【任务扩展】

某公司 PC1 ~ PC4 四台客户机对访问 Internet 有特殊的需求，需要配置不同类型的 NAT 访问外网。同时，公司内部有一台 Web 服务器需要 NAT Server 对外提供 Web 服务。其网络拓扑如图 7 - 15 所示。

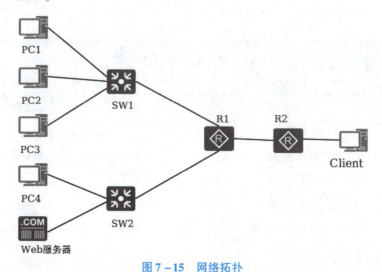

图 7 -15　网络拓扑

要求如下：
配置接口 IP 地址、静态路由，实现互通。
配置静态 NAT，实现 PC4 私网与公网的一对一映射。
配置动态 NAT，实现 PC1 地址转换访问公网。

配置 NAPT，实现 PC2 转换地址和端口访问公网。

配置 Easy IP，实现 PC3 转换出接口地址访问公网。

配置 NAT Server，实现 Web 服务。

其 IP 地址规划见表 7 - 2。

表 7 - 2　IP 地址规划

本端设备	端口	IP 地址或所属 VLAN	对端设备	端口	IP 地址或所属 VLAN
R1	Serial1/0/0	12.0.0.1/28	ISP	Serial1/0/0	12.0.0.1/28
R1	GE0/0/1	192.168.2.254/24	SW2	GE0/0/1	（NULL）
R1	GE0/0/2	192.168.1.254/24	SW1	GE0/0/1	（NULL）
SW1	Eth0/0/1	（NULL）	PC1	Eth0/0/1	192.168.1.1/24
SW1	Eth0/0/2	（NULL）	PC2	Eth0/0/1	192.168.1.2/24
SW1	Eth0/0/3	（NULL）	PC3	Eth0/0/1	192.168.1.3/24
SW2	Eth0/0/1	（NULL）	PC4	Eth0/0/1	192.168.2.1/24
SW2	Eth0/0/2	（NULL）	WebServer	Eth0/0/0	192.168.2.200/24
ISP	GE0/0/1	104.114.128.1/24	Client1	Eth0/0/0	104.114.128.10/24

任务 7.3　DHCP 技术应用

【任务工单】

任务名称	DHCP 技术应用				
组别		成员		小组成绩	
学生姓名				个人成绩	
任务情境	你是一名在大型企业工作的网络管理员，公司一次性购买了大量的主机等终端设备。由于每个终端都需要配置 IP 地址等网络参数才能接入网络，所以需要你利用 DHCP 为网络终端动态分配 IP 地址，并验证其在网络通信中的效果				
任务目标	了解 DHCP 的技术背景 掌握 DHCP 的技术原理 掌握如何配置 DHCP				
任务要求	1. 了解 DHCP 的产生背景及应用场景 2. 熟悉 DHCP 技术原理 3. 掌握如何配置 DHCP				

续表

任务名称	DHCP 技术应用				
组别		成员		小组成绩	
学生姓名				个人成绩	
知识链接					
计划决策					
任务实施	1. 了解 DHCP 的产生背景 2. 熟悉 DHCP 的技术原理 3. 掌握如何配置 DHCP 				
检查					
实施总结					
小组评价					
任务点评					

【前导知识】

在大型企业网络中，大量的主机或设备需要获取 IP 地址等网络参数。如果采用手工配置，工作量大且不好管理；如果有用户擅自修改网络参数，还有可能会造成 IP 地址冲突等问题。使用动态主机配置协议（Dynamic Host Configuration Protocol，DHCP）来分配 IP 地址等网络参数，可以减少管理员的工作量，避免用户手工配置网络参数时造成的地址冲突。

DHCP
原理及配置

1. DHCP 应用场景

在大型企业网络中，一般会有大量的主机等终端设备。每个终端都需要配置 IP 地址等网络参数才能接入网络。在小型网络中，终端数量很少，可以手动配置 IP 地址。但是，在大中型网络中，终端数量很多，手动配置 IP 地址工作量大，而且配置时容易导致 IP 地址冲突等错误。DHCP 可以为网络终端动态分配 IP 地址，解决了手工配置 IP 地址时的各种问题。

2. DHCP 报文类型

DHCP 报文类型及含义见表 7-3。

表 7-3　DHCP 报文类型及含义

报文类型	含义
DHCP DISCOVER	客户端用来寻找 DHCP 服务器
DHCP OFFER	DHCP 服务器用来响应 DHCP DISCOVER 报文，此报文携带了各种配置信息
DHCP REQUEST	客户端请求配置确认，或者续借租期
DHCP ACK	服务器对 REQUEST 报文的确认响应
DHCP NAK	服务器对 REQUEST 报文的拒绝响应
DHCP RELEASE	客户端要释放地址时用来通知服务器

DHCP 客户端初次接入网络时，会发送 DHCP 发现报文（DHCP DISCOVER），用于查找和定位 DHCP 服务器。

DHCP 服务器在收到 DHCP 发现报文后，发送 DHCP 提供报文（DHCP OFFER），此报文中包含 IP 地址等配置信息。

在 DHCP 客户端收到服务器发送的 DHCP 提供报文后，会发送 DHCP 请求报文（DHCP REQUEST）。另外，在 DHCP 客户端获取 IP 地址并重启后，同样也会发送 DHCP 请求报文，用于确认分配的 IP 地址等配置信息。DHCP 客户端获取的 IP 地址租期快要到期时，也发送 DHCP 请求报文向服务器申请延长 IP 地址租期。

收到 DHCP 客户端发送的 DHCP 请求报文后，DHCP 服务器会回复 DHCP 确认报文（DHCP ACK）。客户端收到 DHCP 确认报文后，会将获取的 IP 地址等信息进行配置和使用。

如果 DHCP 服务器收到 DHCP REQUEST 报文后，没有找到相应的租约记录，则发送 DHCP NAK 报文作为应答，告知 DHCP 客户端无法分配合适 IP 地址。

DHCP 客户端通过发送 DHCP 释放报文（DHCP RELEASE）来释放 IP 地址。收到 DHCP 释放报文后，DHCP 服务器可以把该 IP 地址分配给其他 DHCP 客户端。

3. DHCP 工作原理

为了获取 IP 地址等配置信息，DHCP 客户端需要和 DHCP 服务器进行报文交互。其工作原理如图 7-16 所示。

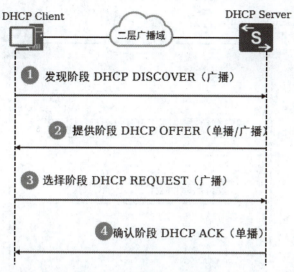

图 7 - 16 DHCP 工作原理

DHCP 工作原理包含以下几个步骤:

①DHCP 客户端发送 DHCP 发现报文来发现 DHCP 服务器。DHCP 服务器会选取一个未分配的 IP 地址,向 DHCP 客户端发送 DHCP 提供报文。此报文中包含分配给客户端的 IP 地址和其他配置信息。如果存在多个 DHCP 服务器,每个 DHCP 服务器都会响应。

②有多个 DHCP 服务器向 DHCP 客户端发送 DHCP 提供报文时,DHCP 客户端将会选择收到的第一个 DHCP 提供报文。

③DHCP 客户端发送 DHCP 请求报文,报文中包含请求的 IP 地址。

④DHCP 服务器端收到 DHCP 请求报文后,提供该 IP 地址的 DHCP 服务器会向 DHCP 客户端发送一个 DHCP 确认报文,包含提供的 IP 地址和其他配置信息。DHCP 客户端收到 DHCP 确认报文后,会发送免费 ARP 报文,检查网络中是否有其他主机使用分配的 IP 地址。如果指定时间内没有收到 ARP 应答,DHCP 客户端会使用这个 IP 地址。如果有主机使用该 IP 地址,DHCP 客户端会向 DHCP 服务器发送 DHCP 拒绝报文,通知服务器该 IP 地址已被占用。然后 DHCP 客户端会向服务器重新申请一个 IP 地址。

4. DHCP 租期更新、重绑定及 IP 地址释放

DHCP 服务器采用动态分配机制给客户端分配 IP 地址时,分配出去的 IP 地址有租期限制。所以,申请到 IP 地址后,DHCP 客户端中会保存 3 个定时器,分别用来控制租期更新、租期重绑定和租期失效。DHCP 服务器为 DHCP 客户端分配 IP 地址时,会指定 3 个定时器的值。如果 DHCP 服务器没有指定定时器的值,DHCP 客户端会使用默认值,默认租期为 1 天。

(1) DHCP 租期更新

默认情况下,还剩下 50% 的租期时,DHCP 客户端开始租约更新过程。其工作原理如图 7 - 17 所示。DHCP 客户端向分配 IP 地址的服务器发送 DHCP 请求报文来申请延长 IP 地址的租期。DHCP 服务器向客户端发送 DHCP 确认报文,给予 DHCP 客户端一个新的租期。

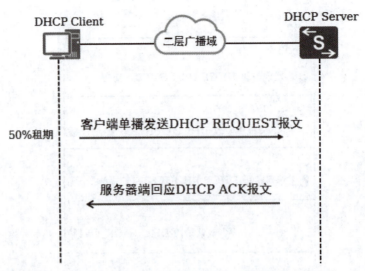

图 7－17　DHCP 租期更新工作原理

（2）DHCP 重绑定

DHCP 客户端在租约期限达到 87.5% 时，还没收到服务器响应，会申请重绑定 IP。其重绑定原理如图 7－18 所示。

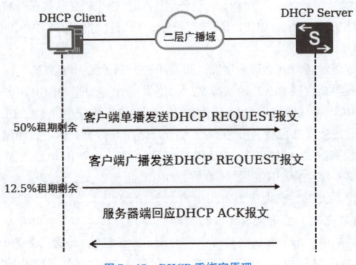

图 7－18　DHCP 重绑定原理

　　默认情况下，重绑定定时器在租期剩余 12.5% 的时候超时，超时后，DHCP 客户端会认为原 DHCP 服务器不可用，开始重新发送 DHCP 请求报文。网络上任何一台 DHCP 服务器都可以应答 DHCP 确认或 DHCP 非确认报文。如果收到 DHCP 确认报文，DHCP 客户端重新进入绑定状态，复位租期更新定时器和重绑定定时器。如果收到 DHCP 非确认报文，DHCP 客户端进入初始化状态。此时，DHCP 客户端必须立刻停止使用现有 IP 地址，重新申请 IP地址。

（3）IP 地址释放

如果 IP 租约到期前都没有收到服务器响应，客户端停止使用此 IP 地址。其 IP 地址释放原理如图 7－19 所示。

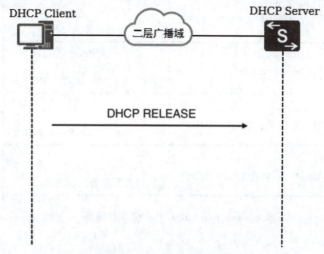

图 7－19 IP 地址释放原理

租期定时器是地址失效进程中的最后一个定时器，超时时间为 IP 地址的租期时间。如果 DHCP 客户端在租期失效定时器超时前没有收到服务器的任何回应，则 DHCP 客户端必须立刻停止使用现有 IP 地址，发送 DHCP RELEASE 报文，并进入初始化状态。然后，DHCP 客户端重新发送 DHCP 发现报文，申请 IP 地址。

5. DHCP 中继

（1）DHCP 概述

随着网络规模的不断扩大，网络设备不断增多，企业内不同的用户可能分布在不同的网段，一台 DHCP 服务器在正常情况下无法满足多个网段的地址分配需求。如果还需要通过 DHCP 服务器分配 IP 地址，则需要跨网段发送 DHCP 报文。DHCP 中继是为解决 DHCP 服务器和 DHCP 客户端不在同一个广播域而提出的，提供了对 DHCP 广播报文的中继转发功能，能够把 DHCP 客户端的广播报文"透明地"传送到其他广播域的 DHCP 服务器上，同样，也能够把 DHCP 服务器端的应答报文"透明地"传送到其他广播域的 DHCP 客户端。

（2）DHCP 中继原理

有中继场景时，DHCP 客户端首次接入网络的工作原理如图 7－20 所示。

发现阶段：DHCP 中继接收到 DHCP 客户端广播发送的 DHCP DISCOVER 报文后，通过路由转发将 DHCP 报文单播发送到 DHCP 服务器或下一跳中继。

提供阶段：DHCP 服务器根据 DHCP DISCOVER 报文中的 Giaddr 字段选择地址池为客户端分配相关网络参数，DHCP 中继收到 DHCP OFFER 报文后，以单播或组播方式发送给 DHCP Client。

选择阶段：中继接收到来自客户端的 DHCP REQUEST 报文的处理过程同"发现阶段"。

确认阶段：中继接收到来自服务器的 DHCP ACK 报文的处理过程同"提供阶段"。

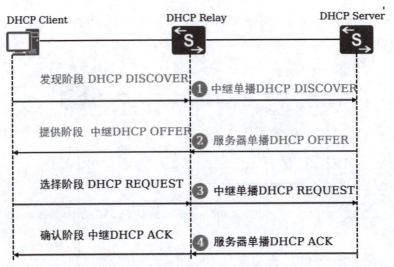

图 7-20　DHCP 中继工作原理

【任务实施】

1. DHCP 配置命令

DHCP 支持配置两种地址池：全局地址池和接口地址池。

(1) 全局地址池命令

①创建全局地址池。

[Huawei] **ip pool** *ip-pool-name*

②配置 DHCP 客户端的网关地址。

[Huawei-ip-pool-HW] **gateway-list** *ip-address*

此处以 ip pool 的名字为 HW 来举例说明。

③配置全局地址池可动态分配的 IP 地址范围。

[Huawei-ip-pool-HW] **network** *ip-address* [**mask** { *mask* | *mask-length* }]

④配置地址池中不参与自动分配的 IP 地址。

[Huawei-ip-pool-HW] **excluded-ip-address** *start-ip-address* [*end-ip-address*]

⑤配置地址池的地址租期。

[Huawei-ip-pool-HW] **lease** { **day** *day* [**hour** *hour* [**minute** *minute*]] | **unlimited** }

⑥指定 DHCP 客户端分配固定 IP 地址。

[Huawei-ip-pool-HW] **static-bind ip-address** *ip-address* **mac-address** *mac-address*
[**option-template** *template-name* | **description** *description*]

（2）接口地址池命令

①配置基于接口方式的地址池。

```
［Huawei］interface interface-type interface-number［subinterface-number］
［Huawei-GigabitEthernet0/0/1］ip address ip-address｛mask|mask-length｝
```

接口地址所属的 IP 地址网段即为接口地址池，并且接口地址的掩码不能配置为 31，否则，会导致接口地址池配置失败。

②配置接口地址池的网关 IP 地址。

```
［Huawei-GigabitEthernet0/0/1］DHCP server gateway-list ip-address
```

③指定 DHCP 客户端分配固定 IP 地址。

```
［Huawei-GigabitEthernet0/0/1］DHCP server static-bind ip-address ip-address
mac-address mac-address［description description］
```

④配置地址池中不参与自动分配的 IP 地址。

```
［Huawei-GigabitEthernet0/0/1］DHCP server excluded-ip-address start-ip-
address［end-ip-address］
```

⑤配置地址池的地址租期。

```
［Huawei-ip-pool-HW］lease｛day day［hour hour［minute minute］］|unlimited｝
```

2. 任务描述

你是一名在企业中工作的网络管理员，公司一次性购买了 3 台主机设备。由于每台主机都需要配置 IP 地址等网络参数才能接入网络，所以需要你利用 DHCP 为网络终端动态分配 IP 地址。其网络拓扑如图 7-21 所示。要求基于全局地址池的方式为 PC1 分配 IP 地址，采用基于接口地址池的方式为 PC2 和 PC3 分配 IP 地址，并且 PC3 获取固定的 IP 地址，根据其 MAC 地址（00e0-fc00-00aa）为其分配 IP 地址 192.168.2.2/24。

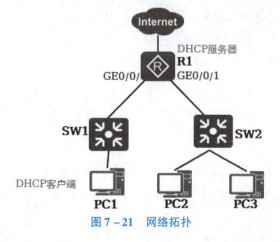

图7-21 网络拓扑

3. 任务配置

根据要求，基于全局地址池的方式为 PC1 分配 IP 地址，其配置如下：

```
[R1] DHCP enable
[R1] ip pool HW
[R1 - ip - pool - HW] gateway - list 192.168.1.1
[R1 - ip - pool - HW] network 192.168.1.0 mask 24
[R1 - ip - pool - HW] excludedip - address 192.168.1.200 192.168.1.254
[R1] interface GigabitEthernet 0 /0 /0
[R1 - GigabitEthernet0 /0 /0] DHCP select global
```

使用 display ip pool 命令可以查看全局 IP 地址池信息。管理员可以查看地址池的网关、子网掩码、IP 地址统计信息等内容，监控地址池的使用情况，了解已分配的 IP 地址数量，以及其他使用统计信息。

```
[R1] display ip pool
Pool - name        :            HW
 Gateway - 0       :            192.168.1.1
 Mask             : 255 255.255.0
 IP address Statistic
  Total :         253
  Used:           2    ldle:    198
  Expired:     0       Conflict:  0      Diable:   55
```

根据要求，采用基于接口地址池的方式为 PC2 和 PC3 分配 IP 地址，并且 PC3 获取固定的 IP 地址。其配置如下：

```
[R1] interface GigabitEthernet 0 /0 /1
[R1 - GigabitEthernet0 /0 /1] ip address 192.168.2.1 24
[R1 - GigabitEthemet0 /0 /1] DHCP select interface
[R1 - GigabitEthernet0 /0 /1] DHCP server excluded - ip - address 192.168.2.254
[R1 - GigabitEthernet0 /0 /1] DHCP server static - bind ip - address 192.168.2.2
mac - address 00eD - fc00 - 00aa
```

使用 ipconfig 命令查看 PC3 获得的静态绑定的 IP 地址。其结果如下：

```
PC3 > ipconfig
iPv4 address.................:192.16822
Subnetmask.................:255.255.255.0
Gateway.....................: 192.168.2.1
Physical address............:54 - 89 - 98 - 86 - 2B - F4
```

【任务扩展】

网络拓扑如图 7 - 22 所示。图中有 3 个路由器，分别是 R1、R2、R3，R1 作为 DHCP 客户端，R2 作为 DHCP 中继，R3 作为 DHCP 服务器。

图 7 - 22　网络拓扑

配置要求如下：

①R1 通过 DHCP 获取 IP 地址。

②R2 的 GE0/0/0 接口开启 DHCP Relay 功能，并且指定 DHCP Server 的 IP 地址为 10.1.1.2。

③R3 创建名为 HW‑1 的地址池，地址为 192.168.10/24，网关为 192.168.1.1。

配置完成后，需要对其配置进行验证。

任务 7.4　VRRP 技术应用

【任务工单】

任务名称	VRRP 技术应用				
组别		成员		小组成绩	
学生姓名				个人成绩	
任务情境	你是一名在企业中工作的网络管理员，为保障企业网络的正常使用，防止出现一个路由器有问题而使主机不能上网的情况，公司要求你使用 VRRP 技术实现网关的备份，并且解决多个网关之间互相冲突的问题，从而提高网络可靠性				
任务目标	1. 了解 VRRP 的技术背景 2. 掌握 VRRP 的基本概念和原理 3. 掌握如何配置 VRRP				
任务要求	1. 了解 VRRP 的技术背景 2. 掌握 VRRP 的基本概念和原理 3. 掌握如何配置 VRRP				
知识链接					
计划决策					
任务实施	1. 了解 VRRP 的技术背景 2. 掌握 VRRP 的基本概念和原理 				

续表

任务名称	VRRP 技术应用				
组别		成员		小组成绩	
学生姓名				个人成绩	
任务实施	3. 掌握如何配置 VRRP				
检查					
实施总结					
小组评价					
任务点评					

【前导知识】

局域网中的用户终端通常采用配置一个默认网关的形式访问外部网络，如果默认网关设备发生故障，那么所有用户终端访问外部网络的流量将会中断。可以通过部署多个网关的方式来解决单点故障，但是需要解决多个网关之间的冲突问题。VRRP（Virtual Router Redundancy Protocol，虚拟路由器冗余协议）既能够实现网关的备份，又能解决多个网关之间互相冲突的问题，从而提高网络可靠性。

VRRP 的配置

1. VRRP 概述

通过把几台路由设备联合组成一台虚拟的"路由设备"，使用一定的机制保证当主机的下一跳路由设备出现故障时，及时将业务切换到备份路由设备，从而保持通信的连续性和可靠性。其工作示意如图 7 – 23 所示。

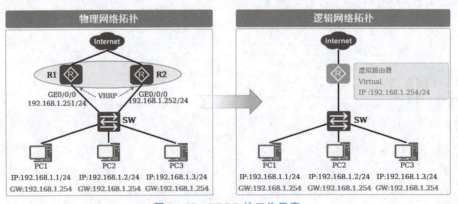

图 7 – 23 　VRRP 的工作示意

2. VRRP 的基本概念

VRRP 路由器：运行 VRRP 协议的路由器。VRRP 是配置在路由器的接口上的，而且是基于接口来工作的。

VRID：一个 VRRP 组（VRRP Group）由多台协同工作的路由器（的接口）组成，使用相同的 VRID（Virtual Router Identifier，虚拟路由器标识符）进行标识。属于同一个 VRRP 组的路由器之间交互 VRRP 协议报文并产生一台虚拟"路由器"。一个 VRRP 组中只能出现一台 Master 路由器。

虚拟路由器：VRRP 为每一个组抽象出一台虚拟"路由器"（Virtual Router）。该路由器并非真实存在的物理设备，而是由 VRRP 虚拟出来的逻辑设备。一个 VRRP 组只会产生一台虚拟路由器。

虚拟 IP 地址及虚拟 MAC 地址：虚拟路由器拥有自己的 IP 地址以及 MAC 地址，其中，IP 地址由网络管理员在配置 VRRP 时指定，一台虚拟路由器可以有一个或多个 IP 地址，通常情况下，用户使用该地址作为网关地址。虚拟 MAC 地址的格式是"0000 – 5e00 – 01xx"，其中，xx 为 VRID。

Master 路由器：在一个 VRRP 组中承担报文转发任务的路由器。在每一个 VRRP 组中，只有 Master 路由器才会响应针对虚拟 IP 地址的 ARP 请求。Master 路由器会以一定的时间间隔周期性地发送 VRRP 报文，以便通知同一个 VRRP 组中的 Backup 路由器关于自己的存活情况。

Backup 路由器：也称为备份路由器。Backup 路由器将会实时侦听 Master 路由器发送出来的 VRRP 报文，它随时准备接替 Master 路由器的工作。

Priority：优先级值是选举 Master 路由器和 Backup 路由器的依据。优先级值为 0 ~ 255。值越大越优先；值相等时，比较接口 IP 地址大小，值大者优先。

VRRP 定时器：在 VRRP 协议工作的过程中，VRRP 定义了两种定时器：第一种是ADVER_INTERVAL 定时器，它代表的意思是 Master 发送 VRRP 通告报文时间周期，默认值为 1 s；第二种是 MASTER_DOWN 定时器，它代表的意思是 Backup 设备监听该定时器超时后，会变为 Master 状态。

3. VRRP 的工作原理

VRRP 把几台路由设备联合组成一台虚拟的"路由设备"，一跳路由设备出现故障时，在局域网内的主机只需要知道虚拟"路由设备"的 IP 地址即可，并不需要知道具体的备份路由的 IP 地址，将默认的网关设置为虚拟"路由设备"的 IP 地址，那么主机就可以连接外网。

图 7 – 24 所示为虚拟"路由设备"的组网环境。

图中，R1、R2 都在一个 VRRP 组，组成一个虚拟的路由设备，这个虚拟的路由设备有它自己的 IP 地址 192.168.1.254。虚拟 IP 地址可以直接指定，也可以是 VRRP 组中某个路由设备的接口地址。如果 R1、R2 中有一个损坏，局域网内的主机只需要把默认路由设为192.168.1.254 即可，不需要知道具体的路由器上的接口地址。

主机利用虚拟"路由设备"连接外网，路由设备工作过程如下：

①VRRP 备份组中的路由器根据优先级选举出 Master。Master 路由器通过发送免费的 ARP 报文将虚拟的 MAC 地址通知给与它连接的其他设备或者主机，从而承担转发任务。

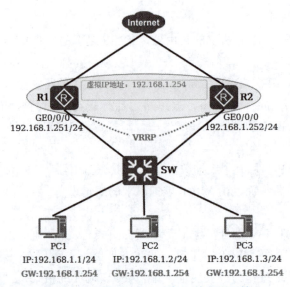

图 7-24 虚拟"路由设备"的组网环境

②Master 路由器周期性地向备份组内的所有 backup 交换机发送 VRRP 报文，以公布其配置信息（优先级等）和工作状况。

③如果 Master 出现故障，VRRP 备份组内的其他 backup 路由器将根据优先级重新选举新的 Master。

④VRRP 备份组状态切换时，Master 路由器由一台设备切换至另一台设备，新的 Master 主机会立即发送携带虚拟路由器的虚拟 MAC 地址和虚拟 IP 地址信息的免费 ARP 报文，刷新与它连接的主机或者设备的 MAC 地址表项，从而把用户流量引到新的 Master 交换机。整个过程对用户完全透明。

从上述工作过程来看，即使某台路由器出现故障，也不会影响主机的网络连通性。

4. VRRP 报文格式

VRRP 只有一种报文，即 Advertisement 报文，基于组播方式发送，因此只能在同一个广播域传递。Advertisement 报文的目的组播地址为 224.0.0.18，代表 VRRP 组中的所有路由器，协议号为 112。VRRP 报文格式如图 7-25 所示。

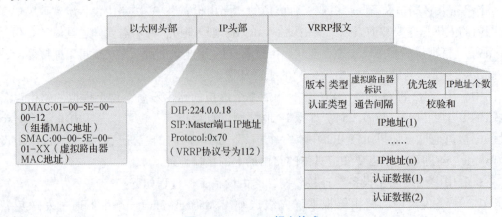

图 7-25 VRRP 报文格式

版本：VRRP 目前有两个版本，其中，VRRPv2 仅适用于 IPv4 网络，VRRPv3 适用于 IPv4 和 IPv6 两种网络。

虚拟路由器标识：该报文所关联的虚拟路由器的标识。

优先级：发送该报文的 VRRP 路由器的优先级（默认值 100）。

IP 地址个数：该 VRRP 报文中所包含的虚拟 IP 地址的数量。

认证类型：VRRP 支持 3 种认证类型：不认证、纯文本密码认证、MD5 方式认证，对应值分别为 0、1、2。

通告间隔：发送 VRRP 通告消息的间隔。默认为 1 s。

IP 地址：所关联的虚拟路由器的虚拟 IP 地址，可以为多个。

认证数据：验证所需的密码信息。

5. VRRP 状态机

VRRP 协议状态机有 3 种状态：Initialize（初始状态）、Master（活动状态）、Backup（备份状态）。其转换关系如图 7 - 26 所示。

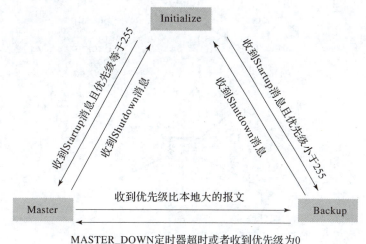

图 7 - 26　3 种状态转换关系

（1）Initialize 状态

系统启动后进入此状态，当收到接口 Startup 的消息时，将转入 Backup 状态（优先级不为 255 时）或 Master 状态（优先级为 255 时）。在此状态时，路由器不会对 VRRP 报文做任何处理。

（2）Master 状态

①定期（ADVER_INTERVAL）发送 VRRP 报文。

②以虚拟 MAC 地址响应对虚拟 IP 地址的 ARP 请求。

③转发目的 MAC 地址为虚拟 MAC 地址的 IP 报文。

④默认允许 ping 通虚拟 IP 地址。

⑤当多台设备同时为 Master 状态时，若设备收到与自己优先级相同的报文，会进一步比较 IP 地址的大小。如果收到报文的源 IP 地址比自己的大，则切换到 Backup 状态，否则，保持 Master 状态。

（3）Backup 状态

①接收 Master 设备发送的 VRRP 报文，判断 Master 设备的状态是否正常。

②对虚拟 IP 地址的 ARP 请求不做响应。

③丢弃目的 MAC 地址为虚拟 MAC 地址的 IP 报文。

④丢弃目的 IP 地址为虚拟 IP 地址的 IP 报文。

⑤如果收到优先级和自己相同或者比自己大的报文，则重置 MASTER_DOWN 定时器，不进一步比较 IP 地址的大小。

6. VRRP 主备选举

VRRP 备份组中的路由器根据优先级选举出 Master。这里主备选举会出现两种情况：优先级不相等和优先级相等，下面阐述其工作过程。

（1）VRRP 优先级不相等时主备选举

其过程示意如图 7 – 27 所示。

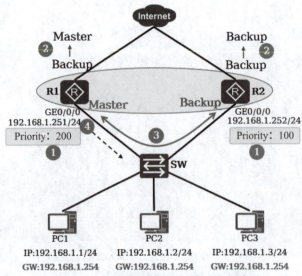

图 7 – 27　VRRP 优先级不相等时主备选举

其具体过程如下：

①R1 的接口 VRRP 优先级为 200，R2 的接口 VRRP 优先级为 100，两台设备完成初始化后，首先切换至 Backup 状态。

②R1 与 R2 根据各自 MASTER_DOWN 定时器超时时间由 Backup 状态切换到 Master 状态，所以 R1 比 R2 更快切换至 Master 状态。

③R1 和 R2 通过相互发送 VRRP 报文进行 Master 选举，优先级高的被选举为 Master 设备，因此，R1 被选为 Master 路由器。

④R1 被选举为 Master 路由器后，立即发送免费 ARP 报文将虚拟 MAC 地址通告给与它连接的设备和主机。

（2）VRRP 优先级相等时主备选举

其过程示意如图 7 – 28 所示。

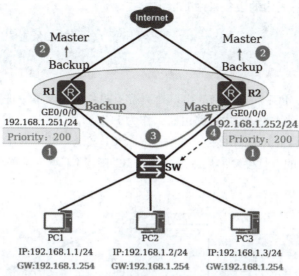

图 7-28　VRRP 优先级相等时主备选举

其工作过程如下：

①R1 与 R2 的 GE0/0/0 接口 VRRP 优先级都是 200，两台设备完成初始化后，首先切换至 Backup 状态。

②由于优先级相同，R1 与 R2 的 MASTER_DOWN 定时器超时后，同时由 Backup 状态切换至 Master 状态。

③R1 与 R2 交换 VRRP 报文，优先级一样，通过比较接口 IP 地址选举 Master 路由器，由于 R2 的接口 IP 地址大于 R1 的接口 IP 地址，因此，R2 被选举为 Master 路由器。

④R2 被选举为 Master 路由器后，立即发送免费 ARP 报文将虚拟 MAC 地址通告给与它连接的设备和主机。

【任务实施】

1. VRRP 常用配置命令

①创建 VRRP 备份组并给备份组配置虚拟 IP 地址。

> [interface - GigabitEthernet0/0/0] **vrrp vrid** *virtual - router - id* **virtual - ip** *virtual - address*

注意：各备份组之间的虚拟 IP 地址不能重复；同属一个备份组的设备接口需使用相同的 VRID。

②配置路由器在备份组中的优先级。

> [interface - GigabitEthernet0/0/0] **vrrp vrid** *virtual - router - id* **priority** *priority - value*

通常情况下，Master 设备的优先级应高于 Backup 设备。

③配置备份组中设备的抢占延迟时间。

> [interface - GigabitEthernet0/0/0] **vrrp vrid** *virtual - router - id* **preempt - mode timer delay** *delay - value*

④配置 VRRP 备份组中的设备采用非抢占模式。

```
[interface-GigabitEthernet0/0/0] vrrp vrid virtual-router-id preempt-mode
disable
```

2. 任务描述

如图 7-29 所示，PC1 所在网络的出口处部署了两台网关设备。现要求使用 VRRP 主备备份功能将这两台设备组成一台虚拟路由器，作为 PC1 的默认网关。具体应用需求如下：

①在正常情况下，由 R1 承担网关功能，转发 PC1 发送至外网的流量。

②当 R1 或者 R1 的上行接口出现故障时，由 R2 接替 R1 承担网关功能。

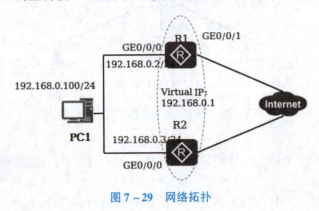

图 7-29　网络拓扑

3. 任务配置

配置步骤如下：

（1）R1 配置

```
<R1> system-view
[R1] interface gigabitethernet 0/0/0
[R1-GigabitEthernet0/0/0] ip address 192.168.0.2 24
[R1-GigabitEthernet0/0/0] vrrp vrid 1 virtual-ip 192.168.0.1
[R1-GigabitEthernet0/0/0] vrrp vrid 1 priority 110
[R1-GigabitEthernet0/0/0] vrrp vrid 1 preempt-mode delay 5
[R1-GigabitEthernet0/0/0] quit
[R1] track 1 interface gigabitethernet 0/0/1
[R1] interface gigabitethernet 0/0/0
[R1-GigabitEthernet0/0/0] vrrp vrid 1 track 1 reduced 50
```

（2）R2 配置

```
<R2> system-view
[R2] interface gigabitethernet0/0/0
[R2-GigabitEthernet0/0/0] ip address 192.168.0.3 24
[R2-GigabitEthernet0/0/0] vrrp vrid 1 virtual-ip 192.168.0.1
[R2-GigabitEthernet0/0/0] vrrp vrid 1 priority 100
[R2-GigabitEthernet0/0/0] vrrp vrid 1 preempt-mode delay 5
```

（3）验证

通过 display vrrp verbose 命令查看配置后的结果。

【任务扩展】

假如你是企业的一名网络管理员，为保障财务部门的网络畅通，公司要求你采用 VRRP 技术来防止网关设备发生故障，以保障所有用户终端访问外部网络的流量不会中断。其财务部网络拓扑如图 7-30 所示。任务要求如下：

①R1 与 R2 组成一个 VRRP 备份组，其中，R1 为 Master，R2 为 Backup。

②Master 设备故障恢复时采用抢占模式，抢占时延为 10 s。

③Master 设备监视上行接口状态，实现 VRRP 主备自动切换。

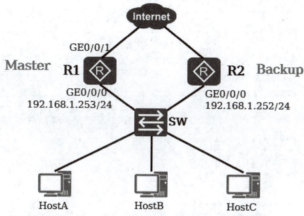

图 7-30　财务部网络拓扑

【知识考核】

一、选择题

1. 关于访问控制列表编号与类型的对应关系，下列描述中，正确的是（　　）。

A. 基本的访问控制列表编号范围是 1 000 ~ 2 999

B. 高级的访问控制列表编号范围是 3 000 ~ 9 000

C. 基本的访问控制列表编号范围是 2 000 ~ 2 999

D. 基本的访问控制列表编号范围是 1 000 ~ 2 000

2. NAPT 可以对（　　）进行转换。

A. MAC 地址 + 端口号

B. IP 地址 + 端口号

C. 只有 MAC 地址

D. 只有 IP 地址

3. 在汇聚交换的配置中，工程师往往会启用 VRRP 协议通过选举主备网关实现网关冗余。VRRP 选举依据的规则是（　　）。

A. 优先级数值与 IP 地址数值之和大的，优先成为 Master

B. 优先级数值与 IP 地址数值之和小的，优先成为 Master

C. 先选择优先级数值大的成为 Master，如果优先级相等，则选择 IP 地址大的成为 Master

D. 先选择优先级数值小的成为 Master，如果优先级相等，则选择 IP 地址小的成为 Master

二、简答题

DHCP Server 主动发送的 DHCP OFFER、DHCP ACK 和 DHCP NAK 报文，里面主要包含什么信息和参数？是广播发送还是单播发送？为什么这样设计？

项目 8

技能进阶

【项目导读】

随着时代的变迁，计算机网络急速发展。有线网络不仅需要部署大量的线缆，还会占用大量的交换机端口，这会导致有线局域网的成本很高，灵活性很低。WLAN 的出现解决了有线局域网环境中存在的灵活性低的问题，减少了局域网的部署成本。本项目首先介绍了WLAN 技术，对 IEEE 802.11 协议簇进行介绍，并展示 WLAN 技术的发展历程；还介绍了WLAN 环境中的主要设备，包括无线接入点（AP）、无线接入控制器（AC）等，同时展示了 WLAN 的主流组网方式。然后重点介绍了 WLAN 的基本原理，即 WLAN 的工作流程。最后介绍了 WLAN 的配置。

在 VPN 出现之前，网络分支之间的数据传输只能依靠现有物理网络（如 Internet）。由于 Internet 中存在多种不安全因素，报文容易被网络中的黑客窃取或篡改，最终造成数据泄密、重要数据被破坏等后果。VPN 技术的出现有效保证了企业数据传输的安全性，但面临使用成本高、使用率低、部署不灵活等问题。本项目介绍了 VPN 技术，首先介绍了 VPN 技术的背景、VPN 技术简介、VPN 技术分类，其次介绍了 VPN 关键技术，再次介绍了几种常见的 VPN 技术及其工作原理，最后介绍了 IPSec VPN 技术的配置。

【项目目标】

➢ 802.11 协议簇。

➢ WLAN 的基本设备及组网方式。

➢ WLAN 的工作流程。

➢ WLAN 的配置。

➢ VPN 技术的背景、简介及分类。

➢ VPN 关键技术。

➢ 几种常见的 VPN 技术及其工作原理。

➢ IPSec VPN 技术的配置。

【项目地图】

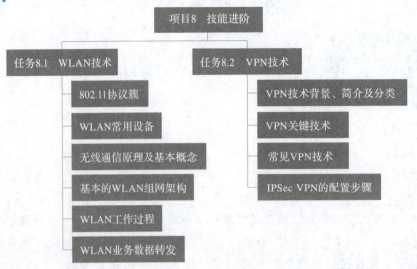

任务8.1　WLAN 技术

【任务工单】

任务名称	WLAN 技术				
组别		成员		小组成绩	
学生姓名				个人成绩	
任务情境	你是一名网络管理员，负责管理和维护公司内部网络。公司为降低成本及提高网络灵活性，需要你在公司内部署 WLAN 来提高网络灵活性				
任务目标	1. 了解 WLAN 的基本概念和 802.11 协议簇的发展历史 2. 区分 WLAN 的不同设备 3. 区分 WLAN 的不同组网方式 4. 掌握 WLAN 的工作流程 5. 完成 WLAN 的基本配置				
任务要求	按本任务后面列出的具体任务内容，能够完成 WLAN 的基本配置				
知识链接					
计划决策					
任务实施	1. 了解 WLAN 的基本概念和 802.11 协议簇的发展历史				

续表

任务名称	WLAN 技术			
组别		成员	小组成绩	
学生姓名			个人成绩	
任务实施	2. 区分 WLAN 的不同设备 3. 区分 WLAN 的不同组网方式 4. 掌握 WLAN 的工作流程 5. 完成 WLAN 的基本配置			
检查				
实施总结				
小组评价				
任务点评				

【前导知识】

以有线电缆或光纤作为传输介质的有线局域网应用广泛，但有线传输介质的铺设成本高，位置固定，移动性差。随着人们对网络的便携性和移动性的要求日益增强，传统的有线网络已经无法满足需求，WLAN（Wireless Local Area Network，无线局域网）技术应运而生。目前，WLAN 已经成为一种经济、高效的网络接入方式。

WLAN 概述

WLAN 是指通过无线技术构建的无线局域网络。WLAN 广义上是指以无线电波、激光、红外线等无线信号来代替有线局域网中的部分或全部传输介质所构成的网络。

一、802.11 协议簇

无线计算机网络最早的技术标准可以追溯到 1968 年，这个标准的开发和实施是由夏威夷大学的教授诺曼·艾布拉姆森（Norman Abramson）所带领的团队完成的。夏威夷大学的主校区位于夏威夷州瓦胡岛，同时，在周边几个岛屿都设有分校区。艾布拉姆森教授团队的目标是建立一个实验性的无线数据包通信网络，把位于不同岛屿的校区连接起来。1971 年，世界上第一个无线计算机网络诞生，即 ALOHAnet（Additive Links Online Hawaii Area Network，夏威夷地区在线互联网络）。

1986 年，美国的 NCR 公司开发了 802.11 标准的前身，并将其命名为 WaveLAN。WaveLAN 使用的是 ISM 频段中的 900 MHz 频段和 2.4 GHz 频段。NCR 公司希望这种技术可以成为替代以太网和令牌环网络标准的无线局域网解决方案。1987 年，NCR 公司把 WaveLAN 的设计提供给 IEEE 802 LAN/WAN 标准委员会，为 802.11 无线局域网标准的制定奠定了重要的基础。

1997 年，IEEE 发布了 802.11 标准的第 1 个版本，并于 1999 年对这个版本进行了阐释。这个标准定义了通过红外波段以 1 Mb/s 或 2 Mb/s 的速率传输数据，或者在 ISM 2.4 GHz 频段通过跳频扩频传输数据，以及通过直接序列扩频以 1 Mb/s 或 2 Mb/s 的速率传输数据这 3 种物理层技术，但通过红外波段传输数据的方式没有实现。其中，通过直接序列扩频传输数据的原始标准 802.11 标准迅速发展成了后来的 802.11b 标准。

1999 年，IEEE 发布了 802.11b 标准。这个标准在 802.11 标准的基础上进行了扩展，定义了在 ISM 2.4 GHz 频段传输数据时，最大原始数据传输速率提升到 11 Mb/s。802.11b 标准不但大幅度提升了无线局域网的吞吐量，而且使无线局域网产品的价格大幅降低，于是 802.11b 标准的 WLAN 产品开始被市场广泛接纳。

同一年，IEEE 发布了 802.11a 标准。802.11a 标准的核心同样是 802.11 标准，但 802.11a 标准没有采用使用率很高的 2.4 GHz 频段，而是采用了 5 GHz 频段，这就避免了与大量其他工作在 2.4 GHz 频段的设备产生干扰，如微波炉、无绳电话、蓝牙设备等。同时，802.11b 标准使用 52 个正交频分多路复用副载波，最大原始数据传输速率可达 54 Mb/s。然而，802.11a 标准并没有取得像 802.11b 标准那样的成功，一方面，5 GHz 的设备研制速度比常用的 2.4 GHz 设备要慢得多，导致使用 802.11a 标准的设备在上市时，802.11b 标准的设备已经获得了高的市场占用率；另一方面，电磁波在空气中传播时，频率越高的信号在传播过程中衰减越快，同时，高频电磁波的衍射能力更差，所以 802.11a 标准的设备传输信号的距离更短。

2003 年，IEEE 批准了 802.11g 标准。802.11g 标准既像 802.11b 标准一样工作在 2.4 GHz 频段，又像 802.11a 标准一样使用了 52 个正交频分多路复用副载波，同时，它的最大原始数据传输速率和 802.11a 标准一样，达到了 54 Mb/s。802.11g 标准的设备可以向后兼容 802.11b 标准网络，以 802.11b 标准的速率传输数据。使用 802.11b 标准的设备也可以连接到 802.11g 标准网络中，但是这样会大大降低整个 802.11g 标准网络的速率。当然，因为 802.11g 标准工作在 2.4 GHz 频段，所以 802.11g 标准网络和 802.11b 标准网络一样，会遭遇被其他同频段设备干扰的问题。

2009 年，IEEE 发布了 802.11n 标准。这项标准的初衷是对 802.11a 标准和 802.11g 标准进行提升。802.11n 标准支持 4 个 MIMO（Multiple – Input Multiple – Output，多输入多输出）空间流，定义了使用多条天线来提升原始数据传输速率的方式，这不但使 WLAN 的最大原始数据的传输速率达到 600 Mb/s，而且增加了此前 802.11 标准的信号传输距离。此外，802.11n 标准既可以工作在 2.4 GHz 频段，也可以工作在 5 GHz 频段。不过，根据 802.11n 标准，设备/网络对 5 GHz 频段的支持是可选的。802.11n 标准的信道宽度可以为 20 MHz 和 40 MHz。在实践中，有些设备只允许在 5 GHz 频段中使用 40 MHz 的信道宽度。

2013 年年底，IEEE 发布 802.11ac 标准。这个标准旨在进一步改进 802.11n 标准。802.11ac 标准仅工作在 5 GHz 频段，对 802.11n 标准的信道宽度进行了提升，并且把 802.11n 标准支持的 4 个 MIMO 空间流提高到了 8 个 MIMO 空间流。802.11ac 标准的无线产品的发布分为两个步骤（又称为两个 Wave）。从 2013 年开始，802.11ac 标准 Wave 1 设备开始发布，但是 802.11ac 标准还没有最终发布，Wave 1 设备依据的标准是 802.11ac 3.0 草案。直到 2016 年，802.11ac 标准 Wave 设备才进入市场，支持一些新的特性（如多用户 MIMO），信道宽度从 80 MHz 提升到 160 MHz，支持的天线数量从 3 个增加到 4 个，之后又增加到 8 个。相应地，802.11ac 标准 Wave 设备的最大原始数据传输速率从 1.3 Gb/s 提升到 6.93 Gb/s。目前，WLAN 中的联网设备越来越多，一项旨在改进 802.11ac 标准在客户端密集环境中整体网络数据吞吐量的标准被定义了出来，这项标准就是 802.11ax。802.11ax 标准采用了正交频分多址技术。802.11ax 标准对个别客户端的理论数据速率提升并不显著，但是，在一个区域的数据吞吐量方面，最高可以达到 802.11ac 标准的 4 倍。2021 年 2 月 9 日，IEEE 批准了 802.11ax 草案标准。不过，该草案标准在被批准之前，各个厂商就已经开始推出 802.11ax 标准的设备。Wi – Fi 联盟从 2019 年就开始对 802.11ax 标准的设备颁发 Wi – Fi 6 认证。

早期的 802.11 标准产品存在大量互操作性和兼容性方面的问题。为了解决这些问题，6 家行业领先的企业建立了 WECA（Wireless Ethernet Compatibility Alliance，无线以太网兼容性联盟），并且把 802.11b 标准这项技术命名为 Wi – Fi。Wi – Fi 作为一个商标和品牌认证来标识那些符合 802.11 标准的无线局域网产品，是一种创建于 802.11 标准上的无线局域网技术。在大多数场景下，Wi – Fi 可等同于 802.11 标准。802.11 各代标准的信息如图 8 – 1 所示。

频率	2.4 GHz	2.4 GHz	2.4 GHz、5 GHz	2.4 GHz、5 GHz	5 GHz	5 GHz	2.4 GHz、5 GHz
速率	2 Mb/s	11 Mb/s	54 Mb/s	300 Mb/s	1 300 Mb/s	6.9 Gb/s	9.6 Gb/s
协议	802.11	802.11b	802.11a、802.11g	802.11n	802.11ac Wave 1	802.11ac Wave 2	802.11ax
Wi-Fi	Wi-Fi 1	Wi-Fi 2	Wi-Fi 3	Wi-Fi 4	Wi-Fi 5		Wi-Fi 6
年份	1997	1999	2003	2009	2013	2015	2018

图 8 – 1 802.11 各代标准信息

二、 WLAN 常用设备

企业级的 WLAN 产品以 AP 为主。AP 通过有线的方式连接交换机的 PoE（Power over Ethernet，以太网供电）接口，使用交换机的端口来进行供电和上行连接。

AP：Access Point 的简称，一般翻译为"无线访问节点"，它是用于无线网络的无线交换机，也是无线网络的核心。无线 AP 是移动计算机用户进入有线网络的接入点，主要用于宽带家庭、大楼内部以及园区内部，典型距离覆盖几十米至上百米，目前主要技术为802.11 标准系列。大多数无线 AP 还带有接入点客户端模式（AP Client），可以和其他 AP 进行无线连接，延展网络的覆盖范围。其实物如图 8 –2 所示。

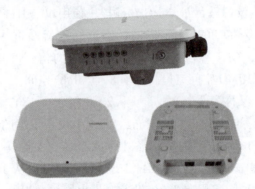

图 8 – 2 AP 设备实物

PoE 交换机：指的是在不改动任何现有的以太网布线基础的架构下，为一些基于 IP 终端的设备（如无线 AP、网络摄像头等）传输数据的同时，还能实现供电功能的设备，也可以理解为支持以太网供电的交换机。它的作用主要是数据传输和供电。其实物如图 8 – 3 所示。

图 8 – 3 PoE 交换机实物

无线控制器（Access Controller，AC）：在集中式网络架构中，AC 对无线局域网中的所有 AP 进行控制和管理。其实物如图 8 –4 所示。

图8-4 无线控制器实物

三、无线通信原理及基本概念

1. 无线通信原理

均匀变化的电场产生恒定的磁场，非均匀变化的电场产生变化的磁场，而变化的磁场会进一步产生感应电场，这样相互依赖的电场和磁场就形成了电磁场，电磁场会对外辐射电磁波。那么电磁波怎么才能用于通信领域呢？

赫兹在检波器导线的缝隙处看到了火花，证明了电磁波的存在。如果把检波器上的电流理解为检波器收到了电磁波发生器播发的信息，则该信息不经导线，直接以电磁波为媒介传输到 10 m 之外。电信号不通过导线就可以进行传输，电磁波的传输不依赖任何介质，而且在真空中的传播速度可以达到光速。如今，在 WLAN 中，信息就是以电磁波作为媒介进行传输的。

2. 无线通信中的基本概念

无线通信系统：无线通信系统中，信息可以是图像、文字、声音等。信息需要先经过信源编码转换为方便电路计算和处理的数字信号，再经过信道编码和调制转换为无线电波发射出去。

无线电磁波：无线电磁波是频率介于 3 Hz 和约 300 GHz 的电磁波，也叫作射频电波，或简称射频、射电。无线电技术将声音信号或其他信号经过转换，利用无线电磁波传播。WLAN 技术就是通过无线电磁波在空间中传输信息。当前使用的频段是：

2.4 GHz 频段（2.4~2.483 5 GHz）；

5 GHz 频段（5.15~5.35 GHz，5.725~5.85 GHz）。

无线信道：传输信息的通道，无线信道就是空间中的无线电磁波。无线电磁波无处不在，如果随意使用频谱资源，将会带来无穷无尽的干扰问题，所以，无线通信协议除了要定义出允许使用的频段外，还要精确划分出频率范围，每个频率范围就是信道。

BSS/SSID/BSSID：BSS（Basic Service Set，基本服务集）指的是一个 AP 所覆盖的范围，在一个 BSS 的服务区域内，STA 可以相互通信。BSSID（Basic Service Set Identifier，基本服务集标识符）是无线网络的一个身份标识，用 AP 的 MAC 地址表示。SSID（Service Set Identifier，服务集标识符）是无线网络的一个身份标识，用字符串表示，为了便于用户辨识不同的无线网络，用 SSID 代替 BSSID。

VAP：全称为 Virtual Access Point，指的是虚拟接入点。VAP 就是在一个物理实体 AP 上虚拟出的多个 AP。每个被虚拟出的 AP 就是一个 VAP。每个 VAP 提供和物理实体 AP 一样的功能。每个 VAP 对应 1 个 BSS，这样 1 个 AP 就可以提供多个 BSS，可以再为这些 BSS 设置不同的 SSID。

四、基本的 WLAN 组网架构

WLAN 的有线网络部分和无线网络部分如图 8 - 5 所示。

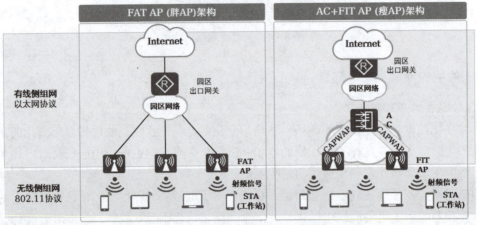

图 8 - 5　WLAN 的有线网络部分和无线网络部分

其中，有线侧是指 AP 上行到 Internet 的网络使用以太网协议，无线侧是指 STA 到 AP 之间的网络使用 802.11 协议。

1. 无线侧组网架构

（1）FAT AP（胖 AP）架构

这种架构不需要专门的设备集中控制就可以完成无线用户的接入、业务数据的加密和业务数据的转发等功能，因此又称为自治式网络架构。其适用于比较小的范围，如家庭等。其特点是：AP 独立工作，需要单独配置，功能较为单一，成本低。其缺点是：随着 WLAN 覆盖面积增大，接入用户增多，需要部署的 FAT AP 数量也会增多，但 FAT AP 是独立工作的，缺少统一的控制设备，因此，管理和维护这些 FAT AP 就十分麻烦。

（2）AC + FIT AP（瘦 AP）架构

这种架构中，AC 负责 WLAN 的接入控制、转发和统计、AP 的配置监控、漫游管理、AP 的网管代理、安全控制；FIT AP 负责 802.11 标准报文的加解密、802.11 标准的物理层功能、接受 AC 的管理等。其适用范围为大中型企业。它的特点是：AP 需要配合 AC 使用，由 AC 统管理和配置，功能丰富，对网络运维人员的技能要求高。

（3）敏捷分布式 AP 架构

敏捷分布式 AP 架构可以分布式覆盖解决如酒店或宿舍的多房间信号覆盖问题和大量 AP 带来的管理问题。敏捷分布式 AP 架构如图 8 - 6 所示。

敏捷分布式 AP 架构将传统 AC + FIT AP 架构的二级架构变革为 AC + 中心 AP + 远端射频单元的三级分布式架构。其是 AP 的一种特殊架构，将 AP 拆分为中心 AP 和敏分 AP 两部分，中心 AP 可管理多台敏分 AP，在适用的场景下，成本低，覆盖好。敏分 AP 可以用于 FAT AP、AC + FIT AP、云管理架构。其适用范围为房间分布密集的场景。

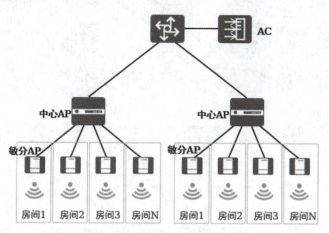

图 8−6　敏捷分布式 AP 架构

2. 有线侧组网架构

（1）CAPWAP 协议

为满足大规模组网的要求，需要对网络中的多个 AP 进行统一管理，IETF 成立了 CAPWAP（无线接入点控制和配置协议）工作组，最终制定 CAPWAP 协议。该协议定义了 AC 如何对 AP 进行管理、业务配置，即 AC 与 AP 间首先会建立 CAPWAP 隧道，AC 通过 CAPWAP 隧道来实现对 AP 的集中管理和控制。CAPWAP 隧道如图 8−7 所示。

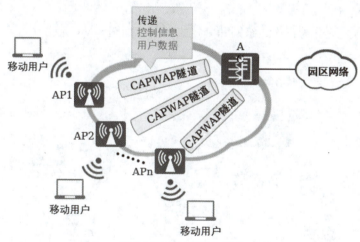

图 8−7　CAPWAP 隧道

CAPWAP 隧道包含以下功能：

- AP 与 AC 间的状态维护。
- AC 通过 CAPWAP 隧道对 AP 进行管理、业务配置下发。
- 当采用隧道转发模式时，AP 将 STA 发出的数据通过 CAPWAP 隧道实现与 AC 之间的交互。

（2）AP−AC 组网方式

AP 和 AC 间的组网分为二层组网和三层组网，如图 8−8 所示。

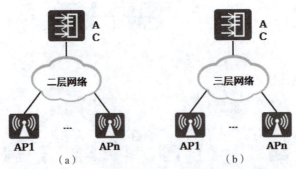

图 8 – 8　AP – AC 组网的二层组网和三层组网

（a）二层组网；（b）三层组网

二层组网是指 AP 和 AC 之间的网络为直连网络或者二层网络。二层组网 AP 可以通过二层广播或者 DHCP 过程实现 AP 即插即用。二层组网比较简单，使用户简单、快捷地组网，能够进行比较快速的组网配置，但不适用于大型组网架构。

三层组网是指 AP 和 AC 之间的网络为三层网络。AP 无法直接发现 AC，需要通过 DHCP 或 DNS 方式动态发现，或者配置静态 IP。在实际组网中，一台 AC 可以连接几十甚至几百台 AP，组网一般比较复杂。例如，在企业网络中，AP 可以布放在办公室、会议室、会客间等场所，而 AC 可以安放在公司机房。这样，AP 和 AC 之间的网络就是比较复杂的三层网络。因此，在大型组网中一般采用三层组网。

（3）AC 连接方式

AC 的连接方式可分为直连式组网和旁挂式组网，如图 8 – 9 所示。

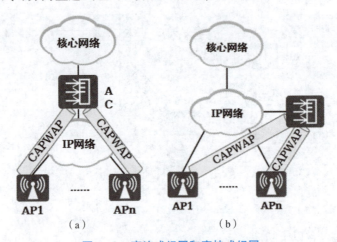

图 8 – 9　直连式组网和旁挂式组网

（a）直连式组网；（b）旁挂式组网

其中，直连式组网中，AC 部署在用户的转发路径上。直连模式下，用户流量要经过 AC，会消耗 AC 的转发能力，对 AC 的吞吐量以及处理数据能力要求比较高。如果 AC 性能差，有可能是整个无线网络带宽的"瓶颈"。但这种组网的架构清晰，组网实施起来比较简单。

旁挂式组网中，AC 旁挂在 AP 与上行网络的直连网络中，不再直接连接 AP。AP 的业务数据可以不通过 AC 而直接到达上行网络。由于实际组网中大部分不是早期就规划好无线网络，无线网络的覆盖架设大部分是后期在现有网络中扩展而来的，采用旁挂式组网比较容易进行扩展，只需将 AC 旁挂在现有网络中，比如旁挂在汇聚交换机上，就可以对终端 AP 进行管理。所以，这种组网方式的使用率比较高。在旁挂式组网中，AC 只承载对 AP 的管理功能，管理流封装在 CAPWAP 隧道中传输。数据业务流可以通过 CAPWAP 数据隧道经 AC 转发，也可以不经过 AC 而直接转发，后者无线用户业务流经汇聚交换机，由汇聚交换机传输至上层网络。

五、WLAN 工作过程

WLAN 的工作流程如图 8 – 10 所示。

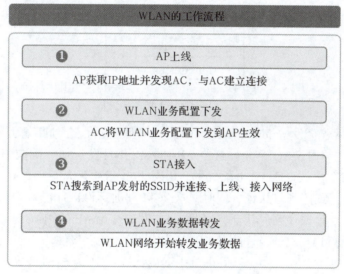

图 8 – 10　WLAN 的工作流程

1. 上线

FIT AP 需完成上线过程，AC 才能实现对 AP 的集中管理和控制，以及业务下发。AP 的上线过程包括如下步骤。

第一步：AP 获取 IP 地址，AP 必须获得 IP 地址才能够与 AC 通信，WLAN 网络才能够正常工作。AP 获取 IP 地址的方式包括以下两种。

静态方式：登录到 AP 设备上，手工配置 IP 地址。

DHCP 方式：通过配置 DHCP 服务器，使 AP 作为 DHCP 客户端向 DHCP 服务器请求 IP 地址。

第二步：建立 CAPWAP 隧道，其工作示意如图 8 – 11 所示。

AP 与 AC 关联，完成 CAPWAP 隧道建立，包括数据隧道和控制隧道。数据隧道：AP 接收的业务数据报文经过 CAPWAP 数据隧道集中到 AC 上转发。同时，还可以选择对数据隧道进行数据传输层安全

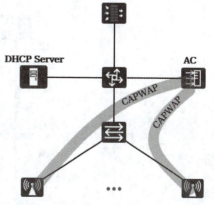

图 8 – 11　CAPWAP 隧道工作示意

（Datagram Transport Layer Security，DTLS）加密。使能 DTLS 加密功能后，CAPWAP 数据报文都会经过 DTLS 加/解密。控制隧道：通过 CAPWAP 控制隧道实现 AP 与 AC 之间的管理报文的交互。同时，还可以选择对控制隧道进行数据传输层安全 DTLS 加密，使能 DTLS 加密功能后，CAPWAP 控制报文都会经过 DTLS 加/解密。

第三步：AP 接入控制。在这一步中，AP 会向 AC 发送一条加入请求消息。收到加入请求消息的 AC 会判断是否允许这台 AP 接入。AP 接入控制的流程如图 8 - 12 所示。

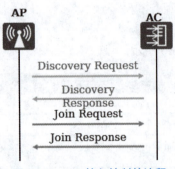

图 8 - 12　AP 接入控制的流程

AP 发现 AC 后，会发送 Join Request 报文。AC 收到后，会判断是否允许该 AP 接入，在满足以下条件之一时，AC 会允许这个 AP 加入，并且发送加入响应消息对 AP 做出响应，使这台 AP 实现上线。①AC 上配置的 AP 认证方式为不认证。②AC 上配置的 AP 认证方式为 MAC 地址或序列号认证，同时，这个 AP 被加入 AP 白名单。③AC 上配置的 AP 认证方式为 MAC 地址或序列号认证，同时，AC 发现这台 AP 的 MAC 地址和/或序列号与管理员预先添加的 MAC 地址及序列号相同。如果以上 3 个条件均不满足，这个 AP 就会被 AC 放到未授权的 AP 列表中，需管理员手动确认后，AC 才会回复加入响应消息，实现这台 AP 线。

第三步为 AP 的版本升级。AC 回复的加入响应消息中包含 AP 当前最新的系统软件版本。如果 AP 通过接收的加入响应消息发现自己的系统软件版本不是最新的，则会向 AC 发送一条镜像数据请求消息，要求升级自己的软件版本。AP 在软件版本更新完成后重新启动，重复进行前面 3 个步骤。至此，AP 完成上线。AP 的版本升级流程如图 8 - 13 所示。

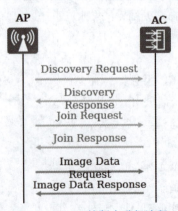

图 8 - 13　AP 的版本升级流程

2. WLAN 业务配置下发

WLAN 配置下发有两种形式，分别是：通过配置状态响应下发和通过配置更新响应。WLAN 配置下发工作过程如下：AP 由 AC 统一配置管理，因此，AP 完成上线后，会向 AC 发送配置状态请求消息，请求 AC 把配置发送给自己。AP 发送给 AC 的配置状态请求消息中包含 AP 当前的配置。AP 把自己当前的配置提供给 AC，是为了让 AC 判断自己当前的配置是否和 AC 需要下发的配置相同。如果不同，AC 就会通过配置状态响应消息把配置信息下发给 AP，当网络稳定运行后，如果管理员对配置做出了变更，那么 AC 就会向 AP 发送配置更新请求，要求 AP 变更自己的配置。收到消息的 AP 会向 AC 发送配置更新响应作为应答。

3. STA 接入

AP 已经上线，接下来介绍无线客户端如何通过 AP 连接到无线网络中。

第一步：扫描。无线客户端扫描无线网络的方式可分为主动扫描和被动扫描两种。主动扫描是指无线客户端主动地发送探针请求来寻求 AP 的响应。主动扫描包含了两种方式，如图 8 – 14 所示，它们的区别是无线客户端发送的探针请求（Probe Request）数据帧中是否包含 SSID。如果包含 SSID，那么只有提供这个 SSID 无线服务的 AP 在收到这个数据帧后，才会使用探针响应（Probe Response）数据帧做出响应，其余 AP 则不会做出响应。在这种情况下，无线客户端会在每个信道依次发送携带了某个 SSID 的探针请求，期待有 AP 对自己的请求进行响应。如果不包含 SSID，无线客户端会周期性地在它支持的信道列表中广播 SSID 字段为空的探针请求数据帧，所有收到这个数据帧的 AP 会用探针响应消息来回应无线客户端，并且告诉无线客户端自己可以提供哪个 SSID 的 WLAN 服务。

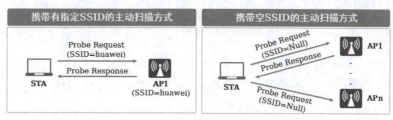

图 8 – 14 主动扫描的两种方式

第二步：链路认证。为了保证无线链路的安全，接入过程中，AP 需要完成对 STA 的认证。802.11 链路定义了两种认证机制：开放系统认证和共享密钥认证。

开放系统认证的实质是不执行认证。无线客户端和 AP 双方仅就认证进行一轮数据交互，AP 允许任何无线客户端通过认证流程，并且继续与之建立关联。在这个过程中，无线客户端会向 AP 发送一个认证请求消息，收到这个消息的 AP 会使用认证响应消息做出应答，收到认证响应消息的无线客户端可以继续与 AP 建立关联。开放系统认证的流程如图 8 – 15 所示。

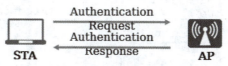

图 8 – 15 开放系统认证的流程

共享密钥认证，顾名思义，即管理员会在无线客户端和 AP 上事先配置相同的密钥，无线客户端是否通过认证取决于密钥是否相同。在这个过程中，无线客户端会向 AP 发送一个认证请求消息，使用共享密钥认证方式的 AP 会在认证响应消息中包含一个挑战短语。收到认证响应消息的无线客户端会使用管理员预先配置的密钥来对这个挑战短语进行加密，然后把加密后的挑战短语通过一个认证响应消息发送给 AP。AP 收到这个消息之后，会使用管理员预配置的密钥执行解密。如果解密后的挑战短语与自己之前发送给无线客户端的挑战短语相同，则认证成功；若不同，则认证失败。认证成功后，AP 会使用一个认证响应消息将认证成功的结果发送给无线客户端。图 8 - 16 所示为共享密钥认证的流程。

图 8 - 16　共享密钥认证的流程

当链路认证完成后，无线客户端就可以与 AP 建立关联了。

第三步：建立关联。完成链路认证后，STA 会继续发起链路服务协商，具体的协商通过 Association 报文实现。终端关联过程实质上就是链路服务协商的过程，协商内容包括支持的速率、信道等。

关联的具体流程如下。

步骤 1：无线客户端向 AP 发送关联请求消息。该消息中携带无线客户端希望使用的速率、信道等参数。

步骤 2：AP 把收到的关联请求消息封装进 CAPWAP 控制隧道中，然后发送给 AC。

步骤 3：AC 收到关联请求消息后，判断是否需要在下一步执行接入认证，然后同样通过 CAPWAP 隧道向 AC 发送关联响应消息。

步骤 4：AP 把关联响应消息解除 CAPWAP 封装后发送给无线客户端，无线客户端 AP 之间的关联结束。

关联流程如图 8 - 17 所示。

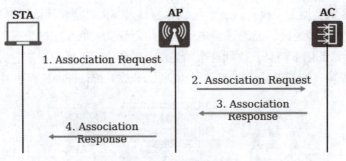

图 8 - 17　关联流程

第四步：接入认证。链路认证和接入认证的区别在于，链路认证的目的是认证设备是否拥有使用网络媒介的资格，而接入认证的目的是认证用户是否拥有通过链路接入无线网络的资格。在以太网环境中，因为网络媒介是物理线缆，它们部署在组织机构内部，所以以太网的链路认证是通过物理安全措施来保障的。例如，要求员工刷卡进门；在入口处安装十字转门，确保每卡只能进入一人；在办公区域安装摄像头等。在 WLAN 环境中，媒介本身是开放的，因此需要借助网络自身的机制来提供链路认证。同时，无论是有线的以太网还是无线的 802.11 网络，接入认证都可以作为认证用户身份和接入网络资格的手段。接入认证可以分为预共享密钥和 802.1x 两种方式。管理员采用的接入认证方式取决于为 WLAN 选择的安全策略。目前，主流的 WLAN 安全策略包括 WEP（Wired Equivalent Privacy，有线等效保密）、WPA/WPA2 – 个人版和 WPA/WPA2 – 企业版。需要说明的是，WLAN 的安全策略不仅定义了链路认证和接入认证的方式，还定义了是否使用加密的方式来保护数据安全，以及采用哪种加密方式来保护数据安全。

第五步：DHCP 地址分配。在有线局域网环境中，DHCP 客户端会通过 DHCP DISCOVER、DHCP OFFER、DHCP REQUEST 和 DHCP ACK 4 个消息来获取 IP 地址。DHCP 是一种应用层协议，因此并不关心数据链路层采用的协议是 IEEE 802.3 还是 IEEE 802.1。在 WLAN 环境中，DHCP 客户端获取 IP 地址的过程和在以太网环境中获取 1P 地址的过程一样，只是无线客户端和 AP 之间的通信换成了无线媒介。

六、 WLAN 业务数据转发

AP 和 AC 之间会通过 CAPWAP 建立起控制隧道和数据隧道。AP 和 AC 之间的控制数据会通过控制隧道进行转发。无线客户端发送业务数据有两种不同的转发方式，具体如下。

第一种方式为隧道转发方式，是指用户的数据报文到达 AP 后，需要经过 CAPWAP 数据隧道封装后发送给 AC，然后由 AC 再转发到上层网络。图 8 – 18 所示为隧道转发的数据走向示意。

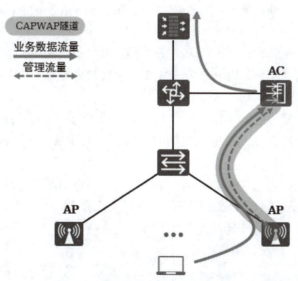

图 8 – 18　隧道转发的数据走向示意

第二种方式为直接转发方式，是指用户的数据报文到达 AP 后，不经过 CAPWAP 的隧道封装而直接转发到上层网络。图 8 – 19 所示为直接转发的数据走向示意。

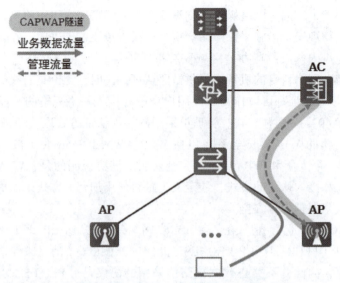

图 8 – 19 直接转发的数据走向示意

【任务实施】

在 WLAN 的配置中，需要配置各种参数以供 AP 和 STA（无线终端设备）使用，这些参数需要分别配置在相应的模板中，这些模板统称为 WLAN 模板。模板在配置完成后是不会生效的，必须应用在一个位置上才会生效。在 AC 中，管理员可以针对一个 AP 或一个 AP 组来应用 WLAN 模板。具体介绍如下。

（1）域管理模板

根据 AP 射频所在国家进行设置，设置参数包括国家码，不同的国家码定义了不同的 AP 射频特性。华为 AC 设备默认的国家码为 CN，即中国，在下面的实验中无须更改。

（2）VAP 模板

设置的参数包括数据的转发方式及业务 VLAN ID。在 VAP 模板中设置的参数下发到 AP，生成 VAP，接着 AP 使用 VAP 来为 STA 提供无线接入服务。VAP 模板还可以引用其他模板，本节主要介绍 SSID 模板和安全模板。

①SSID 模板：主要用途是设置 SSID 名称，以及设置隐藏 SSID 的功能。

②安全模板：包含了 WLAN 中使用的安全策略，其中有对 STA 进行认证的方法、对 STA 数据进行加密的方法等。

数据转发方式：指的是 STA 数据的转发方式，分为隧道转发和直接转发。

业务 VLAN：用来传输 STA 数据的 VLAN 可以将业务 VLAN 配置为单一 VLAN，也可以配置为一个 VLAN 池，在其中添加多个 VLAN。一个 VAP 设置多个 VLAN 可以减少单个 VLAN 下 STA 的数量，缩小广播域。

一、 WLAN 基础配置命令

1. 配置 AP 上线

（1）创建域管理模板，并配置国家码

进入 WLAN 视图。

```
[AC] wlan
```

创建域管理模板，并进入模板视图，若模板已存在，则直接进入模板视图。

```
[AC-wlan-view] regulatory-domain-profile name profile-name
```

配置设备的国家码标识。

```
[AC-wlan-regulate-domain-profile-name] country-code country-code
```

创建 AP 组，并进入 AP 组视图，若 AP 组已存在，则直接进入 AP 组视图。

```
[AC-wlan-view] ap-group name group-name
```

将指定的域管理模板引用到 AP 或 AP 组。

```
[AC-wlan-ap-group-group-name] regulatory-domain-profile profile-name
```

（2）配置源接口或源地址

配置 AC 与 AP 建立 CAPWAP 隧道的源接口。

```
[AC] capwap source interface { loopback loopback-number | vlanif vlan-id }
```

配置 AC 的源 IP 地址。

```
[AC] capwap source ip-address ip-address
```

（3）添加 AP 设备——离线导入 AP

配置 AP 认证模式为 MAC 地址认证或 SN 认证，默认为 MAC 地址认证。

```
[AC-wlan-view] ap auth-mode { mac-auth | sn-auth }
```

离线增加 AP 设备或进入 AP 视图，并配置单个 AP 的名称。

```
[AC-wlan-view] ap-id ap-id [ [ type-id type-id | ap-type ap-type ] | ap-mac
ap-mac | ap-sn ap-sn | ap-mac ap-mac ap-sn ap-sn ] ]
[AC-wlan-ap-ap-id] ap-name ap-name
```

配置 AP 所加入的组。

```
[AC-wlan-view] ap-id 0
[AC-wlan-ap-0] ap-group ap-group
```

检查 AP 上线结果。

```
[AC] display ap { all | ap-group ap-group } }
```

2. 配置 WLAN 业务参数的基本命令

在本步骤中，要配置使 STA 连接到 WLAN 的参数。这些参数都配置在 VAP 模板中，并需要在 AP 组中进行引用。在 VAP 模板中，需要配置转发方式、业务 VLAN，并且需要引用 SSID 模板和安全模板。在 SSID 模板中，需要配置 SSID 名称；在安全模板中，需要配置安全策略和 STA 登录所使用的密码。

（1）创建 VAP 模板

创建 VAP 模板，并进入模板视图，若模板已存在，则直接进入模板视图。

```
[AC-wlan-view] vap-profile name profile-name
```

（2）配置数据转发方式

```
[AC-wlan-vap-prof-profile-name] forward-mode {direct-forward | tunnel }
```

配置 VAP 模板下的数据转发方式，可以是直接转发或是隧道转发。

（3）配置业务 VLAN

配置 VAP 的业务 VLAN。

```
[AC-wlan-vap-prof-profile-name] service-vlan { vlan-id vlan-id | vlan-pool pool-name }
```

（4）配置安全模板

创建安全模板或者进入安全模板视图。

```
[AC-wlan-view] security-profile name profile-name
```

在指定 VAP 模板中引用安全模板。

```
[AC-wlan-view] vap-profile name profile-name
[AC-wlan-vap-prof-profile-name] security-profile profile-name
```

（5）配置 SSID 模板

创建 SSID 模板，并进入模板视图，若模板已存在，则直接进入模板视图。

```
[AC-wlan-view] ssid-profile name profile-name
```

配置当前 SSID 模板中的服务组合识别码（Service Set Identifier，SSID）。默认情况下，SSID 模板中的 SSID 为 HUAWEI-WLAN。

```
[AC-wlan-ssid-prof-profile-name] ssid ssid
```

在指定 VAP 模板中引用 SSID 模板。

```
[AC-wlan-view] vap-profile name profile-name
[AC-wlan-vap-prof-profile-name] ssid-profile profile-name
```

（6）引用 VAP 模板

在 AP 组中，将指定的 VAP 模板引用到射频。

```
[AC-wlan-view] ap-group name group-name
[AC-wlan-ap-group-group-name] vap-profile profile-name wlan wlan-id radio { radio-id | all } [ service-vlan { vlan-id vlan-id | vlan-pool pool-name } ]
```

（7）查看 VAP 信息

查看业务型 VAP 的相关信息。

```
[AC] display vap { ap-group ap-group-name | { ap-name ap-name | ap-id ap-id } [ radio radio-id ] } [ ssid ssid ]
[AC] display vap { all | ssid ssid }
```

二、任务描述

某企业网络需要用户通过 WLAN 接入网络，以满足移动办公的最基本需求，其网络拓扑如图 8-20 所示。任务要求如下：

①AC 采用旁挂组网方式，AC 与 AP 处于同一个二层网络。

②实现 AC 与 AP 之间的网络互通。启用 DHCP 功能，本实验以 AC 作为 DHCP 服务器，为 AP 和 STA 分配 IP 地址。

③业务数据采用隧道转发模式。

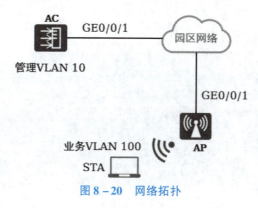

图 8-20　网络拓扑

WLAN 模板及其配置参数见表 8-1。

表 8-1　WLAN 模板及其配置参数

	域管理模板：domain1	
AP 组：group1 引用的模板：域管理模板、 VAP 模板	VAP 模板：vap1 引用的模板：SSID 模板、安全模板 转发方式：隧道转发 业务 VLAN：VLAN 100	SSID 模板：ssid1 SSID 名称：vlan1
		安全模板：security1 安全策略：WPA/WPA2 + PSK + AES 密码：Huawei@123

表 8-2 中总结了其他需要配置的参数及其值。

表 8-2　其他需要配置的参数及其值

参数	参数值
AP 管理 VLAN	VLAN 10
STA 业务 VLAN	VLAN 100
DHCP 服务器	AC 作为 DHCP 服务器为 AP 和 STA 分配 IP 地址
AP 地址池	10. 0. 10. 2 ~ 10. 0. 10. 254
STA 地址池	10. 0. 100. 2 ~ 10. 0. 100. 254

续表

参数	参数值
AC 源接口	VLANIF 10：10.0.10.1/24
STA 业务网关	VLANIF 100：10.0.100.1/24
AP 名称	apl

三、任务配置

1. 在 AC 上启用 DHCP 功能

```
[AC] dhcp enable
[AC] interface vlanif 10
[AC-Vlanif10] ip address 10.0.10.1 24
[AC-Vlanif10] dhcp select interface
[AC-Vlanif10] quit
[AC] interface vlanif 100
[AC-Vlanif100] ip address 10.0.100.1 24
[AC-Vlanif100] dhcp select interface
```

2. 创建 AP 组

```
[AC] wlan
[AC-wlan-view] ap-group name group1
Info：This operation may take a few seconds. Please wait for a moment.done.
```

3. 创建域管理模板并配置国家码

```
[AC] wlan
[AC-wlan-view] regulatery-domain-profile name domain1
[AC-wlan-regulate-domain-domain1] country-code cn.
Info：The current country code is same with the input country code.
```

4. 引用域管理模板

```
[AC] wlan
[AC-wlan-view] ap-group name group1
[AC-wlan-ap-group-group1] regulatory-domain-profile domain1
I Warning:Modifying the country code will clear channel, power and antenna gain
cionfigurations of the radio and reset the AP. Continue? [Y/N]:y
```

5. 设置 AC 使用的源接口

```
[AC] capwap source interface Vlanif 10
```

6. 离线 AP 配置

```
[AC] wlan
[AC-wlan-view] ap auth-mode mac-auth
[AC-wlan-view] ap-id 1 ap-mac 00e0-fc63-7f00
```

```
[AC-wlan-ap-1] ap-name ap1
Warning: This operation may cause AP reset. Continue? [Y/N]:y
[AC-wlan-ap-1] ap-group group1
Warning: This operation may cause AP reset. If the country code changes, it will
clear channel, power and antenna gain configurations of the radio. Whether to
continue? (Y/N):y
Info: This operation may take a few seconds. Please wait for a moment.. done.
```

7. 创建并配置 SSID 模板

```
[AC] wlan
[AC-wlan-view]ssid-profile name ssid1
[AC-wlan-ssid-prof-ssid1]ssid wlan1
Info: This operation may take a few seconds, please wait.done.
```

8. 创建并配置安全模板

```
[AC] wlan
[AC-wlan-view] security-profile name security1
[AC-wlan-sec-prof-security1] security wpa-wpa2 psk pass-phrase hua@
123 aes
```

9. 创建并配置 VAP 模板

```
[AC] wlan
[AC-wlan-view] vap-profile name vap1
[AC-wlan-vap-prof-vap1] forward-mode tunnel
[AC-wlan-vap-prof-vap1] service-vlan vlan-id 100
Info: This operation may take a few seconds, please wait.done.
[AC-wlan-vap-prof-vap1] ssid-profile ssid1
Info: This operation may take a few seconds, please wait.done.
[AC-wlan-vap-prof-vap1] security-profile security
Info: This operation may take a few seconds, please wait.done.
```

10. 在 AP 组中引用 VAP 模板并将其与两个射频绑定

```
[AC]wlan
[AC-wlan-view]ap-group name group1
[AC-wlan-ap-group-group1]vap-profile vap1 wlan1 radio 0
Info: This operation may take a few seconds, please wait...done.
[AC-wlan-ap-group-group1]vap-profile vap1 wlan 1 radio 1
Info: This operation may take a few seconds, please wait...done.
```

至此，WLAN 设置已经完成，可以在自己的实验环境中开启 STA 并搜索 ssid1，使用密码 Huawei@123 进行登录。如果设置正确，STA 可以正常连接 WLAN，并且获得 10.0.20.254/24 的 IP 地址，默认网关为 10.0.20.1。

【任务扩展】

某企业网络需要用户通过 WLAN 接入，以满足移动办公的最基本需求，其网络拓扑如图 8-21 所示。任务要求如下：

①AC 采用旁挂组网方式，AC 与 AP 处于同一个二层网络。

②AC 作为 DHCP 服务器为 AP 分配 IP 地址。

汇聚交换机 S2 作为 DHCP 服务器为 STA 分配 IP 地址, STA 的默认网关为 10.23.101.1。

③业务数据采用隧道转发模式。

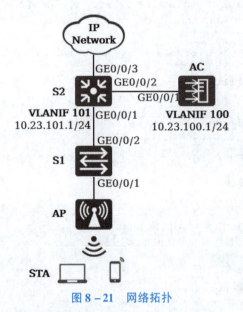

图 8−21　网络拓扑

表 8−3 中总结了需要配置的参数及其值。

表 8−3　需要配置的参数及其值

数据	配置
AP 管理 VLAN	VLAN 100
STA 业务 VLAN	VLAN 101
DHCP 服务器	AC 作为 DHCP 服务器为 AP 分配 IP 地址；汇聚交换机 S2 作为 DHCP 服务器为 STA 分配 IP 地址, STA 的默认网关为 10.23.101.1
AP 的 IP 地址池	10.23.100.2～10.23.100.254/24
STA 的 IP 地址池	10.23.101.2～10.23.101.254/24
AC 的源接口 IP 地址	VLANIF 100：10.23.100.1/24
AP 组	名称：ap−group1；引用模板：VAP 模板 wlan−net、域管理模板
域管理模板	名称：default；国家码：中国
SSID 模板	名称：wlan−net；SSID 名称：wlan−net
安全模板	名称：wlan−net；安全策略：WPA−WPA2+PSK+AES；密码：a1234567
VAP 模板	名称：wlan−net 转发模式；隧道转发业务 VLAN：VLAN 101 引用模板；SSID 模板 wlan−net、安全模板 wlan−net

任务 8.2　VPN 技术

【任务工单】

任务名称	VPN 技术				
组别		成员		小组成绩	
学生姓名				个人成绩	
任务情境	你是一名网络管理员，负责管理和维护公司内部网络。公司需要访问公司总部的网络资源，需要你采用 VPN 技术来实现这一需求				
任务目标	1. VPN 技术的背景、简介及分类 2. VPN 关键技术 3. 几种常见的 VPN 技术及其工作原理 4. IPSec VPN 技术的配置				
任务要求	1. 了解 VPN 技术的背景、简介及分类 2. 熟悉 VPN 关键技术 3. 熟悉几种常见的 VPN 技术及其工作原理 4. 掌握 IPSec VPN 技术的配置				
知识链接					
计划决策					
任务实施	1. 了解 VPN 技术的背景、简介及分类 2. 熟悉 VPN 关键技术				

续表

任务名称	VPN 技术				
组别		成员		小组成绩	
学生姓名				个人成绩	
任务实施	3. 熟悉几种常见的 VPN 技术及其工作原理 4. 掌握 IPSec VPN 技术的配置				
检查					
实施总结					
小组评价					
任务点评					

【前导知识】

对于规模较大的企业来说，网络访问需求不局限于公司总部网络内，分公司、办事处、出差员工、合作单位等也需要访问公司总部的网络资源，可以采用 VPN（Virtual Private Network，虚拟专用网络）技术来实现这一需求。VPN 可以在不改变现有网络结构的情况下建立虚拟专用连接。因其具有廉价、专用和虚拟等多种优势，在现网中应用非常广泛。

1. VPN 技术背景

在 VPN 出现之前，企业分支之间的数据传输只能依靠现有物理网络（如 Internet）。由于 Internet 中存在多种不安全因素，报文容易被网络中的黑客窃取或篡改，最终造成数据泄密、重要数据被破坏等后果。

除了通过 Internet，还可以通过搭建一条物理专网来保证数据的安全传输，但其费用会非常高昂，并且专网的搭建和维护十分困难。

2. VPN 简介

VPN 即虚拟专用网，泛指通过 VPN 技术在公用网络上构建的虚拟专用网络，其示意如图 8－22 所示。VPN 用户在此虚拟网络中传输私网流量，在不改变网络现状的情况下实现安全、可靠的连接。VPN 网络是专门供 VPN 用户使用的网络，对于 VPN 用户，使用 VPN 与使用传统专网没有区别。VPN 能够提供足够的安全保证，确保 VPN 内部信息不受外部侵扰。VPN 与底层承载网络（一般为 IP 网络）之间保持资源独立，即 VPN 资源不被网络中非该 VPN 的用户所使用。VPN 用户的通信是通过公共网络进行的，而这个公共网络同时也可以被其他非 VPN 用户使用，VPN 用户获得的只是一个逻辑意义上的专网。

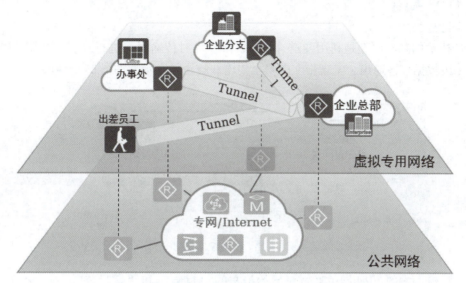

图 8 – 22　VPN 技术示意

VPN 和传统的数据专网相比，具有如下优势。

安全：在远端用户、驻外机构、合作伙伴、供应商与公司总部之间建立可靠的连接，保证数据传输的安全性。这对于实现电子商务或金融网络与通信网络的融合特别重要。

廉价：利用公共网络进行信息通信，企业可以用更低的成本连接远程办事机构、出差人员和业务伙伴。

支持移动业务：支持驻外 VPN 用户在任何时间、任何地点的移动接入，能够满足不断增长的移动业务需求。

可扩展性：由于 VPN 为逻辑上的网络，物理网络中增加或修改节点不影响 VPN 的部署。

3. VPN 分类

VPN 是一类技术的统称，根据不同的划分标准，VPN 可以按几个标准进行分类划分。

根据建设单位不同，可以划分为租用运营商 VPN 专线搭建企业 VPN 网络和自建企业 VPN 网络。租用运营商 VPN 专线搭建企业 VPN 网络中最常见的场景为租用运营商 MPLS VPN 专线，并且 VPN 网关为运营商所有；基于 Internet 建立企业 VPN 网络，常见的如 IPSec VPN、L2TP VPN、SSL VPN 等。

根据组网方式不同，可以划分为远程访问 VPN（Remote Access VPN）和局域网到局域网的 VPN（Site – to – site VPN）。远程访问 VPN，适用于出差员工 VPN 拨号接入的场景，员工可在任何能接入 Internet 的地方通过 VPN 接入企业内网资源。常见的有 L2TP VPN、SSL

VPN 等。局域网到局域网的 VPN，适用于公司两个异地机构的局域网互连。常见的有 MPLS VPN、IPSec VPN 等。

根据实现的网络层次不同来划分，SSL VPN 工作在应用层，IPSec VPN、GRE VPN 工作在网络层，MPLS VPN 工作在网络层和数据链路层，L2TP VPN、PPTP VPN 工作在数据链路层。

4. VPN 关键技术

（1）隧道技术

VPN 技术的基本原理是利用隧道（Tunnel）技术对传输报文进行封装，利用 VPN 骨干网建立专用数据传输通道，实现报文的安全传输。隧道技术示意如图 8 - 23 所示。

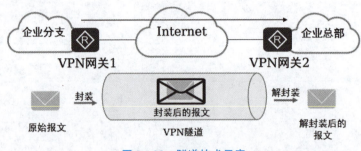

图 8 - 23 隧道技术示意

位于隧道两端的 VPN 网关通过对原始报文的"封装"和"解封装"，建立一个点到点的虚拟通信隧道。隧道的功能就是在两个网络节点之间提供一条通路，使数据能够在这个通路上透明传输。VPN 隧道一般是指在 VPN 骨干网的 VPN 节点之间建立的用来传输 VPN 数据的虚拟连接。隧道是构建 VPN 不可或缺的部分，用于把 VPN 数据从一个 VPN 节点透明传送到另一个上。

隧道通过隧道协议实现。目前已存在不少隧道协议，如 GRE（Generic Routing Encapsulation）、L2TP（Layer 2 Tunneling Protocol）等。隧道协议通过在隧道的一端给数据加上隧道协议头，即进行封装，使这些被封装的数据能都在某网络中传输，并且在隧道的另一端去掉该数据携带的隧道协议头，即进行解封装。报文在隧道中传输前后都要通过封装和解封装两个过程。

（2）身份认证、数据加密与验证

身份认证、数据加密与验证技术可以有效保证 VPN 网络与数据的安全性。

身份认证：可用于部署了远程接入 VPN 的场景，VPN 网关对用户的身份进行认证，保证接入网络的都是合法用户而非恶意用户，也可以用于 VPN 网关之间对对方身份的认证。

数据加密：将明文通过加密变成密文，使得数据即使被黑客截获，黑客也无法获取其中的信息。

数据验证：通过数据验证技术对报文的完整性和真伪进行检查，丢弃被伪造和被篡改的报文。

表 8 - 4 中给出了常见的 VPN 技术的安全技术。

表 8 - 4　常见的 VPN 技术的安全技术

VPN	用户身份认证	数据加密和验证	备注
GRE	不支持	支持简单的关键字检验和验证	可以结合 IPSec 使用，利用 IPSec 的数据加密和验证特性
L2TP	支持基于 PPP 的 CHAP、PAP、EAP 认证	不支持	
IPSec	支持	支持	支持预共享密钥验证或证书认证；支持 IKEv2 的 EAP 认证
SSL	支持	支持	支持用户名/密码或证书认证
MPLS	不支持	不支持	一般运行在专用的 VPN 骨干网络

5. 常见 VPN 技术

VPN 是一类技术的统称，不同的 VPN 技术拥有不同的特性和实现方式，常见的 VPN 技术包括 IPSec VPN、GRE VPN、L2TP VPN、MPLS VPN 等。

IPSec VPN 原理及配置

1）IPSec VPN

（1）IPSec VPN 简介

IPSec（IP Security）VPN 一般部署在企业出口设备之间，通过加密与验证等方式实现数据来源验证、数据加密、数据完整性保证和抗重放等功能。IPSec VPN 示意如图 8 - 24 所示。

图 8 - 24　IPSec VPN 示意

其中，数据来源验证是指接收方验证发送方身份是否合法。数据加密是指发送方对数据进行加密，以密文的形式在 Internet 上传送，接收方对接收的加密数据进行解密后处理或直接转发。数据完整性是指接收方对接收的数据进行验证，以判定报文是否被篡改。抗重放是指接收方拒绝旧的或重复的数据包，防止恶意用户通过重复发送捕获到的数据包所进行的攻击。

（2）IPSec 协议体系

IPSec 不是一个单独的协议，它给出了 IP 网络上数据安全的一整套体系结构，包括 AH（Authentication Header，认证头）、ESP（Encapsulating Security Payload，封装安全载荷）、IKE（Internet Key Exchange）等协议。其协议体系如图 8 - 25 所示。

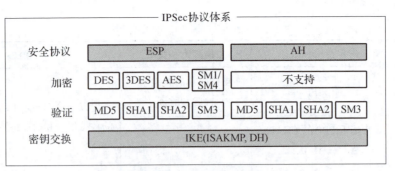

图 8 – 25 **IPSec 协议体系**

IPSec 使用 AH 和 ESP 两种安全协议来传输和封装数据，提供认证或加密等安全服务。AH 和 ESP 两种安全协议提供的安全功能依赖于协议采用的验证、加密算法。AH 仅支持认证功能，不支持加密功能。ESP 支持认证和加密功能。

安全协议提供认证或加密等安全服务需要有密钥的存在。

密钥交换的方式有两种：带外共享密钥和通过 IKE 协议自动协商密钥。带外共享密钥：在发送、接收设备上手工配置静态的加密、验证密钥。双方通过带外共享的方式（如通过电话或邮件方式）保证密钥一致性。这种方式的缺点是可扩展性差，在点到多点组网中配置密钥的工作量成倍增加。另外，为提升网络安全性，需要周期性修改密钥，这种方式下也很难实施。通过 IKE 协议自动协商密钥：IKE 建立在 Internet 安全联盟和密钥管理协议 ISAKMP 定义的框架上，采用 DH（Diffie – Hellman）算法在不安全的网络上安全地分发密钥。这种方式配置简单，可扩展性好，特别是在大型动态的网络环境下此优点更加突出。同时，通信双方通过交换密钥材料来计算共享的密钥，即使第三方截获了双方用于计算密钥的所有交换数据，也无法计算出真正的密钥。

（3）IPSec 基本原理

IPSec 隧道建立过程中，需要协商 IPSec SA（Security Association，安全联盟）。IPSec SA 一般通过 IKE 协商生成。IPSec 的基本原理如图 8 – 26 所示。

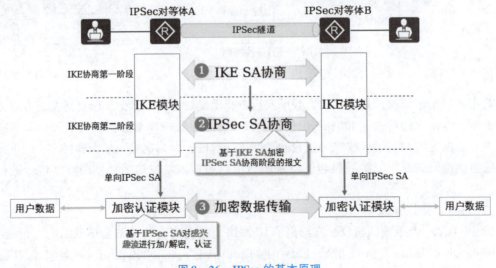

图 8 – 26 **IPSec 的基本原理**

SA 由一个三元组来唯一标识，这个三元组包括安全参数索引（Security Parameter Index，SPI）、目的 IP 地址和使用的安全协议号（AH 或 ESP）。其中，SPI 是为唯一标识 SA 而生成的一个 32 bit 的数值，它在 AH 和 ESP 头中传输。在手工配置 SA 时，需要手工指定 SPI 的取值。使用 IKE 协商产生 SA 时，SPI 将随机生成。SA 是单向的逻辑连接，因此，两个 IPSec 对等体之间的双向通信，最少需要建立两个 SA 来分别对两个方向的数据流进行安全保护。

IKE 作为密钥协商协议，存在两个版本：IKEv1 和 IKEv2，本节以 IKEv1 为例进行介绍。IKEv1 协商第一阶段的目的是建立 IKE SA。IKE SA 建立后，对等体间的所有 ISAKMP 消息都将进行加密和验证。这条安全通道可以保证 IKEv1 第二阶段的协商能够安全进行。IKE SA 是一个双向的逻辑连接，两个 IPSec 对等体间只建立一个 IKE SA。IKEv1 协商第二阶段的目的就是建立用来安全传输数据的 IPSec SA，并为数据传输衍生出密钥。该阶段使用 IKEv1 协商第一阶段中生成的密钥对 ISAKMP 消息的完整性和身份进行验证，并对 ISAKMP 消息进行加密，因此保证了交换的安全性。IKE 协商成功意味着双向的 IPSec 隧道已经建立，可以通过 ACL 方式或者安全框架方式定义 IPSec "感兴趣流"，符合感兴趣流流量特征的数据都将被送入 IPSec 隧道进行处理。

2）GRE VPN

（1）GRE 概述

通用路由封装协议（General Routing Encapsulation，GRE）是一种三层 VPN 封装技术，GRE VPN 示意如图 8 - 27 所示。GRE 可以对某些网络层协议（如 IPX、IPv4、IPv6 等）的报文进行封装，使封装后的报文能够在另一种网络（如 IPv4）中传输，从而解决了跨越异种网络的报文传输问题。

CRE
原理及配置

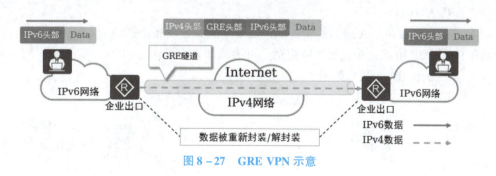

图 8 - 27　GRE VPN 示意

如图 8 - 27 所示，通过在 IPv4 网络上建立 GRE 隧道，解决了两个 IPv6 网络的通信问题。

GRE 还具备封装组播报文的能力。由于动态路由协议中会使用组播报文，因此，更多时候 GRE 会在需要传递组播路由数据的场景中被用到，这也是 GRE 被称为通用路由封装协议的原因。

（2）GRE 的基本原理

GRE 的构成要素分为 3 个部分：乘客协议、封装协议和运输协议。乘客协议是指用户在传输数据时所使用的原始网络协议。封装协议的作用是 "包装" 乘客协议对应的报文，使原始报文能够在新的网络中传输。运输协议是指被封装以后的报文在新网络中传输时所使用的网络协议。GRE 基本原理如图 8 - 28 所示。

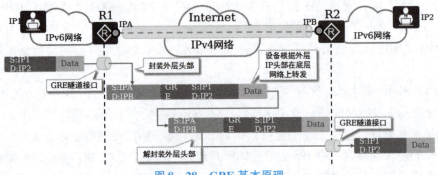

图 8 - 28　GRE 基本原理

隧道接口（Tunnel Interface）是为实现报文的封装而提供的一种点对点类型的虚拟接口，与 Loopback 接口类似，都是一种逻辑接口。

如图 8 - 28 所示，乘客协议为 IPv6，封装协议为 GRE，运输协议为 IPv4。整体转发流程如下：

当 R1 收到 IP1 发来的 IPv6 数据包时，查询设备路由表，发现出接口是隧道接口，则将此报文发给隧道接口处理。

隧道接口给原始报文添加 GRE 头部，然后根据配置信息给报文加上 IP 头。该 IP 头的源地址就是隧道源地址，IP 头的目的地址就是隧道目的地址。

封装后的报文在 IPv4 网络中进行普通的 IPv4 路由转发，最终到达目的地 R2。

解封装过程和封装过程相反，这里不再赘述。

（3）GRE Over IPSec

GRE 的主要缺点是不支持加密和认证，数据的安全传输得不到很好的保障。IPSec 的主要缺点是只支持 IP 协议，并且不支持组播。可通过部署 GRE Over IPSec 结合两种 VPN 技术的优点。GRE Over IPSec 示意如图 8 - 29 所示。

图 8 - 29　GRE Over IPSec 示意

3）L2TP VPN

（1）L2TP VPN 简介

L2TP 是虚拟私有拨号网（Virtual Private Dialup Network，VPDN）隧道协议的一种，它扩展了点到点协议 PPP 的应用，是一种在远程办公场景中为出差员工或企业分支远程访问企业内网资源提供接入服务的 VPN。L2TP 组网架构中包括 LAC（L2TP Access Concentrator，L2TP 访问集中器）和 LNS（L2TP Network Server，L2TP 网络服务器）。L2TP VPN 示意如图 8 - 30 所示。

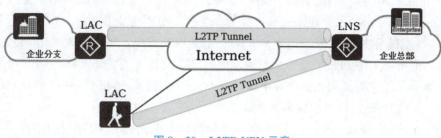

图 8 – 30　L2TP VPN 示意

（2）L2TP 协议

L2TP 协议包含两种类型的消息：控制消息和数据消息，消息的传输在 LAC 和 LNS 之间进行。控制消息用于 L2TP 隧道和会话连接的建立、维护和拆除。在控制消息的传输过程中，使用消息丢失重传和定时检测隧道连通性等机制来保证控制消息传输的可靠性，支持对控制消息的流量控制和拥塞控制。控制消息承载在 L2TP 控制通道上，控制通道实现了控制消息的可靠传输，其将控制消息封装在 L2TP 报头内，再经过 IP 网络传输。数据消息用于封装 PPP 数据帧并在隧道上传输。数据消息是不可靠的传输，不重传丢失的数据报文，不支持对数据消息的流量控制和拥塞控制。数据消息携带 PPP 帧承载在不可靠的数据通道上，对 PPP 帧进行 L2TP 封装，再经过 IP 网络传输。L2TP 消息如图 8 – 31 所示。

图 8 – 31　L2TP 消息

（3）L2TP 工作过程

L2TP 主要分为三种工作场景，其工作过程并不相同。NAS – Initiated 场景：拨号用户通过 NAS 访问企业内网；Client – Initiated 场景：移动办公用户访问企业内网；Call – LNS 场景：通过 LAC 自主拨号实现企业内网互连。Client – Initiated 场景 L2TP 隧道建立与数据转发如图 8 –32 所示。

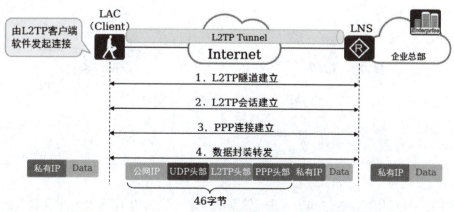

图 8 – 32　Client – Initiated 场景 L2TP 隧道建立与数据转发

NAS – Initiated 场景：由远程拨号用户发起，远程系统通过 PSTN/ISDN 拨入 LAC，由 LAC 通过 Internet 向 LNS 发起建立隧道连接请求。拨号用户地址由 LNS 分配；对远程拨号用户的验证与计费既可由 LAC 侧的代理完成，也可在 LNS 完成。用户必须采用 PPP 的方式接入 Internet，也可以采用 PPPoE 等协议。运营商的接入设备（主要是 BAS 设备）需要开通相应的 VPN 服务。用户需要到运营商处申请该业务。L2TP 隧道两端分别驻留在 LAC 侧和 LNS 侧，并且一个 L2TP 隧道可以承载多个会话。

Client – Initiated 场景：直接由 LAC 客户（指可在本地支持 L2TP 协议的用户）发起。客户需要知道 LNS 的 IP 地址。LAC 客户可直接向 LNS 发起隧道连接请求，无须再经过一个单独的 LAC 设备。在 LNS 设备上收到了 LAC 客户的请求之后，根据用户名、密码进行验证，并且给 LAC 客户分配私有 IP 地址。用户需要安装 L2TP 的拨号软件，部分操作系统自带 L2TP 客户端软件，用户上网的方式和地点没有限制，不需要 ISP 介入。L2TP 隧道两端分别驻留在用户侧和 LNS 侧，一个 L2TP 隧道承载一个 L2TP 会话。该场景建立过程如下：

①移动办公用户与 LNS 建立 L2TP 隧道。

②移动办公用户与 LNS 建立 L2TP 会话。移动办公用户在第 3 步会与 LNS 间建立 PPP 连接，L2TP 会话用来记录和管理它们之间的 PPP 连接状态。因此，在建立 PPP 连接以前，隧道双方需要为 PPP 连接预先协商出一个 L2TP 会话。会话中携带了移动办公用户的 LCP 协商信息和用户认证信息，LNS 对收到的信息认证通过后，通知移动办公用户会话建立成功。L2TP 会话连接由会话 ID 进行标识。

③移动办公用户与 LNS 建立 PPP 连接。移动办公用户通过与 LNS 建立 PPP 连接来获取 LNS 分配的企业内网 IP 地址。

④移动办公用户发送业务报文访问企业总部服务器。

Call – LNS 场景：L2TP 除了可以为出差员工提供远程接入服务外，还可以进行企业分支与总部的内网互连，实现分支用户与总部用户的互访。一般是由分支路由器充当 LAC 与 LNS 建立 L2TP 隧道，这样就可实现分支与总部网络之间的数据通过 L2TP 隧道互通。

（4）L2TP Over IPSec

当企业对数据和网络的安全性要求较高时，L2TP 无法为报文传输提供足够的保护。这时可以和 IPSec 功能结合使用，保护传输的数据，从而有效避免数据被截取或攻击。L2TP Over IPSec 如图 8 – 33 所示。

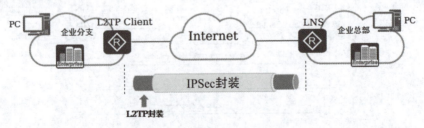

图 8 – 33 L2TP Over IPSec

4）MPLS VPN

MPLS 是一种利用标签（Label）进行转发的技术，最初为了提高 IP 报文转发速率而被提出，现主要应用于 VPN 和流量工程、QoS 等场景。根据部署的不同，MPLS VPN 可分为

MPLS L2 VPN 或者 MPLS L3 VPN。企业可以自建 MPLS 专网，也可以通过租用运营商 MPLS 专网的方式获得 MPLS VPN 接入服务。MPLS VPN 示意如图 8 – 34 所示。

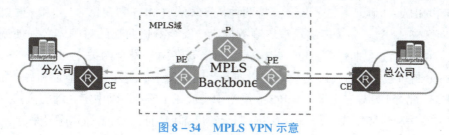

图 8 – 34   MPLS VPN 示意

MPLS VPN 网络一般由运营商搭建，VPN 用户购买 VPN 服务来实现用户网络之间（图 8 – 34 中的分公司和总公司）的路由传递、数据互通等。

基本的 MPLS VPN 网络架构由 CE（Customer Edge）、PE（Provider Edge）和 P（Provider）三部分组成。

CE：用户网络边缘设备，有接口直接与运营商网络相连。CE 可以是路由器或交换机，也可以是一台主机。通常情况下，CE "感知" 不到 VPN 的存在，也不需要支持 MPLS。

PE：运营商边缘路由器，是运营商网络的边缘设备，与 CE 直接相连。在 MPLS 网络中，对 VPN 的所有处理都发生在 PE 上，对 PE 性能要求较高。

P：运营商网络中的骨干路由器，不与 CE 直接相连。P 设备只需要具备基本 MPLS 转发能力，不维护 VPN 相关信息。

【任务实施】

1. IPSec VPN 的配置步骤

常见的 VPN 技术包括 IPSec VPN、GRE VPN、L2TP VPN、MPLS VPN，本节将着重介绍 IPSec VPN 的配置及应用。IPSec VPN 的配置步骤如图 8 – 35 所示。

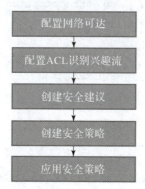

图 8 – 35   IPSec VPN 的配置步骤

配置 IPSec VPN 的步骤如下。

第一步：检查报文发送方和接收方之间的网络层可达性，确保双方只有建立 IPSec VPN 隧道才能进行 IPSec 通信。

第二步：定义数据流。因为部分流量无须满足完整性和机密性要求，所以需要对流量进行过滤，选择出需要进行 IPSec 处理的兴趣流。可以通过配置 ACL 来定义和区分不同的数据流。

第三步：配置 IPSec 安全提议。IPSec 提议定义了保护数据流所用的安全协议、认证算法、加密算法和封装模式。安全协议包括 AH 和 ESP，两者可以单独使用或一起使用。AH 支持 MD5 和 SHA – 1 认证算法；ESP 支持两种认证算法（MD5 和 SHA – 1）和三种加密算法（DES、3DES 和 AES）。为了能够正常传输数据流，安全隧道两端的对等体必须使用相同的安全协议、认证算法、加密算法和封装模式。如果要在两个安全网关之间建立 IPSec 隧道，建议将 IPSec 封装模式设置为隧道模式，以便隐藏通信使用的实际源 IP 地址和目的 IP 地址。

第四步：配置 IPSec 安全策略。IPSec 策略中会应用 IPSec 提议中定义的安全协议、认证算法、加密算法和封装模式。每一个 IPSec 安全策略都使用唯一的名称和序号来标识。IPSec 策略可分成两类：手工建立 SA 的策略和 IKE 协商建立 SA 的策略。

第五步：在一个接口上应用 IPSec 安全策略。

2. IPSec VPN 基本配置命令

①创建 IPSec 安全提议并进入 IPSec 安全提议视图。

```
[RTA] ipsec proposal proposal – name
```

②配置安全协议。

```
[RTA – ipsec – proposal – tran1] transform { ah | esp | ah – esp }
```

默认情况下，IPSec 安全提议采用 ESP 协议。

③配置安全协议的认证/加密算法。

配置 AH 协议使用的认证算法：

```
[RTA – ipsec – proposal – tran1] ah authentication – algorithm { md5 | sha1 | sha2 –
256 | sha2 – 384 | sha2 – 512 | sm3 }
```

配置 ESP 协议使用的认证算法：

```
[RTA – ipsec – proposal – tran1] esp authentication – algorithm { md5 | sha1 | sha2 –
256 | sha2 – 384 | sha2 – 512 | sm3 }
```

配置 ESP 协议使用的加密算法：

```
[RTA – ipsec – proposal – tran1] esp encryption – algorithm { 3des | des | aes – 128 |
aes – 192 | aes – 256 | sm1 | sm4 }
```

④选择安全协议对数据的封装模式。

```
[RTA – ipsec – proposal – tran1] encapsulation – mode { transport | tunnel }
```

⑤创建手工方式 IPSec 安全策略，并进入手工方式 IPSec 安全策略视图。

```
[RTA] ipsec policy policy – name seq – number manual
```

⑥在 IPSec 安全策略中引用 ACL。

```
[RTA – ipsec – policy – manual – p1 – 10] security acl acl – number
```

acl – number 是一个已创建的高级 ACL。一个 IPSec 安全策略只能引用一个 ACL，引用新的 ACL 时，必须先删除原有引用。

⑦在 IPSec 安全策略中引用 IPSec 安全提议。

[RTA – ipsec – policy – manual – p1 – 10] **proposal** *proposal – name*

proposal – name 是一个已创建的 IPSec 安全提议。一个 IPSec 安全策略只能引用一个 IPSec 安全提议，引用新的 IPSec 安全提议时，必须先删除原有引用。

⑧配置 IPSec 隧道的起点和终点。

配置 IPSec 隧道的本端地址：

[RTA – ipsec – policy – manual – p1 – 10] **tunnel local** *ip – address*

配置 IPSec 隧道的对端地址：

[RTA – ipsec – policy – manual – p1 – 10] **tunnel remote** *ip – address*

⑨配置出/入方向 SA 的 SPI 值。

[RTA – ipsec – policy – manual – p1 – 10] **sa spi** { **inbound** | **outbound** } { **ah** | **esp** } *spi – number*

⑩配置出/入方向 SA 的认证密钥。

[RTA – ipsec – policy – manual – p1 – 10] **sa string – key** { **inbound** | **outbound** } { **ah** | **esp** } { **simple** | **cipher** } *string – key*

⑪在接口上应用 IPSec 安全策略组。

[RTA – GigabitEthernet0 /0 /1] ipsec policy P1

⑫查看 IPSec 安全提议的信息。

[RTA] **display ipsec proposal** [**brief** | **name** *proposal – name*]

⑬查看安全策略的信息。

[RTA] **display ipsec policy** [**brief** | **name** *policy – name* [*seq – number*]]

【任务要求】

如图 8 – 36 所示，RTA 为企业分支网关，RTB 为企业总部网关，分支与总部通过公网建立通信。分支子网为 10. 1. 1. 0/24，总部子网为 10. 2. 1. 0/24。企业希望对分支子网与总部子网之间相互访问的流量进行安全保护。分支与总部通过公网建立通信，可以在分支网关与总部网关之间建立一个 IPSec 隧道来实施安全保护。由于维护网关较少，可以考虑采用手工方式建立 IPSec 隧道。

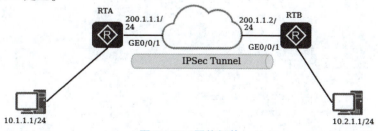

图 8 – 36 网络拓扑

【任务配置】

配置采用 ACL 方式建立 IPSec 隧道及配置 IPSec 安全提议：

```
[RTA] ip route - static 10.1.2.0 24 20.1.1.2
[RTA] acl number 3001
[RTA - acl - adv - 3001] rule 5 permit ip source 10.1.1.0 0.0.0.255
destination 10.1.2.0 0.0.0.255
[RTA] ipsec proposal tran1
[RTA - ipsec - proposal - tran1] esp authentication - algorithm sha1
```

执行 display ipsec proposal 命令查看 IPSec 提议中配置的参数：

```
[RTA] display ipsec proposal
Number of proposals: 1
IPSec proposal name: tran1
Encapsulation mode : Tunnel
Transform          :esp - new
ESP protocol       : Authentication  SHA1 - HMAC - 96  Encryption
                     Encryption      DES
```

配置 IPSec 安全策略：

```
[RTA] ipsec policy P1 10 manual
[RTA - ipsec - policy - manual - P1 - 10] security acl 3001
[RTA - ipsec - policy - manual - P1 - 10] proposal tran1
[RTA - ipsec - policy - manual - P1 - 10] tunnel remote 20.1.1.2
[RTA - ipsec - policy - manual - P1 - 10] tunnel local 20.1.1.1
[RTA - ipsec - policy - manual - P1 - 10] sa spi outbound esp 54321
[RTA - ipsec - policy - manual - P1 - 10]sa spi inbound esp 12345
[RTA - ipsec - policy - manual - P1 - 10]sa string - key outbound esp simple huawei
[RTA - ipsec - policy - manual - P1 - 10]sa string - key inbound esp simple huawei
```

在接口上应用 IPSec 安全策略组：

```
[RTA] interface GigabitEthernet 0 /0 /1
[RTA - GigabitEthernet0 /0 /1] ipsec policy P1
[RTA - GigabitEthernet0 /0 /1] quit
```

手工方式 IPSec 安全策略应用后，系统会立即生成 SA。

执行 display ipsec policy 命令查看指定 IPSec 策略或所有 IPSec 策略：

```
[RTA] display ipsec policy
=======================================
IPSec policy group: "P1"
Using interface   :GigabitEthernet 0 /0 /1
=======================================
    Sequence number:      10
    Security data flow:   300120.1.1.1
    Tunnel  local  address:    20.1.1.1
    Tunnel  remote  address:   20.1.1.2
    Qos pre - classify: Disable
```

```
     Proposal name:tran1
......
Inbound ESP setting:
     ESP SPI: 12345(0x3039)
     ESP string-key: huawei
     ESP encryotion hex key:
     ESP authentication hex key:
  Outbound ESP setting:
     ESP SPI: 54321 (0xd431)
     ESP string-key: huawei
     ESP encryption hex key:
     ESP authentication hex key:
```

【任务扩展】

如图 8-37 所示，RTA 为企业分支网关，RTB 为企业总部网关，分支与总部通过公网建立通信。分支子网为 10.1.1.0/24，总部子网为 10.2.1.0/24。企业希望对分支子网与总部子网之间相互访问的流量进行安全保护。分支与总部通过公网建立通信，可以在分支网关与总部网关之间建立一个 IPSec 隧道来实施安全保护。采用默认配置，通过 IKE 协商方式建立 IPSec 隧道。

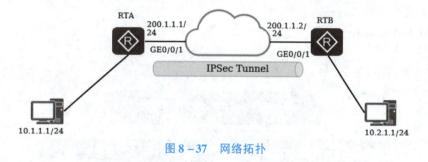

图 8-37 网络拓扑

【知识考核】

简答题：

1. 无线局域网技术的优势和不足是什么？

2. 什么是 VPN？VPN 有什么特点和优缺点？

网络典型综合案例

【项目导读】

一个庞大的网络设计，实施过程可以分为数据通信网络设计、实施过程，应用系统设计、实施过程和安全系统设计、实施过程三个阶段。现在有两个网络工程项目，你是公司的网络工程师，那么要怎么完成这两个项目呢？下面就带大家走进网络项目的殿堂，了解及掌握项目的实施。

【项目目标】

➢ 掌握校园网项目实施。
➢ 掌握企业网项目实施。

【项目地图】

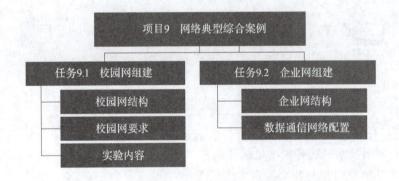

【小课堂】

鸿蒙五年一剑，意义是什么？

鸿蒙研发：2016—2021 年

2019 年 5 月 16 日，美国政府出手"封杀"华为。谷歌的动作很快，5 月 19 日，暂停了与华为的部分合作，包括硬件、软件和技术服务的转让。5 月 20 日，华为回应：华为有能力继续发展和使用安卓生态。未来华为仍将持续打造安全、可持续发展的全场景智慧生态，为用户提供更好的服务。5 月 24 日，有人在国家知识产权局商标局网站查到，华为已申请"华为鸿蒙"商标。

华为鸿蒙系统的主要任务之一就是解决安卓系统的硬伤，另外，它也是为自己的生态在考虑。华为的生态比小米的生态慢一些。以目前情况来看，小米的智能生态在国内还是风生水起，几乎没什么对手。

华为鸿蒙操作系统的出现为华为乃至众多国产手机厂商带来了一点希望和安全，没有了安卓，鸿蒙将帮助华为继续在手机行业驰骋沙场，这就是自主核心技术的重要性。坚持核心技术的自主化是我国走向高质量发展的必经之路，这就是鸿蒙操作系统的重大意义。

任务9.1　校园网组建

【任务工单】

任务名称	校园网组建				
组别		成员		小组成绩	
学生姓名				个人成绩	
任务情境	某高校需要进行网络规划，以满足现有的办公及教学使用，请根据要求完成设备放置和连接、设备配置和调试，最终实现学生移动终端、教师移动终端和教室固定终端能够按设定权限完成服务器访问				
任务目标	掌握校园网的组建				
任务要求	按本任务后面列出的具体任务内容，完成校园网的组建任务				
知识链接					
计划决策					
任务实施	1. 数据通信网络配置实验				

续表

任务名称	校园网组建			
组别		成员	小组成绩	
学生姓名			个人成绩	
任务实施	2. 应用系统配置实验 3. 安全系统配置实验			
检查	1. 网络的连通性；2. 服务器是否正常访问			
实施总结				
小组评价				
任务点评				

【前导知识】

一、 校园网结构

本任务需要在华为 ENSP 上按照图 9 – 1 所示完成设备连接、设备配置和调试的步骤，最终实现学生移动终端、教师移动终端和教室固定终端能够按设定权限完成服务器访问。

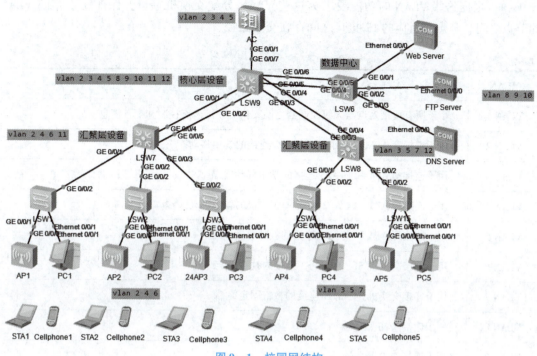

图9-1　校园网结构

二、校园网要求

本任务实施过程分为三个阶段：数据通信网络配置实验、应用系统配置实验和安全系统配置实验。

1. 数据通信网络配置实验

将学生移动终端、教师移动终端和教室固定终端划分到不同的虚拟局域网，在三层交换机上创建各个 VLAN 对应的 IP 接口，通过路由协议开放最短路径优先 OSPF，在所有三层交换机中建立用于指明通往所有 VLAN 的传输路径的路由项。

2. 应用系统配置实验

学生移动终端、教师移动终端和教室固定终端需要通过动态主机配置协议自动获取网络配置信息，因此，需要在 DHCP 服务器中完成相关 VLAN 对应的作用域的配置、域名服务器的配置过程，使各种类型终端可以通过域名访问服务器。

3. 安全系统配置实验

通过在三层交换机 S7 与 S9 之间、S8 与 S9 之间启动 OSPF 链路状态通告源端鉴别和完整性检测功能，实现 OSPF 安全功能。通过在三层交换机 IP 接口中配置分组过滤器，使各种类型终端只能按照指定权限访问服务器。

三、实验内容

1. VLAN 的划分

在校园网结构中创建 12 个 VLAN（VLAN 1 是默认 VLAN），这 12 个 VLAN 的功能见

表 9 – 1。根据这些 VLAN 的功能要求为这些 VLAN 分配交换机端口，保证属于相同 VLAN 的节点之间、节点与对应的 IP 接口之间存在交换路径。

表 9 – 1　校园网 VLAN 划分

VLAN	功能
VLAN 1	用于所有瘦接入点与无线控制器之间交换无线接入点控制和配置消息
VLAN 2	用于连接瘦 AP1、瘦 AP2 和瘦 AP3 连接的学生移动终端
VLAN 3	用于连接瘦 AP4 和瘦 AP5 连接的学生移动终端
VLAN 4	用于连接瘦 AP1、瘦 AP2 和瘦 AP3 连接的教师移动终端
VLAN 5	用于连接瘦 AP4 和瘦 AP5 连接的教师移动终端
VLAN 6	用于连接交换机 S1、S2 和 S3 连接的教室固定终端
VLAN 7	用于连接交换机 S4 和 S5 连接的教室固定终端
VLAN 8	用于连接 Web 服务器
VLAN 9	用于连接 FTP 服务器
VLAN 10	用于连接 DNS 服务器
VLAN 11	用于实现三层交换机 S7 与 S9 互连
VLAN 12	用于实现三层交换机 S8 与 S9 互连

2. 链路聚合

在三层交换机 S7 与 S9 之间、S8 与 S9 之间和 S6 与 S9 之间定义链路聚合。

3. AC + 瘦 AP

由 AC 统一完成对瘦 AP 的配置过程。AC 在每个瘦 AP 中创建两个无线局域网，并为这两个 WLAN 分别绑定不同的 VLAN。

4. 定义 IP 接口

分别在每个 VLAN 定义 IP 接口，为 IP 接口分别设置 IP 地址和子网掩码。属于某个 VLAN 的节点与该 VLAN 对应的 IP 接口之间必须存在交换路径。

5. 通过路由协议 OSPF 创建完整路由表

由 OSPF 生成用于指明通往校园网中所有 VLAN 的传输路径的路由项。

【任务内容】

1. 掌握 VLAN 创建和端口配置过程。

2. 掌握链路聚合配置过程。

3. 掌握 AC 配置过程。

4. 掌握三层交换机 IP 接口配置过程。

5. 掌握三层交换机 OSPF 配置过程。

【任务实施】

1. LSW1 命令行接口配置过程

```
[Huawei]system-view
[Huawei]vlan batch 2 4 6
[Huawei]interface GigabitEthernet 0/0/1
[Huawei-GigabitEthernet0/0/1]port link-type trunk
[Huawei-GigabitEthernet0/0/1]port trunk allow-pass vlan 1 2 4
[Huawei-GigabitEthernet0/0/1]quit
[Huawei]interface Ethernet0/0/1
[Huawei-Ethernet0/0/1]port link-type access
[Huawei-Ethernet0/0/1]port default vlan 6
[Huawei-Ethernet0/0/1]quit
[Huawei]interface GigabitEthernet0/0/2
[Huawei-GigabitEthernet0/0/2]port link-type trunk
[Huawei-GigabitEthernet0/0/2]port trunk allow-pass vlan 1 2 4 6
[Huawei-GigabitEthernet0/0/2]quit
```

LSW2 和 LSW3 的命令行接口配置过程与 LSW1 的相同。

2. LSW4 命令行接口配置过程

```
<Huawei>system-view
[Huawei]vlan batch 3 5 7
[Huawei]interface GigabitEthernet0/0/1
[Huawei-GigabitEthernet0/0/1]port link-type trunk
[Huawei-GigabitEthernet0/0/1]port trunk allow-pass vlan 1 3 5
[Huawei-GigabitEthernet0/0/1]quit
[Huawei]interface GigabitEthernet0/0/2
[Huawei-GigabitEthernet0/0/2]port link-type trunk
[Huawei-GigabitEthernet0/0/2]port trunk allow-pass vlan 1 3 5 7
[Huawei-GigabitEthernet0/0/2]quit
[Huawei]interface Ethernet0/0/1
[Huawei-Ethernet0/0/1]port link-type access
[Huawei-Ethernet0/0/1]port default vlan 7
[Huawei-Ethernet0/0/1]quit
```

LSW5 的命令行接口配置过程与 LSW4 的相同。

3. LSW6 命令行接口配置过程

```
<Huawei>system-view
[Huawei]vlan batch 8 9 10
[Huawei]interface GigabitEthernet0/0/1
[Huawei-GigabitEthernet0/0/1]port link-type access
[Huawei-GigabitEthernet0/0/1]port default vlan 8
[Huawei-GigabitEthernet0/0/1]quit
[Huawei]interface GigabitEthernet0/0/2
[Huawei-GigabitEthernet0/0/2]port link-type access
[Huawei-GigabitEthernet0/0/2]port default vlan 9
[Huawei-GigabitEthernet0/0/2]quit
```

```
[Huawei]interface GigabitEthernet0/0/3
[Huawei-GigabitEthernet0/0/3]port link-type access
[Huawei-GigabitEthernet0/0/3]port default vlan 10
[Huawei-GigabitEthernet0/0/3]quit
[Huawei]interface eth-trunk 1
[Huawei-Eth-Trunk2]mode lacp
[Huawei-Eth-Trunk2]max active-link number 2
[Huawei-Eth-Trunk2]load-balance src-dst-mac
[Huawei-Eth-Trunk2]quit
[Huawei]interface GigabitEthernet0/0/4
[Huawei-GigabitEthernet0/0/4]eth-trunk 1
[Huawei-GigabitEthernet0/0/4]quit
[Huawei]interface GigabitEthernet0/0/5
[Huawei-GigabitEthernet0/0/5]eth-trunk 1
[Huawei-GigabitEthernet0/0/5]quit
[Huawei]interface eth-trunk 1
[Huawei-Eth-Trunk2]port link-type trunk
[Huawei-Eth-Trunk2]port trunk allow-pass vlan 8 9 10
[Huawei-Eth-Trunk2]quit
[Huawei]quit
```

4. LSW7 命令行接口配置过程

```
<Huawei>system-view
[Huawei]vlan batch 2 4 6 11
[Huawei]interface GigabitEthernet0/0/1
[Huawei-GigabitEthernet0/0/1]port link-type trunk
[Huawei-GigabitEthernet0/0/1]port trunk allow-pass vlan 1 2 4 6
[Huawei-GigabitEthernet0/0/1]quit
[Huawei]interface GigabitEthernet0/0/2
[Huawei-GigabitEthernet0/0/2]port link-type trunk
[Huawei-GigabitEthernet0/0/2]port trunk allow-pass vlan 1 2 4 6
[Huawei-GigabitEthernet0/0/2]quit
[Huawei]interface GigabitEthernet 0/0/3
[Huawei-GigabitEthernet0/0/3]port link-type trunk
[Huawei-GigabitEthernet0/0/3]port trunk allow-pass vlan 1 2 4 6
[Huawei-GigabitEthernet0/0/3]quit
[Huawei]interface eth-trunk 1
[Huawei-Eth-Trunk2]mode lacp
[Huawei-Eth-Trunk2]max active-link number 2
[Huawei-Eth-Trunk2]load-balance sre-dst-mac
[Huawei-GigabitEthernet0/0/4]quit
[Huawei-Eth-Trunk1]quit
[Huawei]interface GigabitEthernet0/0/4
[Huawei1-GigabitEthernet0/0/4]eth-trunk 1
[Huawei]interface GigabitEthernet0/0/5
[Huawei-GigabitEthernet0/0/5]eth-trunk 1
[Huawei-GigabitEthernet0/0/5]quit
[Huawei]interface eth-trunk 1
[Huawei-Eth-Trunk2]port link-type trunk
```

```
[Huawei - Eth - Trunk2]port trunk allow - pass vlan 1 2 4 11
[Huawei - Eth - Trunk2]quit
[Huawei]interface vlanif 2
[Huawei - vlanif2]ip address 192.1.2.254 24
[Huawei - vlanif2]quit
[Huawei]interface vlanif 4
[Huawei - vlanif4]ip address 192.1.4.254 24
[Huawei - vlanif4]quit
[Huawei]interface vlanif 6
[Huawei - vlanif6]ip address 192.1.6.254 24
[Huawei - vlanif6]quit
[Huawei]interface vlanif 11
[Huawei - vlanif11]ip address 192.1.11.254 24
[Huawei - vlanif11]quit
[Huawei]ospf 7
[Huawei - ospf - 7]area 1
[Huawei - ospf - 7 - area - 0.0.0.1]network 192.1.2.0 0.0.0.255
[Huawei - ospf - 7 - area - 0.0.0.1]network 192.1.4.0 0.0.0.255
[Huawei - ospf - 7 - area - 0.0.0.1]network 192.1.6.0 0.0.0.255
[Huawei - ospf - 7 - area - 0.0.0.1]network 192.1.11.0 0.0.0.255
[Huawei - ospf - 7 - area - 0.0.0.1]quit
[Huawei - ospf - 7]quit
[Huawei]dhcp enable
[Huawei]interface vlanif 2
[Huawei - vlanif2]dhcp select interface
[Huawei - vlanif2]quit
[Huawei]interface vlanif 4
[Huawei - vlanif4]dhcp select interface
[Huawei - vlanif4]quit
```

5. LSW8 命令行接口配置过程

```
< Huawei >system - view
[Huawei]vlan batch 3 5 7 12
[Huawei]interface GigabitEthernet0/0/1
[Huawei - GigabitEthernet0/0/1]port link - type trunk
[Huawei - GigabitEthernet0/0/1]port trunk allow - pass vlan 1357
[Huawei - GigabitEthernet0/0/1]quit
[Huawei]interface GigabitEthernet0/0/2
[Huawei - GigabitEthernet0/0/2]port link - type trunk
[Huawei - GigabitEthernet0/0/2]port trunk allow - pass vlan 1 3 5 7
[Huawei - GigabitEthernet0/0/2]quit
[Huawei]interface eth - trunk 1
[Huawei - Eth - Trunk2]mode lacp
[Huawei - Eth - Trunk1]max active - link number 2
[Huawei - Eth - Trunk1]load - balance src - dst - mac
[Huawei - Eth - Trunk21]quit
[Huawei]interface GigabitEthernet0/0/3
[Huawei - GigabitEthernet0/0/3]eth - trunk 1
[Huawei - GigabitEthernet0/0/3]quit
```

```
[Huawei]interface GigabitEthernet0/0/4
[Huawei-GigabitEthernet0/0/4]eth-trunk 1
[Huawei-GigabitEthernet0/0/4]quit
[Huawei]interface eth-trunk 1
[Huawei-Eth-Trunk2]port link-type trunk
[Huawei-Eth-Trunk2]port trunk allow-pass vlan 1 35 12
[Huawei-Eth-Trunk2]quit
[Huawei]interface vlanif 3
[Huawei-vlanif3]ip address 192.1.3.254 24
[Huawei-vlanif3]quit
[Huawei]interface vlanif 5
[Huawei-vlanif5]ip address 192.1.5.254 24
[Huawei-vlanif5]quit
[Huawei]interface vlanif 7
[Huawei-vlanif7]ip address 192.1.7.254 24
[Huawei-vlanif7]quit
[Huawei]interface vlanif 12
[Huawei-vlanif12]ip address 192.1.12.254 24
[Huawei-vlanif12]quit
[Huawei]ospf 8
[Huawei-ospf-8]area 1
[Huawei-ospf-8-area-0.0.0.1]network 192.1.3.0 0.0.0.255
[Huawei-ospf-8-area-0.0.0.1]network 192.1.5.0 0.0.0.255
[Huawei-ospf-8-area-0.0.0.1]network 192.1.7.0 0.0.0.255
[Huawei-ospf-8-area-0.0.0.1]network 192.1.12.0 0.0.0.255
[Huawei-ospf-8-area-0.0.0.1]quit
[Huawei-ospf-8]quit
[Huawei]dhcp enable
[Huawei]interface vlanif 3
[Huawei-vlanif3]dhcp select interface
[Huawei-vlanif3]quit
[Huawei]interface vlanif 5
[Huawei]dhcp select interface
[Huawei]quit
```

6. LSW9 命令行接口配置过程

```
<Huawei>system-view
[Huawei]vlan batch 2 3 4 5 8 9 10 11 12
[Huawei]interface eth-trunk 1
[Huawei-Eth-Trunk2]mode lacp
[Huawei-Eth-Trunk1]max active-link number 2
[Huawei-Eth-Trunk1]load-balance sre-dst-mac
[Huawei]interface eth-trunk 2
[Huawei-Eth-Trunk2]mode lacp
[Huawei-Eth-Trunk2]max active-link number 2
[Huawei-Eth-Trunk2]load-balance src-dst-mac
[Huawei-Eth-Trunk2]quit
[Huawei]interface eth-trunk 3
[Huawei-Eth-Trunk3]mode lacp
```

```
[Huawei - Eth - Trunk3]max active - link number 2
[Huawei - Eth - Trunk3]load - balance src - dst - mac
[Huawei - Eth - Trunk3]quit
[Huawei]interface GigabitEthernet0/0/1
[Huawei - GigabitEthernet0/0/1]eth - trunk 1
[Huawei - GigabitEthernet0/0/1]quit
[Huawei]interface GigabitEthernet0/0/2
[Huawei - GigabitEthernet0/0/2]eth - trunk1
[Huawei - GigabitEthernet0/0/2]quit
[Huawei]interface GigabitEthernet0/0/3
[Huawei - GigabitEthernet0/0/3]eth - trunk 2
[Huawei - GigabitEthernet0/0/3]quit
[Huawei]interface GigabitEthernet0/0/4
[Huawei - GigabitEthernet0/0/4]eth - trunk 2
[Huawei - GigabitEthernet0/0/4]quit
[Huawei]interface GigabitEthernet0/0/5
[Huawei - GigabitEthernet0/0/5]eth - trunk 3
[Huawei - GigabitEthernet0/0/5]quit
[Huawei]interface GigabitEthernet0/0/6
[Huawei - GigabitEthernet0/0/6]eth - trunk 3
[Huawei - GigabitEthernet0/0/6]quit
[Huawei]interface eth - trunk 1
[Huawei - Eth - Trunk1]port link - type trunk
[Huawei - Eth - Trunk2]port trunk allow - pass vlan 1 2 4 11
[Huawei - Eth - Trunk2]quit
[Huawei]interface eth - trunk 2
[Huawei - Eth - Trunk2]port link - type trunk
[Huawei - Eth - Trunk2]port trunk allow - pass vlan 1 3 5 12
[Huawei - Eth - Trunk2]quit
[Huawei]interface eth - trunk 3
[Huawei - Eth - Trunk3]port link - type trunk
[Huawei - Eth - Trunk3]port trunk allow - pass vlan 8 9 10
[Huawei - Eth - Trunk3]quit
[Huawei]interface GigabitEthernet0/0/7
[Huawei - GigabitEthernet0/0/7]port link - type trunk
[Huawei - GigabitEthernet0/0/7]port trunk allow - pass vlan 1 to 5
[Huawei - GigabitEthernet0/0/7]quit
[Huawei]interface vlanif 1
[Huawei - vlanif1]ip address 192.1.1.254 24
[Huawei - vlanif1]quit
[Huawei]interface vlanif 8
[Huawei - vlanif8]ip address 192.1.8.254 24
[Huawei - vlanif8]quit
[Huawei]interface vlanif 9
[Huawei - vlanif9]ip address 192.1.9.254 24
[Huawei - vlanif9]quit
[Huawei]interface vlanif 10
[Huawei - vlanif10]ip address 192.1.10.254 24
[Huawei - vlanif10]quit
[Huawei]interface vlanif 11
```

```
[Huawei - vlanif11]ip address 192.1.11.253 24
[Huawei - vlanif11]quit
[Huawei]interface vlanif 12
[Huawei - vlanif12]ip address 192.1.12.253 24
[Huawei - vlanif12]quit
[Huawei]ospf 9
[Huawei - ospf - 9]area 1
[Huawei - ospf - 9 - area - 0.0.0.1]network 192.1.1.0 0.0.0.255
[Huawei - ospf - 9 - area - 0.0.0.1]network 192.1.8.0 0.0.0.255
[Huawei - ospf - 9 - area - 0.0.0.1]network 192.1.9.0 0.0.0.255
[Huawei - ospf - 9 - area - 0.0.0.1]network 192.1.10.0 0.0.0.255
[Huawei - ospf - 9 - area - 0.0.0.1]network 192.1.11.0 0.0.0.255
[Huawei - ospf - 9 - area - 0.0.0.1]network 192.1.12.0 0.0.0.255
[Huawei - ospf - 9 - area - 0.0.0.1]quit
[Huawei - ospf - 9]quit
[Huawei]dhcp enable
[Huawei]interface vlanif1
[Huawei - vlanif1]dhcp select interface
[Huawei - vlanif1]quit
```

7. AC 命令行接口配置过程

```
<AC6605>system - view
[AC6605]vlan batch 2 3 4 5
[AC6605]interface GigabitEthernet 0/0/1
[AC6605 - GigabitEthernet0/0/1]port link - type trunk
[AC6605 - GigabitEthernet0/0/1]port trunk allow - pass vlan 1 to 5
[AC6605]interface vlanif 1
[AC6605 - Vlanif1]ip address 192.1.1.253 24
[AC6605 - Vlanif1]quit
[AC6605]wlan
[AC6605 - wlan - view]ap - group name apg1
[AC6605 - wlan - ap - qroup - apg1]quit
[AC6605 - wlan - view]ap - group name apg2
[AC6605 - wlan - ap - group - apg2]quit
[AC6605 - wlan - view]regulatory - domain - profile name domain
[AC6605 - wlan - requlate - domain - domain]country - code cn
[AC6605 - wlan - regulate - domain - domain]quit
[AC6605 - wlan - view]ap - group name apg1
[AC6605 - wlan - ap - group - apg1]regulatory - domain - profile domain
[AC6605 - wlan - ap - group - apg1]quit
[AC6605 - wlan - view]ap - group name apg2
[AC6605 - wlan - ap - group - apg2]regulatory - domain - profile domain
[AC6605 - wlan - ap - group - apg2]quit
[AC6605 - wlan - view]quit
[AC6605]capwap source interface vlanif1
[AC6605]wlan
[AC6605 - wlan - view]ap auth - mode mac - auth
[AC6605 - wlan - view]ap - id1ap - mac 00e0 - fc22 - 6350
```

```
[AC6605 -wlan -ap -1]ap -name ap1
[AC6605 -wlan -ap -1]ap -group apg1 Warning: This operation may cause AP reset.
If the country code changes, it will clear channel, power and antenna gain
configurations of the radio, Whether continue? [Y/N]:y
[AC6605 -wlan -ap -1]quit
```

注：这里的 MAC 地址是拓扑图中 AP1 的 MAC 地址，需要按照 2.2.5 节实验步骤给出的方式获取，不同的 AP 有不同的 MAC 地址。每一个 AP 加入时，都会出现警告信息。

```
[AC6605 -wlan -view]ap -id2ap -mac 00e0 -fca3 -28d0
[AC6605 -wlan -ap -2]ap -name ap2
[AC6605 -wlan -ap -2]ap -group apg1
[AC6605 -wlan -ap -2]quit
[AC6605 -wlan -view]ap -id 3ap -mac 00e0 -fc2e -48f0
[AC6605 -wlan -ap -3]ap -name ap3
[AC6605 -wlan -ap -3]ap -group apg1
[AC6605 -wlan -ap -3]quit
[AC6605 -wlan -view]ap -id 4ap -mac 00e0 -fc79 -03f0
[AC6605 -wlan -ap -4]ap -name ap4 -wlan -ap -41ap -group apg2
[AC6605 -wlan -ap -4]quit
[AC6605 -wlan -view]ap -id 5 ap -mac 000 -fcc -3100
[AC6605 -wlan -ap -5]ap -name ap5
[AC6605 -wlan -ap -4]ap -group apg2
[AC6605 -wlan -ap -4]quit
[AC6605 -wlan -view]security -profile name security1
[AC6605 - wlan - sec - prof - security1] security wpa2 psk pass - phrase Aa -
12345678901 aes
[AC6605 -wlan -sec -prof -security1]quit
[AC6605 -wlan -view]security -profile name security2
[AC6605 -wlan -sec -prof -security2]security wpa2 psk pass -phrase Aa -
12345678902
[AC6605 -wlan -sec -prof -security2]quit
[AC6605 -wlan -view]ssid -profile name ssid1
[AC6605 -wlan -ssid -prof -ssid1]ssid 1234561
[AC6605 -wlan -ssid -prof -ssid1]quit
[AC6605 -wlan -view]ssid -profile name ssid2
[AC6605 -wlan -ssid -prof -ssid2]ssid 1234562
[AC6605 -wlan -ssid -prof -ssid2]quit
[AC6605 -wlan -view]ssid -profile name ssid3
[AC6605 -wlan -ssid -prof -ssid3]ssid 1234563
[AC6605 -wlan -ssid -prof -ssid3]quit
[AC6605 -wlan -view]ssid -profile name ssid4
[AC6605 -wlan -ssid -prof -ssid4]ssid 1234564
[AC6605 -wlan -ssid -prof -ssid4]quit
[AC6605 -wlan -view]vap -profile name vap1
[AC6605 -wlan -vap -prof -vap1]forward -mode tunnel
[AC6605 -wlan -vap -prof -vap1]service -vlan vlan -id2
[AC6605 -wlan -vap -prof -vap1]security -profile security1
[AC6605 -wlan -vap -prof -vap1]ssid -profile ssid1
[AC6605 -wlan -vap -prof -vap1]quit
```

```
[AC6605 - wlan - vap - prof - vap2]forward - mode tunnel
[AC6605 - wlan - vap - prof - vap2]service - vlan vlan - id4
[AC6605 - wlan - vap - prof - vap2]security - profile security2
[AC6605 - wlan - vap - prof - vap2]ssid - profile ssid2
[AC6605 - wlan - view]vap - profile name vap2
[AC6605 - wlan - vap - prof - vap2]quit
[AC6605 - wlan - view]vap - profile name vap3
[AC6605 - wlan - vap - prof - vap3]forward - mode tunnel
[AC6605 - wlan - vap - prof - vap3]service - vlan vlan - id 3
[AC6605 - wlan - vap - prof - vap3]security - profile security1
[AC6605 - wlan - vap - prof - vap3]ssid - profile ssid3
[AC6605 - wlan - vap - prof - vap3]quit
[AC6605 - wlan - view]vap - profile name vap4
[AC6605 - wlan - vap - prof - vap4]forward - mode tunnel
[AC6605 - wlan - vap - prof - vap4]service - vlan vlan - id5
[AC6605 - wlan - vap - prof - vap4]security - profile security2
[AC6605 - wlan - vap - prof - vap4]ssid - profile ssid4
[AC6605 - wlan - vap - prof - vap4]quit
[AC6605 - wlan - view]ap - group name apg1
[AC6605 - wlan - ap - group - apg1]vap - profile vap1 wlan 1 radio0
[AC6605 - wlan - ap - group - apg1]vap - profile vap1 wlan 1 radio1
[AC6605 - wlan - ap - group - apg1]vap - profile vap2 wlan 2 radio0
[AC6605 - wlan - ap - group - apg1]vap - profile vap2 wlan 2 radio1
[AC6605 - wlan - ap - group - apg1]quit
[AC6605 - wlan - view]ap - group name apg2
[AC6605 - wlan - ap - group - apg2]vap - profile vap3 wlan 3 radio0
[AC6605 - wlan - ap - group - apg2]vap - profile vap3 wlan 3 radio1
[AC6605 - wlan - ap - group - apg2]vap - profile vap4 wlan 4 radio0
[AC6605 - wlan - ap - group - apg2]vap - profile vap4 wlan 4 radio1
[AC6605 - wlan - ap - group - apg2]quit
[AC6605 - wlan - view]quit
```

任务 9.2　企业网组建

【任务工单】

任务名称	企业网组建				
组别		成员		小组成绩	
学生姓名				个人成绩	
任务情境	某公司搬迁，现在需要重新组建企业网，如果你是公司的网络工程师，请你根据公司要求组建企业网，以满足企业要求				
任务目标	完成企业网组建				
任务要求	按本任务后面列出的具体任务内容，完成企业网组建				

续表

任务名称	企业网组建				
组别		成员		小组成绩	
学生姓名				个人成绩	
知识链接					
计划决策					
任务实施	1. 企业网结构 2. 数据通信配置				
检查	1. 检查网络的互通性；2. 检查网段是否可以访问外网以及行业网				
实施总结					
小组评价					
任务点评					

【前导知识】

企业网设计的关键是内部网络私有 IP 地址分配、网络地址转换和访问控制策略。私有 IP 地址的使用使得内部网络对于外部网络和行业网来说是透明的。NAT 允许配置私有 IP 地址的内部网络终端访问外部网络资源。访问控制策略严格限制内部网络与行业网之间的信息交换过程。

1. 企业网结构

企业网结构如图 9 – 2 所示，由内部网络、DMZ、Internet 和行业服务网组成。防火墙端口 3 连接 Internet，路由器 R2 成为防火墙通往 Internet 的默认网关。同样，路由器 R1 端口 3

连接行业服务网,路由器 R3 成为路由器 R1 通往行业服务网的默认网关。交换机 S7、Web 服务器 1、E－mail 服务器构成 DMZ。内部网络终端通过三层交换机 S5 和 S6 连接防火墙和路由器 R1,三层交换机 S5 和 S6 构成冗余网关。内部网络终端分为普通终端、业务员终端和管理层终端,允许所有类型终端访问 Internet,只允许业务员终端和管理层终端访问行业服务网。

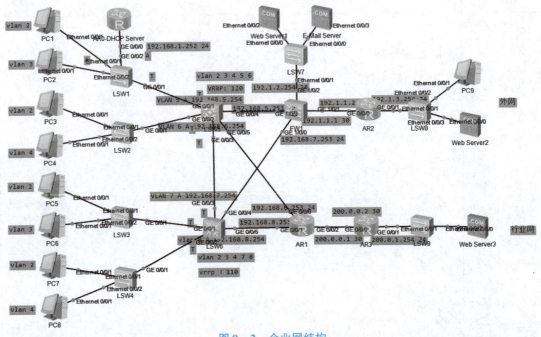

图 9－2 企业网结构

【提示】防火墙密码默认为 Admin@ 123。

2. 数据通信网络配置

将不同类型的终端划分到不同的 VLAN,连接到不同 VLAN 的终端通过 DHCP 自动获取网络信息。S5 和 S6 通过虚拟路由冗余协议组成冗余网关。内部网络使用私有 IP 地址,内部网络终端访问 Internet 和行业服务区网时,分别由防火墙和路由器 R1 完成端口地址转换(PAT)过程。

防火墙配置实验用于实现以下安全策略:

①允许内部终端发起访问 Internet 中的 Web 服务器。

②允许内部终端发起访问 DMZ 中的 Web 服务器。

③允许内部终端通过 SMTP 和 POP3 发起访问 DMZ 中的邮件服务器。

④允许 DMZ 中的邮件服务器通过 SMTP 发起访问外部网络中的邮件服务器。

⑤允许外部网络中的终端以只读方式发起访问 DMZ 中的 Web 服务器。

⑥允许外部网络中的邮件服务器通过 SMTP 发起访问 DMZ 中的邮件服务器。

【任务内容】

①在接入交换机 S1、S2、S3、S4 中创建 VLAN 2、VLAN 3 和 VLAN,分别用于连接普通终端、业务员终端和管理员终端。在三层交换机 S5 和 S6 中创建 VLAN 2、VLAN 3 和

VLAN 4，分别用于定义 VLAN 1、VLAN 2、VLAN 3 和 VLAN 4 对应的 IP 接口。在三层交换机 S5 中创建分别用于连接防火墙和路由器 R1 的 VLAN 5 和 VLAN 6。在三层交换机 S6 中创建分别用于连接防火墙和路由器 R1 的 VLAN 7 和 VLAN 8。

②在三层交换机 S5 和 S6 中分别定义 VLAN 1、VLAN 2、VLAN 3 和 VLAN 4 对应的 IP 接口。三层交换机 S5 和 S6 成为 VLAN 1、VLAN 2、VLAN 3 和 VLAN 4 的冗余网关。在三层交换机 S5 中定义 VLAN 5 和 VLAN 6 对应的 IP 接口。在三层交换机 S6 中定义 VLAN 7 和 VLAN 8 对应的 IP 接口。

③通过配置路由信息协议（OSPF）和静态路由项生成用于指明通往内部网络各个子网 Internet 和行业服务网的传输路径的路由项。

④通过配置 OSPF 协议分别生成用于指明通往 Internet 和 DMZ 的传输路径的路由项。

⑤完成防火墙和路由器 R1 有关 PAT 的配置过程。

⑥在 DHCP 服务器中创建 VLAN 2、VLAN 3 和 VLAN 4 对应的作用域，使得各类型终端可以通过 DHCP 自动从 DHCP 服务器获取网络信息。

⑦本实验由路由器 AR0 代替 DHCP 服务器。

【任务实施】

①启动 ENSP，按照企业网结构放置和连接设备。启动所有设备，企业网结构图中的防火墙 FW1 是 USG6000V。

②完成交换机 LSW1～LSW6 VLAN 配置过程和端口分配过程。在 LSW1 中创建分别用于连接普通终端和业务终端的 VLAN 2 和 VLAN 3，默认 VLAN 1 连接作为 DHCP 服务器的 AR0。在 LSW5 和 LSW6 中创建分别用于连接普通终端、业务终端和管理层终端的 VLAN 2、VLAN 3 和 VLAN 4。

创建这些 VLAN 的目的是定义这些 VLAN 和对应的 IP 接口。LSW5 中还创建了分别用于连接 FW1 和 AR1 的 VLAN 5 与 VLAN 6。LSW6 中还创建了分别用于连接 FW1 和 AR1 的 VLAN 7 和 VLAN 8。

③在三层交换机。LSW5 和 LSW6 中分别定义了 VLAN 1～VLAN 4 对应的 IP 接口，并且相互之间创建了 VRRP。再分别创建用于连接防火墙以及路由器的 VLAN，并且开启 OSPF。

④配置防火墙，并且通过安全策略实现外网访问。

⑤配置路由器，并且通过 ACL 禁止 VLAN 2 访问行业网。

配置如下：

1. LSW1 命令行接口配置过程

```
<Huawei>system-view
[Huawei]undo info-center enable
[Huawei]vlan batch 2 3
[Huawei]interface Ethernet0/0/1
[Huawei-Ethernet0/0/1]port link-type access
[Huawei-Ethernet0/0/1]port default vlan 2
[Huawei-Ethernet0/0/1]quit
[Huawei]interface Ethernet0/0/2
```

```
[Huawei-Ethernet0/0/2]port link-type access
[Huawei-Ethernet0/0/2]port default vlan 3
[Huawei-Ethernet0/0/2]quit
[Huawei]interface GigabitEthernet0/0/1
[Huawei-GigabitEthernet0/0/1]port link-type trunk
[Huawei-GigabitEthernet0/0/1]port trunk allow-pass vlan 1 2 3
[Huawei-GigabitEthernet0/0/1]quit
[Huawei]interface GigabitEthernet0/0/2
[Huawei-GigabitEthernet0/0/2]port link-type access
[Huawei-GigabitEthernet0/0/2]port default vlan 1
[Huawei-GigabitEthernet0/0/2]quit
[Huawei]quit
```

LSW2~LSW4 的命令行接口配置过程与 LSW1 的相似。

2. LSW5 命令行接口配置过程

```
<Huawei>system-view
[Huawei]undo info-center enable
[Huawei]vlan batch 1 2 3 4 5 6
[Huawei]interface GigabitEthernet0/0/1
[Huawei-GigabitEthernet0/0/1]port link-type trunk
[Huawei-GigabitEthernet0/0/1]port trunk allow-pass vlan 1 2 3
[Huawei-GigabitEthernet0/0/1]quit
[Huawei]interface GigabitEthernet0/0/2
[Huawei-GigabitEthernet0/0/2]port link-type trunk
[Huawei-GigabitEthernet0/0/2]port trunk allow-pass vlan 1 2 4
[Huawei-GigabitEthernet0/0/2]quit
[Huawei]interface GigabitEthernet0/0/3
[Huawei-GigabitEthernet0/0/3]port link-type trunk
[Huawei-GigabitEthernet0/0/3]port trunk allow-pass vlan 1 to 4
[Huawei-GigabitEthernet0/0/3]quit
[Huawei]interface GigabitEthernet0/0/4
[Huawei-GigabitEthernet0/0/4]port link-type access
[Huawei-GigabitEthernet0/0/4]port default vlan 5
[Huawei-GigabitEthernet0/0/4]quit
[Huawei]interface GigabitEthernet0/0/5
[Huawei-GigabitEthernet0/0/5]port link-type access
[Huawei-GigabitEthernet0/0/5]port default vlan 6
[Huawei-GigabitEthernet0/0/5]quit
[Huawei]dhcp enable
[Huawei]interface vlanif 1
[Huawei-vlanif1]ip address 192.168.1.254 24
[Huawei-vlanif1]quit
[Huawei]interface vlanif 2
[Huawei-vlanif2]ip address 192.168.2.254 24
[Huawei-vlanif2]dhcp select relay
[Huawei-vlanif2]dhcp relay server-ip 192.168.1.252
[Huawei-vlanif2]quit
[Huawei]interface vlanif 3
```

```
[Huawei - vlanif3]ip address 192.168.3.254 24
[Huawei - vlanif3]dhcp select relay
[Huawei - vlanif3]dhcp relay server - ip 192.168.1.252
[Huawei - vlanif3]quit
[Huawei]interface vlanif 4
[Huawei - vlanif4]ip address 192.168.4.254 24
[Huawei - vlanif4]dhcp select relay
[Huawei - vlanif4]dhcp relay server - ip 192.168.1.252
[Huawei - vlanif4]quit
[Huawei]interface vlanif 5
[Huawei - vlanif5]ip address 192.168.5.254 24
[Huawei - vlanif5]quit
[Huawei]interface vlanif 6
[Huawei - vlanif6]ip address 192.168.6.254 24
[Huawei - vlanif6]quit
[Huawei]ospf area 0
[Huawei - area - 0]network 192.168.1.0 0.0.0.255
[Huawei - area - 0]network 192.168.2.0 0.0.0.255
[Huawei - area - 0]network 192.168.3.0 0.0.0.255
[Huawei - area - 0]network 192.168.4.0 0.0.0.255
[Huawei - area - 0]network 192.168.5.0 0.0.0.255
[Huawei - area - 0]network 192.168.6.0 0.0.0.255
[Huawei - area - 0]quit
[Huawei]interface vlanif 1
[Huawei - vlanif1]vrrp vrid 1 virtual - ip 192.168.1.250
[Huawei - vlanif1]vrrp vrid 1 priority 120
[Huawei - vlanif1]vrrp vrid 1 preempt - mode time delay 20
[Huawei - vlanif1]quit
[Huawei]interface vlanif 2
[Huawei - vlanif2]vrrp vrid 2 virtual - ip 192.168.2.250
[Huawei - vlanif2]vrrp vrid 2 priority 120
[Huawei - vlanif2]vrrp vrid 2 preempt - mode time delay 20
[Huawei - vlanif2]quit
[Huawei]interface vlanif 3
[Huawei - vlanif3]vrrp vrid 3 virtual - ip 192.168.3.250
[Huawei - vlanif3]vrrp vrid 3 priority 120
[Huawei - vlanif3]vrrp vrid 3 preempt - mode time delay 20
[Huawei - vlanif3]quit
[Huawei]interface vlanif 4
[Huawei - vlanif4]vrrp vrid 4 virtual - ip 192.168.4.250
[Huawei - vlanif4]vrrp vrid 4 priority 120
[Huawei - vlanif4]vrrp vrid 4 preempt - mode time delay 20
[Huawei - vlanif4]quit
[Huawei]ip route - static 200.0.1.0 24 192.168.6,253
[Huawei]ip route - static 0.0.0.0 0 192.168.5.253
```

LSW6 命令行接口配置过程与 LSW5 的相似。

3. FW1 命令行接口配置过程

```
Username:admin
```

```
Password:Admin@ 123
The password needs to be changed.Change now? [Y/N]:y
Please enter old password:Admin@ 123
Please enter new password:1234 - a5678
Please confirm new password:1234 - a5678
<USG6000V1 >system - view
[USG6000V1]undo info - center enable
[USG6000V1]interface GigabitEthernet1/0/0
[USG6000V1 - GigabitEthernet1/0/0]ip address 192.168.7.253 24
[USG6000V1 - GigabitEthernet1/0/0]quit
[USG6000V1]interface GigabitEthernet1/0/2
[USG6000V1 - GigabitEthernet1/0/2]ip address 192.12.254 24
[USG6000V1 - GigabitEthernet1/0/2]quit
[USG6000V1]interface GigabitEthernet1/0/1
[USG6000V1 - GigabitEthernet1/0/1]ip address 192.1.1.1 30
[USG6000V1 - GigabitEthernet1/0/1]quit
[USG6000V1]interface GigabitEthernet1/0/3
[USG6000V1 - GigabitEthernet1/0/3]ip address 192.168.5.253 24
[USG6000V1 - GigabitEthernet1/0/3]quit
[USG6000V1]ospf 1 area 0
[USG6000V1 - area - 0]network 192.168.5.0 0 0.0.0.255
[USG6000V1 - area - 0]network 192.168.6.0 0 0.0.0.255
[USG6000V1 - area - 0]quit
[USG6000V1]ospf 11
[USG6000V1 - ospf - 11]area 2
[USG6000V1 - ospf - 11 - area - 0.0.0.2]network 192.1.1.0 0 0.0.0.3
[USG6000V1 - ospf - 11 - area - 0.0.0.2]network 192.1.2.0 0 0.0.0.255
[USG6000V1 - ospf - 11 - area - 0.0.0.2]quit
[USG6000V1 - ospf - 11]quit
[USG6000V1]ip address - set aa type object
[USG6000V1 - object - address - set - aa]address 10 192.168.2.0 0.0.0.255
[USG6000V1 - object - address - set - aa]address 20 192.168.3.0 0.0.0.255
[USG6000V1 - object - address - set - aa]address 30 192.168.4.0 0.0.0.255
[USG6000V1 - object - address - set - aa]quit
[USG6000V1]firewall zone trust
[USG6000V1 - zone - trust]add interface GigabitEthernet1/0/0
[USG6000V1 - zone - trust]add interface GigabitEthernet1/0/3
[USG6000V1 - zone - trust]quit
[USG6000V1]firewall zone untrust
[USG6000V1 - zone - untrust]add interface GigabitEthernet1/0/1
[USG6000V1 - zone - untrust]quit
[USG6000V1]security - policy
[USG6000V1 - policy - security]rule name policy1
[USG6000V1 - policy - security - rule - policy1]source - zone trust
[USG6000V1 - policy - security - rule - policy1]destination - zone untrust
[USG6000V1 - policy - security - rule - policy1]source - address address - set aa
[USG6000V1 - policy - security - rule - policy1]action permit
[USG6000V1 - policy - security - rule - policy1]quit
[USG6000V1 - policy - security]quit
[USG6000V1]nat - policy
```

```
[USG6000V1 - policy - nat]rule name policy2
[USG6000V1 - policy - nat - rule - policy2]source - zone trust
[USG6000V1 - policy - nat - rule - policy2]destination - zone untrust
[USG6000V1 - policy - nat - rule - policy2]source - address address - set aa
[USG6000V1 - policy - nat - rule - policy2]action source - nat easy - ip
[USG6000V1 - policy - nat - rule - policy2]quit
[USG6000V1 - policy - nat]quit
[USG6000V1]security - policy
[USG6000V1 - policy - security]rule name policy3
[USG6000V1 - policy - security - rule - policy3]source - zone untrust
[USG6000V1 - policy - security - rule - policy3]source - address 192.1.1.2 32
[USG6000V1 - policy - security - rule - policy3]service protocol 89
[USG6000V1 - policy - security - rule - policy3]action permit
[USG6000V1 - policy - security - rule - policy3]quit
[USG6000V1 - policy - security]quit
```

4. AR2 命令行接口配置过程

```
< Huawei > system - view
[Huawei]undo info - center enable
[Huawei]interface GigabitEthernet0/0/0
[Huawei - GigabitEthernet0/0/0]ip address 192.1.1.2 30
[Huawei - GigabitEthernet0/0/0]quit
[Huawei]interface GigabitEthernet0/0/1
[Huawei - GigabitEthernet0/0/1]ip address 192.1.3.254 24
[Huawei - GigabitEthernet0/0/1]quit
[Huawei]ospf 2
[Huawei - ospf - 2]area 2
[Huawei - ospf - 2 - area - 0.0.0.2]network 192.1.1.0 0.0.0.3
[Huawei - ospf - 2 - area - 0.0.0.2]network 192.1.3.0 0.0.0.255
[Huawei - ospf - 2 - area - 0.0.0.2]quit
[Huawei - ospf - 2]quit
```

5. AR1 命令行接口配置过程

```
< Huawei > system - view
[Huawei]undo info - center enable
[Huawei]interface GigabitEthernet0/0/0
[Huawei - GigabitEthernet0/0/0]ip address 192.168.6.25 3 24
[Huawei - GigabitEthernet0/0/0]quit
[Huawei]interface GigabitEthernet0/0/1
[Huawei - GigabitEthernet0/0/1]ip address 192.168.8.25 3 24
[Huawei - GigabitEthernet0/0/1]quit
[Huawei]interface GigabitEthernet0/0/2
[Huawei - GigabitEthernet0/0/2]ip address 200.0.0.130
[Huawei - GigabitEthernet0/0/2]quit
[Huawei]rip
[Huawei - rip - 1]network 192.168.6.0
[Huawei - rip - 1]network 192.168.8.0
[Huawei - rip - 1]quit
[Huawei]ospf 1
```

```
[Huawei - ospf - 1]area 1
[Huawei - ospf - 1 - area - 0.0.0.1]network 200.0.0.0 0.0.0.3
[Huawei - ospf - 1 - area - 0.0.0.1]quit
[Huawei - ospf - 1]quit
[Huawei]acl 2000
[Huawei - acl - basic - 2000]rule 10 permit source 192.168.3.0 0.0.0.255
[Huawei - acl - basic - 2000]rule 20 permit source 192.168.4.0 0.0.0.255
[Huawei - acl - basic - 2000]quit
[Huawei]interface GigabitEthernet0/0/2
[Huawei - GigabitEthernet0/0/2]nat outbound 2000
[Huawei - GigabitEthernet0/0/2]quit
```

6. AR3 命令行接口配置过程

```
[Huawei]interface GigabitEthernet0/0/0
[Huawei - GigabitEthernet0/0/0]ip address 200.0.0.2 30
[Huawei - GigabitEthernet0/0/0]quit
[Huawei]interface GigabitEthernet0/0/1
[Huawei - GigabitEthernet0/0/1]ip address 200.0.1.254 24
[Huawei - GigabitEthernet0/0/1]quit
[Huawei]ospf 3
[Huawei - ospf - 3]area 1
[Huawei - ospf - 3 - area - 0.0.0.1]network 200.0.0.0 0.0.0.3
[Huawei - ospf - 3 - area - 0.0.0.1]network 200.0.1.0 0.0.0.255
[Huawei - ospf - 3 - area - 0.0.0.1]quit
[Huawei - ospf - 3]quit
```

7. AR0（仿真 DHCP 服务器）命令行接口配置过程

```
<Huawei>system - view
[Huawei]undo info - center enable
[Huawei]interface GigabitEthernet0/0/0
[Huawei - GigabitEthernet0/0/0]ip address 192.168.1.25224
[Huawei - GigabitEthernet0/0/0]quit
[Huawei]dhcp enable
[Huawei]interface GigabitEthernet0/0/0
[Huawei - GigabitEthernet0/0/0]dhcp select global
[Huawei - GigabitEthernet0/0/0]quit
[Huawei]ip pool v2
[Huawei - ip - pool - v2]network 192.168.2.0 mask 255.255.255.0
[Huawei - ip - pool - v2]gateway - list 192.168.2.250
[Huawei - ip - pool - v2]excluded - ip - address 192.168.2.251 192.168.2.254
[Huawei - ip - pool - v2]quit
[Huawei]ip pool v3
[Huawei - ip - pool - v3]network 192.168.3.0 mask 255.255.255.0
[Huawei - ip - pool - v3]gateway - list 192.168.3.250
[Huawei - ip - pool - v3]excluded - ip - address 192.168.3.251 192.168.3.254
[Huawei - ip - pool - v3]quit
[Huawei]ip pool v4
[Huawei - ip - pool - v4]network 192.168.4.0 mask 255.255.255.0
[Huawei - ip - pool - v4]gateway - list192.168.4.250
```

```
[Huawei-ip-pool-v4]excluded-ip-address 192.168.4.251 192.168.4.254
[Huawei-ip-pool-v4]quit
```

【知识考核】

一、填空题

1. IP 网络的核心部分，根据覆盖范围，可分为_____和_____。

2. RARP 的作用是将_____转换为_____。

3. NAT 分为_____、_____和_____。

4. ACL 分为_____、_____、_____、_____。

二、选择题

1. 下列不属于传输介质的是（　　　）。

A. 双绞线　　　　　　B. 光纤　　　　　　　C. 电磁波　　　　　　D. 声波

2. 传输层向用户提供（　　）服务。

A. 点到点　　　　　　B. 端到端　　　　　　C. 网络到网络　　　　D. 子网到子网

3. 交换机是多端口的（　　　）。

A. 网桥　　　　　　　B. 中继器　　　　　　C. 网关　　　　　　　D. 集线器

4. 水晶头用在（　　）传输介质上。

A. 网线　　　　　　　B. 同轴电缆　　　　　C. 光纤　　　　　　　D. 光缆

5. 125.1.2.3 是（　　）IP 地址。

A. A　　　　　　　　B. B 类　　　　　　　C. C 类　　　　　　　D. D 类

三、判断题

1. 网络管理员不应该限制用户对网络资源的访问方式，网络用户应可以随意地访问网络的所有资源。（　　）

2. 在 Internet 的基本服务功能中，文件传输所使用的命令是 Telnet。（　　）

3. 协议分层中，各层次之间逐层过渡，下一层向上一层提出服务要求，上一层完成下一层提出的要求。（　　）

4. ping 192.168.0.2 -n 48 是向目标主机发送 48 次。（　　）

四、简答题

1. 简述 OSPF 的工作原理。

2. 简述 STP 的工作原理。

3. 简述 VRRP 的工作原理。

参 考 文 献

［1］ 杨晓林. 数据通信与计算机网络［M］. 北京：清华大学出版社，2020.

［2］ 朱凯，张学智. 数据通信与网络［M］. 北京：清华大学出版社，2019.

［3］ 陈坚，冯秋杰，孙应忠. 计算机网络技术导论［M］. 北京：机械工业出版社，2017.

［4］ 陈荣华. 计算机网络实验教程［M］. 北京：高等教育出版社，2016.

［5］ 于炼，钱晓虎，姚彭元. IP 网络技术与应用［M］. 北京：电子工业出版社，2016.

［6］ 宋自然. 计算机网络与通信［M］. 北京：人民邮电出版社，2015.

［7］ 王宏志，弓金强. 计算机网络技术与应用［M］. 北京：电子工业出版社，2017.

［8］ 王晓玲. 计算机数据通信网络技术［M］. 北京：清华大学出版社，2019.

［9］ 李志明. 数据通信原理与技术［M］. 北京：机械工业出版社，2017.

［10］ 魏文全. 计算机网络技术与协议［M］. 北京：电子工业出版社，2018.

［11］ Kurose J F, Ross K W. Computer Networking：A Top – Down Approach（7th Edition）［M］. Pearson Education，2017.

［12］ Forouzan B A. TCP/IP Protocol Suite（4th Edition）［M］. McGraw – Hill Education，2016.

［13］ 朱凯，张学智. IP 网络入门与应用［M］. 北京：清华大学出版社，2017.

［14］ 任勇，汪巍. IPv6 技术与应用［M］. 北京：人民邮电出版社，2015.

［15］ 郭建树，王勇. IP 网络攻防实战［M］. 北京：电子工业出版社，2018.

［16］ 张延学，袁栋. 网络协议与技术［M］. 北京：电子工业出版社，2016.

［17］ 李仲檫. IP 网络实施指南［M］. 北京：清华大学出版社，2016.

［18］ 李继民，王艳红，赵鹏. IP 网络复用技术与应用［M］. 北京：电子工业出版社，2016.